ISBN 978-0-365-08925-4
PIBN 11340109

Die Gründung Prags.

Ein
historisch-romantisches Drama.

Von
Clemens Brentano.

Pesth, 1815; bei Conrad Adolph Hartleben.
Leipzig, bei Gerhard Fleischer dem Jüngern.

1815

d 1 21 ♭ 15
19 Aug 44

Prolog.

Inhalt.

Biographie.

Reich bist du, Vaterland, an mancher Kunde,
Denn in der Auster, die am Felsen klebt
Und nach der Meerfluth hascht mit gier'gem Munde,
Den geizig sie der Ebbe schließet, lebt
Die Perle auch, die einst die gute Stunde
In's Diadem der heil'gen Künste webt.
Zwang doch Merkur, um Phöbus zu versöhnen,
Den er beraubt, der Kröte Schild zu tönen.

Hat Göthe doch mit Götterkindlichkeit
Der Welt vertraut, wie er in deinem Zwinger,
O Frankfurt, einst gespielt, wie ihn die Zeit,
Die er nun bildet, bildete, und Klinger,
Mit andern Sängern früh im Lorberstreit,
Ging auch aus dir hervor, der edle Ringer,
Der in den Zwillingen so kühn gesieget;
Die Zwillinge hast, Reiche, du gewieget.

Auch Schloßer war, der edle Denker, dein,
Der dir die Tüchtigkeit der Art noch ließ,
Elzheimer, Morgenstern, Schütz nicht allein,
Noch manchen Mahler, den die Fremde pries,
Hieltst lehrend du am zünft'gen Reibestein,
Bis freigesprochen er dein Thor verließ,
Rückkehrend deiner Bürger Haus zu schmücken,
Die um ein Bild wohl auch die Casse rücken.

In deiner Gärten reicher Heiterkeit
Hat manchem die Erkenntniß früh begonnen,
Der dann, heilkundig siegend, list'gen Streit
Gen die erkrankende Natur gewonnen,
Und viele hat zu Richtern eingeweiht
Der Themis Bild auf deines Römers Bronnen,
Denn über Feuerbachs sternfroher Welle
Stieg Savigny hier auf, der hohe, helle.

Ja Alles hast du, Reiche, was da frommen
Und heil'gen kann. Oft ist die Gotteskunde
Auf deine Priester flammend schon gekommen,
Und aus der Redner geisterfülltem Munde
War guten Bürgern so das Wort willkommen,
Daß selbst die Laien traten zu dem Bunde,
Dein Dichter hing noch jüngst zu höh'rer Feier
Fromm an die Weiden Babylons die Leier.

Und was die Welt entzweit, was sie versöhnet,
Das mußteſt du dir, Fleiß'ge, zu erringen,
Das Gold, das geltend Zeitliches verschönet,
Mußte in deiner Hand die Kronen schlingen,
Die deutscher Kaiser heil'ges Haupt gekrönet;
Ob du auch Kränze, wonach Dichter ringen,
Geflochten, steht dahin. Die Nachwelt richte,
Denn trefflich schrieb dein Sohn dir die Geschichte.

Des Krams und der Gewerke Thor steht offen,
Die Kirche auch, und der Gerichte Haus,
Und strenggeschulte haben hingetroffen;
Doch Musenkinder stößt die Zunft hinaus,
Der Glaube pflegt sie, und ein frommes Hoffen
Wird ihre Amme, bis sie zu dem Strauß
Die Liebe pflückt, dem Freund, dem Weib, der Muse;
Ich schmückte alle treu, selbst die Meduse.

Mit Brüdern, Zeit, und Vaterland zu theilen,
Blieb mir zum Leben klein ererbtes Gut,
Und in der Heimath geiz'ger Bucht zu weilen,
Starb kriegsschuldtilgend mir der goldne Muth;
Doch schön're Welt unschuldig zu umeilen,
Blieb frei und himmelspiegelnd mir das Blut,
Auf's Wasser, über dem die Geister schweben,
Hab' ich zu Phöbos Flagge mich begeben.

Allegorie.

Ein Pilger durfte ich von Gottes Gnaden
Am Zauberufer der Morgana landen;
Die Insel sank, und Kompas, Blei und Faden
Verschlang das bittre Meer, die Sterne schwanden,
Und steuerlos an tückischen Gestaden
Sah ich mein Schiff auf schlechter Sandbank stranden.
Ein Seegespenst mit dünner Mövenstimme,
Verlocket mich, daß ich zum Wahnsinn schwimme.

Wo tolle Ewigkeit die Zeit vertreibt,
Indem sie Gottes Seel' in sich entseelt,
Und Gottes Leib in ihrem Leib entleibt,
Und sich, den Durst zu stillen, der sie quält,
Zu Höllengeistern aus Retorten treibt,
Hat mir Geduld das weiche Herz gestählt,
Und lieh Arion mir zur Flucht Delphinen,
Der = After Circe Spielen nicht zu dienen.

Und wie von wildem Weltsturm weit vertragen
Ein ferner Vogel in ein fremd Gebiet,
Ein fremder Fisch von Meeresfluth verschlagen
Dem Strom entgegen in die Flüsse zieht,
Fand ich in diesen heissen Schicksalstagen
Am Moldauufer mich, und sang ein Lied,
Jenseits mein Leid, dießseits mein Heil zu grüßen —
Wer landend nicht die Erde küßt, muß büßen.

Einsiedlerisch der Gott den Dichter stellte,
Geheimniß sey Empfangen und Gebähren,
Doch, daß es die Betrachtung überwelte,
Drang falsch ein Zeitgespenst in meine Sphären
Mit Modefeuer und mit Modekälte,
Und leicht berücket ließ ich es gewähren,
Bis ich entsetzt, getäuschet und verlachet,
Um Lied und Liedesmuth beraubt, erwachet.

Da wardst du holder Mai mir zur Camöne,
Die also segnend Grab und Wunde schließt,
Daß in dem Sonnenblick, der eine Thräne
Aufküßet, auch ein Blumenkelch entsprießt,
Der sie umfängt, daß sich der Schmerz verschöne;
Wo heiß die Nymphe heil'gen Quell ergießt,
Fand ich Gesundheit, Muth und reich're Gabe,
Als ich durch Tücke je verloren habe.

Vision.

Ein kühner Freier, dem die Braut verzeiht,
Durft ich der Gegenwart den Schleier heben
Wie einen Vorhang von Armseeligkeit,
In dessen Falten Satansbilder weben;
Denn in der Zeit als einer Ewigkeit
Bewegt unsterblich sich des Dichters Leben,
Und von der Vorwelt Nachtgewölb umdunkelt,
Hat herrlich ein Gestirn mich angefunkelt.

Zu Riesen hat des Tages schlanke Töchter
Die Urnacht mir am Fabelberg gemodelt,
Wo unter mir der grelle Pfiff der Wächter,
Der Wache Rund, vom Buhlerlied durchjodelt,
Und das Geheul mondtrunkner Hundsgeschlechter,
Vom Strom umsaußt, als Hexenkessel brodelt,
Bis meine Augen im Gestirn ertranken
Und alle Wellen in dem Traum versanken.

Da faßte mich der Geisternähe Grauen,
Denn neben mir am grünen Bergeshang
Sah ich die drei Sibyllen, die Jungfrauen,
Aus deren Mund des Landes Schicksal klang,
Verschleiert in den tiefen Stadtschooß schauen,
Bis dann vor Hahnenschrei und Glockenklang
Mit dem Orion auf des Frühroths Wogen
Die sel'gen Lichtgespielen hingezogen.

Und von den Locken mir der Vorzeit Thau
Aus Orient ein kühler Luftstrom hauchte,
Und unter mir lag eine Nebelau,
Aus der das goldne Schiff der Sonne tauchte;
Aufringend aus dem träumerischen Grau
Der Urwelt, das wie Opfergluth verrauchte,

Wie hier einst vor der Seele der Sibylle
Aus Wald und Weltnacht Prag, die Stadt, gestiegen,
Stieg sie im Sonnenglanz aus nächt'ger Stille
Vor meinem Blick aus trüben Nebelwiegen,
Und aus der Brust sprang mir der mächt'ge Wille,
Wie Tauben ließ ich die Gedanken fliegen,
Sich auf den Tempeln, auf den Schlössern sonnen,
Was ich vollendet, hab' ich da ersonnen.

Dann in vertrauter Kammer eingeschlossen
Stimmt' ich die Töne dieses Lied zu singen,
Doch feierlicher Schall von Kriegsgeschossen,
Harmonisch Festgetös und Fahnenschwingen,
Und Pilgersang hat sich hinein ergossen,
Ja, was von jeher war, wollt' Opfer bringen,
Die Sage, Volkswahn, licht' und finstre Geister
Verdrängten von dem Webestuhl den Meister.

Die nun vollendet, wem die Lieder reichen?
Hat gleich mir Böheims Pflug einst Korn gebaut,
Und wuchsen Fische mir in seinen Teichen,
Blieb mir doch stumm der slavschen Zunge Laut;
Nichts war mir heimisch als mein Himmelszeichen,
Und nur des Landes Vorwelt tief vertraut
Fühlt' meiner Art ich fremd in seiner Mitte
Gesinnung, Tugend, Sünde, Kunst und Sitte.

Traum.

Zum Berg der Seherinn trieb mich die Nacht,
Wo die Sibyllen früher mir erschienen,
Und meines Liedes Morgen mir erwacht.
Verschleiert standen sie, fromm reicht ich ihnen
Die Blätter dar, da haben sie gelacht
Und mich gefragt mit schlau verlarvten Mienen,
Im Muthwill böhm'scher Mägdlein mich zu necken:
„Was mag, ihr Gnaden, hinter meiner stecken?

„Schaun's, ist es ane Pracht nicht bei der Nacht,
„A gar a lieber Nahr der Mond, versteht sich,
„Und i, da muß i bitten, gebens Acht,
„Es hangt sich aner, schaun's, das Fahndel dreht sich,
„Der Himmel schmiert sich an, i hab's gedacht,
„Ich bin beschriern, die Hunde beiln, versteht sich:
„A rürrender Gedanke, jetzt rauf g'löffen!
„Sie haben uns nächst schloffender getroffen.“

Ich stand verhöhnet, bis mit deutschern Zungen
Sie mich gefragt: „Schweigt dann die slavsche Leier,
„Wird hier auch klingen, was du hier gesungen,
„War dir es auch wohl ernst mit dieser Feier?“
Da ward ich kühn, und sprach: „ich hab gerungen,
„O zeigt zum Lohn euch mir heut ohne Schleier!“
Und sieh, der Schleier sank, ein Mägdlein stand
An einer Muse, einer Hexe Hand.

Die Hexe sprach: „erkennst du die Libusse,
„Die dich begeisterte, was willst du mehr?
„Sie lohnte dir wohl gern mit zücht'gem Kusse,
„Doch ängstet sie dein Buch, es ist zu schwer!" —
„Lebt wohl, harrt mein, ich werfe es zum Flusse,"
Rief froh ich aus, „ich will es nimmermehr
„Um solch Entbehren vom Geschick erkaufen!"
Und drehte mich, zum Strom hinab zu laufen.

Da hält am Haar die Muse mich zurück
Und blickt mich an, und meine Kniee beben,
Drei Riesenjungfrau'n sah vor meinem Blick
In stolzer Schönheit ich zum Himmel streben,
Nachtkariatyden tragend das Geschick,
Libussa, Kascha, Tetka mich umschweben,
Erst sah ich sie, wie klein ich sie gedichtet,
Jetzt sah ich sie, wie groß sie mich gerichtet.

Und nieder sank ich der gekrönten Dirne,
Die stumm und steil gleich einem Memnonsbilde
Tiefsinnend sah zum heil'gen Tagsgestirne;
Da schoß die Sonne unterm blut'gen Schilde
Des Morgens einen Strahl zu ihrer Stirne,
Und ihre Lippe tönte ernst und milde:
„Von uns wohl, doch für uns kannst du nicht dichten,
„Hör an, hör an, an wen dein Lied zu richten!"

Sibyllische Worte.

Der Freiheit Arche wogt auf Sündflutmeeren
Geschleudert hoch zum Nord von Schicksalsstürmen,
Ihr folgt ein Geist, mit list'gen Zauberspeeren
Peitscht er die Flut, und füllt sie mit Gewürmen,
Aufdämmend sich auf ganzen Leichenheeren,
Verlangt sein Fuß, den Weltthron aufzuthürmen,
Zur letzten Schwelle noch nach einem Sarge,
Worin Verzweiflung ringt, nach jener Arche.

Doch, als schon an des Nordsterns alter Feste
Des Weltzorns himmelschrei'nde Fluten branden,
Ist auch verjünget aus dem Feuerneste
Der nord'sche Adlerphönix neu erstanden.
Als er zum Pol schreit: „mach den Feind mir feste!"
Erstarrt die Brandung in des Winters Band,
Und durch zerrißner Wogen krause Felsen
Flieht schwer der Geist auf goldnen Zauberstelzen.

Ein Wintergarten, daß die Welt erstaune,
Erstarrt sein wildes Heer im Waffentanze,
Eisblumen schimmernd in krystall'scher Laune
Beleuchtet von des Mordbrands blut'gem Glanze,
Drinn ragt des Feindes Fama ohn' Posaune
Emporgespießt auf leichter Reiter Lanze,
Nilmesser, Vogelscheuche, Siegestherme,
Eisbienen schwärmen drum, Kosakenschwärme.

Sodann thaut vor der Hoffnung Frühlingssonnen
Die feste Zornfluth zu dem Abgrund nieder,
Erquickt mit Meeren, Flüssen, Quellen, Bronnen,
Der Erde ausgesogne Adern wieder,
Die lebend war begraben, hebt in Wonnen
Zu Gott das Aug, es suchen sich die Glieder,
O Frühling, jüngster Tag! zusammen ringen
Zerrißne Leiber sich, Gott Lob zu singen.

Und hier auf der Verheißung ernstem Hügel
Wird sich der Rabe als ein Bote zeigen,
Und zweifelnd bald auf unvertrautem Flügel
Zu neuen Leichenfeldern von uns weichen,
Dann aber auf des Frühlings grünen Spiegel
Die nord'sche Taube hier sich nieder neigen,
Die Seherinn sieht hier den Ölbaum sprießen,
Den Siegs= den Friedenszweig, den ich verhießen.

Drei Adler werden hier zusammen schweben,
Die falsche Nebelsonnen einst betrogen,
Sie werden hier zur Ruhmessonne streben.
Hier senkt die Arche sich, nie mehr belogen
Steigt aus dem Sarge hier die Zeit zum Leben,
Und hier dann unter dem Versöhnungsbogen
Wird sie die ernste nord'sche Taube grüßen,
Ihr lege deine Lieder fromm zu Füßen.

Nach mir hat keine hier als Sie geſtanden,
Nach Ihr wird keine mehr, gleich Ihr, hier gehen,
Der um die Stirn ſich Schickſalsſterne wanden,
Der unterm Fuß die Quellen lauſchend ſtehen,
Der aus des Schleiers frühen Trauerbanden
Des heil'gen Orients Geiſteraugen ſehen,
Die höchſte ſlavſchen Stamms, die tiefe, helle,
Fleht hier um Sieg und Fried an, Prag, der Schwelle.

So ſprach Libuſſa hingewandt nach Norden.
Verheiſſend lag ein Schein dem Pol entſprühend,
Es ſtieg der Tag ihr auf aus Doppelpforten,
Der Tag des Himmels aus dem Oſten frühend;
Und der Geſchichte Tag, der reif geworden,
Stieg uns im Nordſchein auf ſo racheglühend,
Und mit dem Wort: Ich grüß' dich ernſte Taube,
Zerfloß der Seh'rinn Bild, ich lag im Staube.

Geſchichte.

Vom Berge ſtieg ich nun auf blüh'nden Wegen,
Und ſah die Stadt zu lautem Feſt ſich ſchmücken,
In Waffenzierde Bürger ſich bewegen,
Und fröhlich bunt ſich über Straß' und Brücken
Gepußte Neugier an die Sonne legen,
Und in den Fenſtern und den Hallen drücken,
Einzogen unterm Donner der Kanonen
Frommfeierlich des Sachſenthrons Perſonen.

Der weiten Reise staubumwolkte Rosse
Bewegten leis' die würd'gen Majestäten
Auf zum Hradschin, dem böhm'schen Königsschlosse,
Wo sie geruht gastfreundlichst abzutreten.
Bis hoch hinan Karosse um Karosse
Der Hoffnung Vivatrufe laut umwehten.
Hradschin, nie war von dir die Aussicht schöner,
Doch nur vom Himmel selbst steigt der Versöhner!

Und eh' der Freude Wogen noch zerfließen,
Soll heute sie noch vielgeliebt're Gäste
Mit schöner Hoffnung Jubel laut umschließen;
Auf einen nord'schen Wagen Palmenäste
Unsichtbar freud'ge Adler niederließen,
Dem Seher ward Ihr Zug zum Siegesfeste,
Victoria, wie kannst du huldreich grüßen,
Die bittre Zeit kann solch ein Gruß versüßen.

Sie war bei uns, heb' Phantasie den Schleier!
Die hehre Oldenburg ließ sich gefallen,
Durch unsres Tempels hohe Säulenfeier
Zu unsrer Höhen Himmelstrost zu wallen,
O sende freudig feierlich nun, meine Leier!
Die Klänge durch des Domes ernste Hallen,
Wo ich der Zukunft Seheraug gesehen,
Fromm sinnend durch der Vorzeit Tiefe spähen.

O wehe leiſer hochgewölbte Stille,
Sehnſücht'ger, Säulenchor zum Himmel ſteige,
Du kühner Bogen, frommer ſei dein Wille,
Und nieder, Andacht, dich vom Altar neige,
Die vor dir ſinnt, der freundlichen Sibylle,
Reich, o Betrachtung, deine Palmenzweige,
Wo Sie geſtanden, biſt du Tempel, Erde,
Der Tempel heiligſter mir dieſer werde!

So war der Abend mir, in Ehrfurcht trunken,
Hinabgezogen mit dem Tag und Ihr,
Verheißender ſchon traten Sternenfunken,
Aus allen Himmelstiefen. Mit Begier
Bin ich am Berg Libuſſas hingeſunken,
Aufſinnend in des Äthers helle Zier,
Ich ſtand und ſann bis zu des Morgens Scheinen;
Libuſſa konnte Sie allein nur meinen.

Und wahrlich, wahrlich! meine Lieder fanden
In Dir, die mir die Seherinn verhießen,
Du höchſte ſlavſchen Stamms haſt hier geſtanden,
Dir durfte ſich die Ausſicht hier ergießen,
Die Stadt, die hier Libuſſen einſt erſtanden,
Durft' hier auch Deinem Seherblick entſprießen.
So ſprach ſie wahr, ich kniee vor Dir nieder,
Vom Sänger der Libuſſa nimm die Lieder.

Im Monat Juni 1813.

Ihrer

kaiserlichen Hoheit

Katharina Paulowna

Großfürstinn von Rußland

Herzoginn von Oldenburg.

B

Die Gründung Prags,

ein

historisch = romantisches Drama.

Personen:

Libussa,
Tetka, } die Töchter des Herzogs Krokus, die ihm Niva, eine Elfe,
Kascha, } als Drillinge geboren.

Lapack, ein Priester aus Krok's Geschlecht, hinkend.

Zwratka, eine Zauberinn, Lapacks Weib.

Wlasta, ihre Tochter,
Stratka, } Führerinnen von Libussens Schaar.
Scharka,

Zassawa,
Milenka,
Dobrowka, Rozhons Weib,
Hodka,
Mladka,
Nabka, } Dirnen aus Libussens Schaar.
Swatawa,
Radka,
Dobromila,
Klimbogna,
Budeslawka,

Moriwescha,
Entawopa,
Meneljuba,
Hubaljuta, } Zauberschülerinnen der Zwratka.

Ziack, neunjähriger Knabe aus der Zauberschule.

Wrsch oder Wrschoweß,
Domaslaus,
Primislaus,
Slawosch,
Biwog,
Rozhon,
Chirch,
Drühan,
Chobol,
Stiason, ein Jüngling, } slavische Männer.

Drzewoslaus, der älteste im Lande, ein Priester.

Pachta, ein slavischer Bildner, der in Byzanz Christ geworden.

Trinitas, eine byzantinische Christinn, seine Begleiterinn.

Moribud, Sohn des Avarenkönigs.

Slavische Krieger, Weiber, Jungfrauen, Avaren u. s. w.

(Ziack wird Tschack, Chirch Tschirtsch, Drzewoslaus Drsche-
woslaus, Wrsch Wersch, Rozhon Roschon gelesen.)

Erster Act.

Nach Mitternacht. Gewitter, dann und wann fernes Blitzen und Donnern. Offener Waldplatz von Eichen umgeben, in der Mitte des Hintergrundes eine große erstorbene, vom Blitz ausgehöhlte Eiche, zu ihrer Rechten eine Hütte von wildem Geranke umzogen, umher Spuren eines verwilderten Gartens; die Natur ist im Ausbruche des Frühlings, es ist gegen das Ende des Aprils. Zwratka drängt Hubaljuta, Meneljuba, Moriwescha, Entawopa und den Knaben Ziack in die Hütte, diese sind als slavische Venus (Lado) und als die drey Huldinnen, Ziack aber als (Lel) slavischer Amor gekleidet. Die Huldinnen tragen Harfen.

Zwratka.

Fort, fort! hier ist Krocks Hütte, schnell hinein, ¹)
Und bleibt mir wach, zur Wand die Harfen lehnet,
Wenn eine mir im Schlaf berührt ertönet,
So geißl' ich euch.

Ziack.
Ach, laßt das Donnern seyn!

Zwratka.
Ich donnre nicht, es ist mir selbst zuwider.
He, Lapack! blase in das Wetterhorn, ²)
Zerbrich die Wolken.
(Lapack bläs't in das Wetterhorn, indem er aus der Scene tritt.)
Nun! jetzt setzt euch nieder,
Schnell, Meneljuba, reitzt nicht meinen Zorn.

Meneljuba.
Ich kann nicht ruhn, mich drückt das goldne Mieder.

Ziack.

Kalt, kalt ist's; weh, ich trat`in einen Dorn!

Hubaljuta.

Die Krone Lado's mir die Stirne zwängt!

Moriwescha.

Der Gürtel mir das Herz im Leibe schnüret!

Entawopa.

Ich halt's nicht aus, ich bin so eingeengt!

Zwratka.

Verflucht Geschrei! ich schlage, wer sich rühret.

(sie hebt die Geißel, es donnert.)

Blas', Lapack, blas'!

(Er stößt ins Horn.)

Meneljuba.

Ein Seufzer schon zersprengt

Das Mieder mir gewiß.

Ziack.

Mich hungert, frieret!

Zwratka

(schlägt mit der Geißel unter sie, sie schreien, es donnert, Lapack bläs't.)

Ihr macht mich rasend, Schreier, schweigt, he, he!

Verwirrte Stimmen.

O halte ein, o schlage nicht, weh, weh!

Zwratka

(immer zuschlagend.)

Nun! sticht, schnürt, hungert, friert es euch nicht mehr?

Stimmen.

Nein, nein, o schlag nur nicht, du triffst so schwer!

Zwratka

Seid unbewegt wie Steine, stumm wie Leichen,
Verliert die Äpfel nicht, und riecht nicht dran, [3])
Ihr werdet sonst betäubt. Lauscht auf mein Zeichen,
Pocht an der Hütte leis' mein Finger an,
Dann müsset ohne Lärm heraus ihr schleichen,

Und Krokus Töchtern, die hier auf den Plan
Zu opfern kommen, diese Äpfel reichen.
Habt, wie ich euch gelehrt, ihr dieß gethan,
Könnt ihr mit leisem Harfenschlag entweichen.

Hubaljuta.

So wollen wir, nun schließe, laß uns ruhn.

Zwratka

(schließt die Thüre.)

Die trifft die Geißel, die nicht so wird thun!

(Es donnert leise in der Ferne, Lapack bläf't, nachher wetterleuchtet
es nur noch dann und wann.)

Lapack,

Das Wetter flieht, von meinem Horn erschreckt!
Nun sage mir, warum du sie versteckt;
Die Mägdlein dauern mich, sie sind halb nackt
So peinlich in den engen Putz gepackt.

Zwratka.

Du hättest wohl, weil sie schon halb entblößt,
Den engen Gürtel ihnen gar gelöst,
O saubres Mitleid, Lapack, geh nach Haus!

Lapack.

So geh ich nicht, sag erst, was wird daraus!

Zwratka.

Die Töchter Krocks, wie Wlasta mir gesagt,
Bereiten heut zur Nacht sich, eh' es tagt,
Wo ihre Wiege stand, hier an dem Baum
Mit Opferfeuer zu geheimem Traum;
Denn morgen ist der Tag, der sie geboren,
Den auch zur Fürstenwahl das Volk erkohren.
Mit schwarzer Kunst hab Äpfel ich bereitet,
Zum Dienst der Unterird'schen sie zu neigen,
Als Lado, Huldinnen und Lel verkleidet,
Wird diese ihnen meine Schule reichen.

Lapack.

Du wirst noch einst mit deinem falschen Spielen,
Kömmt es zu Tag, dir bösen Lohn erzielen.

Zwratka.

Muß ich nicht wagen, denn nichts thuest du,
Du bist ein Pfaffe, und siehst ruhig zu,
Wie sich, von Tetka's Träumerei verblendet,
Das blinde Volk vom alten Dienste wendet.
Verlassen steht der finstern Götter Hain,
Ja seit das Volk in diese Thäler zog,
Ward es im Drang der Wandrung zu gemein
Mit seiner Götter Heimlichkeit, und wog
Die Götter sich nach ihrer Bilder Last,
Die man bequem genug auf jenem Zug
In Säcke mit unheil'ger Hand gefaßt,
Bei Brod und Werkzeug auf dem Rücken trug.
Des Himmels lichte Götter kaum mehr ehrend, ⁴)
Ist ihnen ganz des Abgrunds Macht vergessen.
Die Dirnen, sich zu Krokus Töchtern kehrend,
Fliehn meine Bänke, die sonst voll gesessen.
Des Zaubers alte Schule stirbt mir aus,
Verfall und Untergang droht meinem Haus.
Selbst Wlasta, unsre Tochter, ist besessen
Vom Glanz Libussens, und folgt ihrer Schaar,
Sie, die zur Erbin ich der Kunst gebar.
Zur Zukunft schaue ich mit bangem Blick,
Es ist, als wendeten des Abgrunds Quellen
Erzürnt sich zu der Finsterniß zurück,
Und sorgend muß der Kunst ich Fallen stellen!

Lapack.

Auch du wardst mit dem Gotte zu gemein;
Denn deine Mutter trug in einem Ranzen
Dich und den Tschart in dieses Land herein,

Zwei widerwärtige unheim'sche Pflanzen.
Nicht wundert mich ihr weniges Gedeihn;
Eh' blühen in den Grund gepflanzte Lanzen,
Als daß, aus fremder Zone weit vertragen,
Die Unterird'schen neue Wurzel schlagen;
Der Abgrund steht, die Himmlischen begleiten,
Nur von der Erde müssen wir uns scheiden.

Zwratka.

Dir steht es frei, ich aber will es nicht!
Her kam ich mit dem Gott, und sein Gericht
Hat meine Mutter hier im Land gegründet;
Denn seinem Dienste ist mein Stamm verbündet.
Er kannte mich schon in der Mutter Leibe,
Ich bleibe ihm, daß er dem Lande bleibe.
Doch jetzt pocht tiefe Angst in meinem Blut,
Denn thöricht liebt das Volk des Krokus Töchter,
Und wem wird morgen wohl der Fürstenhut,
Wer wird des Volks und des Altares Wächter?
Du regst dich nicht, und bist aus Krocks Geschlecht. [5])

Lapack.

O schweige nur, ich kenne wohl mein Recht,
Was du mir möglich ließ'st, thu ich für mich;
Denn, weißt du wohl, du bist mir hinderlich.

Zwratka.

Ich, ich?

Lapack.

Ja du, dein finstrer Götterdienst,
Mit dem du, wie die Spinne im Gespinnst,
Nur Fliegen für den schwarzen Tschart gewinnst, [6])
Ist allen Männern dieses Volks verhaßt.

Zwratka.

O Undank! Undank für die schwere Last

Der heil'gen Künste, die ich rettend trage,
Doch auch auf Undank war mein Herz gefaßt.

Lapack.

Selbst mich, den Priester, traf schon ihre Klage,
Als gienge ich beim schwarzen Gott zu Gast,
Mit dem du, also ist im Volk die Sage,
Gen alle Weise dich verschworen hast.

Zwratka.

Daß mich die Macht des Abgrunds angezogen,
Ist mir ein Trost, der Gott ist mir gewogen.
Seit ew'gen Zeiten dienet ihm mein Stamm,
Mein Haus war immer aller Neurung Damm;
Denn auf den Abgrund ist es fest erbaut,
Und auf den Abgrund habe ich vertraut.

Lapack.

Ganz löblich ist mit Göttern die Bekanntschaft,
Doch nicht so löblich scheint mir die Verwandtschaft.
Man spricht auch wohl, mir schaudert drob die Haut,
Des Lapacks Weib sey auch des Tschartes Braut.

Zwratka.

Elender Mann! das ist von dir erfunden.
Fluch dir, und deinem Stamm, und deinem Nahmen,
Fluch jenem Eide, der mich dir verbunden,
Fluch allen, die aus Krokus Lenden kamen,
Nun weiche hier, sonst reiß ich dich zu Stücken!

Lapack.

O laß mich hinken, schone meiner Krücken!
Und tragen sie mich zu dem Stuhle Krocks,
Wirst du schon wieder freundlich zu mir rücken.
Dich zwinget auch die Glut des Safranrocks, [7]
Für mich wirst du dich dann noch schöner schmücken,
Als zu dem Aufgebot des Maienbocks.

Ins Bockshorn, Zwratka, wirst du mich nicht jagen,
So lang mein Wetterhorn den Donner bricht.

Zwratka.

Geh deines Wegs! wirst du gekrönet ragen,
Dann zeig ich dir ein freundliches Gesicht.

Lapack.

Darauf, du Häßliche, möcht' ich's kaum wagen. (Ab.)

Zwratka
(allein, zieht ein als Trinkhorn geschnitztes Bockshorn hervor.)

Tschart, Tschart! verneinender! sieh, Schmach und Spott
Trag ich um dich, du finstrer, süßer Gott!
Gesegne mir den Trunk, komm, komm! ich trinke, [8])
Dir gilt's, Schelm, Schelm! ich kenne deine Winke,
Schon treibt die Birke, mahnt mit jungem Reise
Und macht zur Maienfahrt den Besen brünstig,
Der Maiwurm summt so süß verwirrte Weise,
Mein Dunkler, Heftiger, o sey mir günstig!
Kennst du mich noch, mein Wütherich, mein Tschart,
Kennst du dein Bräutchen noch, und diesen Ring,
Dieß Nägelmal, das du auf deine Art
Mir kneiptest, als ich einst, ein junges Ding,
Zum ersten Mal dich sah zur Maienfahrt,
Und auf dem Besen meiner Mutter hing?
Ach Unschuldszeit! ich schrie vor deinem Bart,
Doch von der Zauberglocken Lustgekling
Betäubt, ward ich den Klügsten bald gepaart.
Der Übung scheint das schwerste bald gering,
Du bist ein Meister, ich ward hochgelahrt,
Denn tiefe Kunst ward deiner Gunst Beding.
Das Birkenäuglein, das dort nackt und zart
Kaum mit dem Maiwurm an zu buhlen fing,
Ragt jetzt als mächt'ger Stamm schon dicht behaart,
Von dem schon mancher Besen zu dir gieng.

Die du gehütet, hält dir jetzt den Daum,

Laß ich dich fahren, denkt man deiner kaum.

Ei du — sag Göttchen! Schwarzer, bin ich alt?

Sieh da, Herr Jäger, weg die Hahnenfeder!

Sieht sie der Hahn, so ist es aus, so kräht er,

Tschart! Tschart! du Schrecklicher — hu! kalt —

(Sie setzt sich unter diesem Selbstgespräch, in welchem sie immer verwirrter wird, an der Eiche nieder, und fällt zuletzt durch den He-
rentrank in eine Art Starrsucht.)

Pachta und Trinitas treten als Reisende auf.

Trinitas.

Umsonst blies nicht der Sturm die Fackel aus,

Es ist des Wegs genug, laß uns hier ruhen.

(Sie faßt an ihre Füße.)

Pachta.

Ich löschte sie, ich sah im Blitz dieß Haus,

Muth, Freundinn, Muth, was drückt dich in den Schuhen?

Trinitas.

Ach, lieber Meister, meine Füße bluten,

Seit gestern geh ich schon auf nackten Sohlen,

O wenn wir eine Stunde nur hier ruhten!

Es brennt mich jeder Schritt wie glühe Kohlen,

Es ist genug des Wegs, ich kann nicht mehr.

Pachta.

Du armes Mägdlein machst das Herz mir schwer,

So lange hast du deinen Schmerz verschwiegen?

Trinitas.

So lang ich konnte, mußt' ich ihn besiegen;

Doch hier ist's gut, der kühle Rasengrund

Kühlt meine Füße, die von Dornen wund.

Horch, horch, es rauscht! vergönn, daß in die Quelle

Ich meine Füße zur Erquickung stelle.

Pachta.

Die Moldau rauschet an der Felsenwand,
Landeinwärts müssen wir, denn menschenvoll
Und angebaut ist meist der Flüsse Rand.
Nicht weiß ich, wie ich hier dich bergen soll.

Trinitas.

Verbergen, Meister? Folgt' ich darum dir?

Pachta.

Nicht sicher ist dein theures Leben hier,
Wo rings das Beil des wilden Volks dir droht.
So weit gewandert bist du nicht, den Tod
Von blinder Rohheit Überfall zu leiden,
Hier, wo du heil'ge Lehre willst verbreiten!

Trinitas.

Wo aber wäre endlich dann mein Ziel,
Fänd ich es hier nicht in dem tiefsten Herzen?
Bei Gott! ein einz'ger Schritt noch ist zu viel,
Mir sagt's der Herr, er spricht zu mir in Schmerzen.
Genug bin ich der Wälder nun durchzogen
Auf nächtlich banger wildverschlungner Bahn,
Von falschen Führern, Blitz und Mond, betrogen
Knüpft' ich schon tausendmal die Hoffnung an,
Und trieb doch fort gleich wie auf ew'gen Wogen
Ein willenloser, steuerloser Kahn.
Doch hier, hier, fühl' ich, pocht des Landes Herz,
Hier lande ich, und steure himmelwärts.
Denn alles, was mir hier auch kann begegnen,
Will mir mein güt'ger heil'ger Gott gesegnen,
So knie ich nieder, bet' und schlafe hier!

(sie kniet.)

Pachta.

O bete laut, ich bete dann mit dir!

Trinitas.

Gelobet seyst du, Herr! es ist vollbracht,
Zu dieser Wälder tiefer Mitternacht
Ist deines Glaubens Licht nun auch gedrungen,
Es beten hier zu dir zwei fromme Zungen,
Wird erst dein Lob an jedem Ort gesungen,
Dann reich' der Erde, kniend vor deinem Throne,
Im Untergange eine Märtyrkrone!

Zwratka
(zusammenfahrend.)

Blut! Blut! 9)

Trinitas
(steht auf.)

Der Mond geht auf, wer will mein Blut!

Pachta
(will sie wegreißen.)

Flieh, Trinitas!

Trinitas.

O Jesus! von dem Weibe
Hier kam der Schrei!

Pachta.

Fort, fort, sieh, kalte Wuth
Zuckt in dem starren Antlitz!

Trinitas.

Nein, ich bleibe,
Sie ist erstarrt, erkrankt, ich helfe ihr.

Pachta.
(man hört den Ruf eines Wächterhorns)

O Trinitas, ein Hornruf! fliehen wir!

Trinitas.

Muth! Muth!

Pachta.

Verberge dich, hör, Männerschritte!

Trinitas.

Gott sey gelobt! es lenken sich die Tritte
Hierher zu uns, er naht von dieser Seite,
Ich red' ihn an.

Pachta.

Du machst uns elend beide,
Zurück, und schweige!

Slawosch
(tritt mit dem Horn und einer Fackel auf.)

He, wer redet hier?

Pachta.

Ein Wanderer, vergönn ein Obdach mir,
Ich bin verirrt und müd, und mein Geselle,
Ein zarter Jüngling, kann nicht weiter gehn,
Verführet von der ungewissen Helle
Des Blitzes blieben wir hier zögernd stehn.

Slawosch.

Geduldet euch, ich stoße dort am Rand
Der Moldau einmal noch ins Horn, und wecke
Die Männer jenseits, morgen wählt dieß Land
Sich einen Herrn. Nur eine kleine Strecke
Wohn' ich von hier, ich öffne euch mein Haus,
Da eßt und trinkt, und schlafet ruhig aus.

(im Begriff zu gehen.)

Pachta.

Freund, eh du gehst, sag, wer ist dieses Weib?

Slawosch.

Die böse Zwratka ist's, die Zauberinn,
Sie dient dem schwarzen Gott. Mit starrem Leib
Sitzt sie oft Tag und Nacht ohn' Seel' und Sinn
So leblos da im geistigen Gesicht.   (Ab.)

Trinitas
(tritt hervor.)

Gut sind die Menschen, du nur willst nicht trauen.

Pachta.

Du sel'ge Unschuld kennst den Feind noch nicht!

Trinitas.

Daß ich ihn liebe, zeige mir den Feind!

Pachta.

Sieh hier dieß Weib, erregt sie dir kein Grauen?
Die erste, die hier deinem Blick erscheint,
In Zauberei berauschet sitzet sie.

Trinitas

(naht ihr, und indem sie Zwratka ansieht und erschrocken aufschreit,
hebt sich diese.)

O Jesus, hilf mir!

Pachta.

Fort, sie hebt sich, flieh!

(Pachta, Trinitas weichen; da aber Zwratka wankt und zu fallen
droht, faßt sie Trinitas in die Arme, und wird grell von ihr
angesehen.)

Zwratka

(Traumtrunken.)

Weh! halte mich, mein Tschart, Blut! Blut!
Halt mich, du sollst es haben süß und gut,
Verfluchter Hahnenschrei aus andrer Welt!
Wer wecket mich? halt, Tschart! dein Bräutchen fällt.
Fluch, Fluch dir, alle schwarzen Flüche dir!
Wer bist du, wer, woher, was willst du hier?
Fluch, Fluch dir, alle rothen Flüche dir!
Blut, Blut! dein rothes Blut hier fließen soll.

(Sie schließt die Augen und sinkt. Trinitas legt sie zur Erde.)

Trinitas.

O Raserei der Sünde, sie ist toll!

Slawosch

(der auftritt, reißt sie zurück.)

Hinweg, nicht menge dich ins Werk der Nacht!
Sprich, war, als sie geflucht, ihr Auge offen?

Trinitas.

Sie sah mich gräßlich an, und hat gelacht.

Slawosch.

So hat sie, Arme! tödtlich dich getroffen
Mit ihres Fluches Pfeil, du bist beschrien! [10]
Schnell nehme deines Hemdes Saum und reibe
Dein Antlitz ab, das sie mit Gift beschien.

Trinitas.

Unsinnig wär ich dann gleich diesem Weibe,
Nicht hat ihr Tschart an meinem Leibe Macht.

Slawosch.

O, laßt uns fliehn, eh nochmals sie erwacht!

Trinitas.

Und sollen wir sie hülflos so verlassen?

Pachta.

Willst du dem Satan in den Zügel fassen!

Trinitas
(ruhig begeistert.)

Hätt' ich zu Golgatha am Sühnaltar,
Wo sich der Schöpfer opfert der Natur,
Geweidet eine kleine Lämmerschaar,
Ja, wär's ein einzig frommes Lämmchen nur,
Und lenkte mir der Stolze mit Gefahr
Durch meines Segens Flur des Wagens Spur,
Ich wollt' ihm kühnlich in die Zügel fallen,
Und wie ich fiele, hätt' ich Gott gefallen!

Pachta.

Sie reget sich, o fort!

Zwratka.

Blut! Blut!

Slawosch.

Unheimlich ist sie, meidet ihre Wuth.

(Sie gehen ab.)

C

Wlasta
(mit einer Fackel, Zwratka beobachtend.)

Sie träumet noch, die Augen fest geschlossen!
Auf! Mutter, auf! eh noch der Tag ergraut.
Kotar hat schon den Mond so voll gegossen, ")
Daß überträufend er zur Erde thaut.
Libussa naht, ich hab mich weggestohlen,
Dich zu erwecken, wie du mir befohlen.
Auf! Mutter, auf! ich schrei in taube Ohren,
Wie sie die Daumen in die Fäuste klemmt,
Das ist der Riegel, der den Eingang hemmt,
Ich brech ihn auf.
(Sie bricht ihr die Daumen auf.)

Zwratka.
Blut! Blut! es ist geschworen,
Dreimal verfluchtes! soll mein Tschart dir rinnen
Das Blut, das mich erweckt!

Wlasta.
Sie ist von Sinnen,
Auf! Mutter, auf!

Zwratka.
Fluch ihr, die dich getragen,
Ihr Blut komm auf dieß Land!

Wlasta.
Bist du unsinnig,
Du wütheft gen dich selbst! Die Flüche schlagen
Dein eignes Herz. Erwache, Wlasta bin ich!

Zwratka.
Es ist vorüber, weh! wer spricht, wer spricht?

Wlasta.
Wlasta: was fluchst du mir?

Zwratka.
Du warst es nicht!

Es riß mir ein Frecher
Mit Worten des Spottes
Den schäumenden Becher
Des finsteren Gottes
Vom saugenden Mund.
Die dunkele Pforte
Erbrach er hellstimmig
Mit zaubrischem Worte,
Und Tschart blickte grimmig,
Es bebte der Grund.
Die Schreie des Hahnen
Zerschneiden nicht dreister
Die nächtlichen Bahnen
Der irrenden Geister,
Als was er geschrien.
Auf glühenden Hügeln
Lag tief ich entzücket,
Von kühlenden Flügeln
Des Gottes erquicket,
Der freundlich mir schien!
Gefahr, die ihm drohte,
Hat er mir vertrauet,
Und seine Gebote
Hab all' ich durchschauet,
Und Hülfe erlernt.
Wir saßen zusammen,
Der Erde entrücket,
Von eiskalten Flammen
Des Abgrunds durchzücket,
Von Wonne umsternt.
Vom Erdeerschütternden
Ward kalt ich durchrissen,
Der mir in die zitternden

Lippen gebiſſen,
Da hört' ich den Schrei!
Er riß mir im Herzen
Wie feurige Kämme,
Gleich glühenden Erzen
Brach wild er die Dämme
Der Nacht mir entzwei.
Es ſtachen gleich hellen
Lichtſpeeren der Sonne
Die Töne, die grellen,
Mir frech in die Wonne
Der Traumnacht hinab.
Die Sichel des bleichen,
Des Mondes, ſchnitt klingend
Mit ſchmerzlichen Streichen
Den Herrn, mich umſchlingend,
Vom Herzen mir ab.
Blut! Blut! ohn' Erbarmen
Auf den, der mich weckte,
Aus ſeligen Armen
Den Gott mir erſchreckte,
Es fließe ſein Blut!

    Wlaſta.

Unſinnige Wuth!
Dein Fluch über dich!
Ich war es, fort, fort!
Was ſchmäheſt du mich?
Nun meide den Ort!

    Scharka
    (mit einer Fackel.)
Das Opfer rüſte, Wlaſta, ſchnell ohn' Säumen,
Die Töchter Krocks verließen ſchon die Schwelle.

Wlasta.

Die Mutter bringe ich nicht von der Stelle,
Sie ist bethöret ganz von bösen Träumen.

Zwratka.

Blut, Blut, dem schwarzen Gotte fließe Blut!

Slawosch, Primislaus, Biwog
(treten zur Wahl gehend auf.)

Slawosch.

Noch immer raset sie?

Wlasta.
Brecht ihre Wuth!

Zwingt sie zu gehen.

Scharka.

Schon zum Opfer kommen
Die Fürstinnen.

Primislaus.

Sie ärgre nicht die Frommen,
Entweich, Feindselige! zerreiße nicht
Den heil'gen Schleier der berauschten Nacht
Mit bösem Fluch! Das milde Angesicht
Des seel'gen Mondes deines Wahnsinns lacht.
Still trägt Triglawa ihn zur Hochzeitskammer, [12]
Schlag nicht ans Thor der Nacht mit bösem Hammer!

Zwratka.

Triglawen Fluch, und ihrer Buhlerei!
Fluch dem, der mir mit fremdem Zauberschrei
Den Gott entriß!

Wlasta.

O bringet sie von dannen,
Tragt sie zum Fluß, erweckt benetzend sie.

Biwog.

Hilft das, wohlan, so will ich sie entbannen!

Ich tauche sie mit allen Teufeln unter
Und wasch ihr fluchend Maul. Auf, munter! munter!
(Er hebt sie empor, und trägt sie weg.)

Zwratka
(wehrt sich.)

Weh! ich bin Zwratka, weh euch, laßt mich! laßt mich!

Biwog
(trägt sie ab.)

Sey wer du willst, die Moldau ruft zu Gast dich!

Scharka.

Als von der Erde sie sein Arm erhoben, [13)]
Ward sie der Macht des finstern Gott's entrücket.

Slawosch.

Nun kommt zur Wahl, den will als Freund ich loben,
Der mir für Tetka stimmt, die fromm entzücket
Der Götter Haus mit heilgem Wort erschlossen.

Primislaus.

Libussen wähle ich, des Krokus Lehre
Hat mehr als ihre Schwestern sie genossen.

Wlasta.

Heil dir, du Edler, dessen Wahl ich ehre!

Biwog
(kehrt zurück.)

Es ist geschehn, doch, um sie einzutauchen, [14)]
Mußt alle meine Kräfte ich gebrauchen,
Wie eine Blase leicht schwamm sie stets oben,
Die ich wie eine Bleilast schwer gehoben.
Doch endlich hat vom Pech der Unterwelt
Das erste Maul voll Wasser sie gereinigt.
Ich ließ sie los, ans Ufer hingeschnellt
Hat sie nicht schlecht mit Flüchen mich gesteinigt,
Wie eine nasse Katze durch das Feld
Lief sie nach Haus, von kalter Flut gepeinigt.

Primislaus.

Dieß Weib macht zu Gespenstern uns die Götter.

Slawosch.

Den Donnrer kennt sie nur als Donnerwetter.

Scharka.

Heil dir, du starker, der den Zauber brach,
Gen guten Willen ist selbst Tschart zu schwach!

Biwog.

Wohlan ihr Männer, laßt zur Wahl uns gehn,
Auf Kaschas Seite wird heut Biwog stehn.

(Die Männer ab.)

Stratka
(von der andern Seite eintretend.)

Schnell legt den Holzstoß, denn die Schwestern nahen.

(Während folgender Rede legen sie einen kleinen Holzstoß zusammen.)

Scharka.

Du bliebst zurück?

Stratka.

Mit Wrsch hab ich gesprochen.

Scharka.

Den Biwog, Slawosch, Primislaus wir sahn.

Stratka.

Und fühlet eure Herzen ihr nicht pochen?

Scharka.

Warum? warum?

Stratka.

O welch unwahres Fragen!
Darum, weil wir am Zauberfeuer lagen,
Den ersten, der uns würd' entgegen gehn,
Für unsern künft'gen Buhler anzusehn.

Scharka.

Schon lange ist's, daß Wrsch dir Liebe bot.

Wlasta.

Schnell, schnell, es schimmern Fackeln durch den Wald,

Stratka
(man hört fernen Gesang)

Ich hör das Chor, das durch die Felsen hallt,
Die letzte Klage um des Vaters Tod,
Sie opfern hier dem Tag, der sie geboren!

Scharka.

Und bald begrüßt das Volk sie mit der Krone.

Stratka.

Libussen hat der kühne Wrsch erkohren.

Wlasta.

Dich also nicht?

Stratka.

Ich rede von dem Throne,
Sonst wäre auch wohl Primislaus für dich.

Scharka.

Biwog ist für Libussa nicht, wär' er für mich!

Wlasta.

O schweigt, und spielet mit dem Feuer nicht,
Die Flamme hat ein ernsthaftes Gesicht.

Stratka.

Genug des Holzes! ruft, sie ziehn herbei.

Scharka.

Heran, ihr Töchter Krok's, das Feld ist frei!

(Tetka, Kascha und Libussa treten von einer Schaar Fackel-
tragender Jungfrauen begleitet auf, diese bilden einen Halbkreis
um sie, und singen:)

Chor.

Hinab, hinab in das dunkle Haus
Sank uns der Tag,
Der über Böheim lag,
Und die leuchtenden Sterne sie löschten aus,
Es mußten Krokus Augen
In finstre Meere untertauchen,

Bittre Woge des Todes, du schlägst an das Herz,
Und in Thränen thaut dich der Schmerz
In die Kelche des Frühlings!

Tetka.

Klagt länger nicht der Götter Willen an!
Das Himmelschauunde Haupt beug' ich zur Erde,
Und küß' der mütterlichen Füße Bahn,
Daß ihres Wandels ich theilhaftig werde!
Und zu der Eiche, ihres Lebens-Sitz,
Die ihr des Donnrers Zorn mit scharfem Blitz
Zur Gruft gehöit, heb' weinend ich die Augen.

Kascha.

Laß mich der Trauer glühe Schmerzen tauchen
In wunderbarer Kräuter Wohlgeruch,
Der mir der Thränen Flamme kühlend stillet.
O Erde, aller Schmerzen Thränentuch!
O Erde! heil'ge Mutter! Heilkraut füllet
Die Spur von unsrer Mutter heil'gen Füßen.

Libussa.

Wo ihr die Nacht, wo uns das Licht begann,
Beug ich das Haupt, die Erde fromm zu küssen,
Den einz'gen Stern, den ich erreichen kann!

Tetka.

Wie spielen jetzt die Lüfte süß und kühl
Der Sternennacht im schimmernden Gefieder,
Wie war die Zeit vor wen'gen Stunden schwül!
Peron der Donnerer goß Feuer nieder. [15])
Ich stand auf eines Berges Felsengipfel,
Und unter mir zum Opfer aufgeschichtet
Errauschten in dem Sturm die Eichenwipfel.
Die Blicke zu dem Himmel aufgerichtet
Sah ich den Gott im Wolkenwagen rollend,
Die dunklen Rosse rissen ihn durch's Blau,

Des Sturmes Geißel traf sie heftig grollend,
Und Feuer zuckte über Wald und Au,
Wenn ihre Hufen in den Felsen kletterten,
Die Räder rasselnd in das Echo schmetterten.
Still stand der Gott, in finstrem Ernst erhaben,
Sein Purpur und sein Haar den Blitz durchflaggend,
Ließ sicher zügelnd er die Rosse traben,
Und brach mit glüher Schaar das Nachtfeld krachend,
Und sieh, die Sterne, eine fromme Saat,
Sind aufgeblüht in seiner Furchen Pfad!
Wie glänzt Triglawa's Freund auf lichter Bahn,
Wie freundlich lacht der Mond Libussen an!

Kascha.

Es sehnet sich die Erde Himmelwärts,
Der Frühling pocht in tausend Knospen an,
Schon sinkt der Himmel thauend an ihr Herz,
Es duftet bräutlich rings der Thymian,
Und träumend spiegelt seinen grünen Schauer
Im klaren Fluß der Eichwald jung belaubt.
Du ernster Rosmarin! Du Freund der Trauer,
Hebst sinnend treu das immergrüne Haupt.
O keusch gesenkter Blick der Maienbraut!
Erblüh'nder Mund, wie redet ihr so laut!
Du unerschloßnes Herz, ich hör dich pochen,
Die Rose, die noch in dem Keime träumt,
Weiß nicht, ob sie nach wen'gen Sonnenwochen
Im Rausche aller Wonnen überschäumt,
Weiß nicht, ob sie von Thau und Düften voll
Zum Lichte weinen oder lachen soll!
Schlank Lilienkraut! bald wird in deinen Kelchen
Die nachtverirrte fromme Biene schwelgen.
Im Fackelscheine deut' ich euch die Kräuter. [16])
Der Himmelsschlüssel und die Himmelsleiter

Erheben schon ihr Haupt auf Tetka's Feld.
Mit Krokus, Baldrian, Heil aller Welt,
Seh ich das meinige auch wohl bestellt.
Doch sieh, Libussa, deines Gärtleins Boden
Legt aus den Schatz von herrlichen Kleinoden.
Den Ehrenhut verheißt die Jungfrau'nkrone,
Der Königszepter reicht den Zepter dir,
Und wie ein Gürtel deinem Frühlingsthrone,
Sproßt rings des blauen Ritterspornes Zier.
Zwar könnte mich bei allen diesen Schätzen
Der wilde Mägdekrieg in Sorgen setzen,
Doch mahnt mich hier der kräft'ge Ackermann,
Daß jenen ich auch Pflugsterz nennen kann.
So lacht das Glück, Libussa, dir im Garten!

Libussa.

Ihr Gütigen könnt kaum mein Heil erwarten,
Der Himmel, Tetka, läßt mich durch dich grüßen,
Dein Aug' der Götter leuchtend Werk belauscht,
Die Erde eine Wolke dir zu Füßen
Mit ihren Wäldern, ihren Strömen rauscht.
Aus Gartensternen deutet Kascha mir,
Die Erdvertraute, gut des Abgrunds Traum.
Den Gott verstehet, und verkündet ihr.
Ich breche uns an seines Mantels Saum,
In seiner Dreiheit eins, dieß Kleeblatt mild,
Mit Thauesperlen ist es schön geschmückt.
Es sey der frommen Schwesterliebe Bild,
Das weinend zu geliebten Gräbern blickt.
Kein Heil kann uns, den Töchtern, fortan blühn,
Als Einigkeit in dreyfachem Bemühn.
Doch sieh, wie seltsam spielt das Glück mit mir,
Dieß Kleeblatt trägt der zarten Blättlein vier!

Kascha.

Heil dir, es pflücken Götterfreunde nur
Des Glückes Winke auf des Frühlings Spur!

Tetka.

Das Doppelblatt in dieses Kleeblatts Zier,
Es ist das ird'sche Glück, es neigt sich dir.
Zum Opfer nun, hier, wo um's Angesicht
Der Drillinge zuerst der Sonne Licht
Mit dieser Eiche Schatten fromm gespielt,
Als uns die Mutter an dem Busen hielt,
Werf ich drei Krokusblüthen in die Flamme,
Zu Ehren unsers Vaters sel'gem Geist,
Das edle Würzkraut, heilig unserm Stamme,
Deß Tugend unsers Vaters Namen preißt.

Kascha.

Wachholder bringe ich, und Majoran.

Libussa.

Hier ist das Demuthkraut, der Thymian,
Auf, zündet mit den Fackeln nun die Glut!

(Wlasta, Stratka, Scharka geben ihnen drei Fackeln; sie
zünden das Holz an, und werfen die Kräuter zur Glut.)

Libussa.

Hell lodert's auf, mein Herz hegt frohen Muth!

Tetka.

Die Flamme laßt den jungen Tag begrüßen,
Der sie verlösche mit den Rosenfüßen!

Wlasta, Stratka, Scharka.

Lado, Lado, Krasnipani,
Krasnipani, schöne Frau!
Schimmernd auf dem goldnen Wagen
Über Berg und Thal getragen,
Gütig auf dies Opfer schau!

Lado, Lado, Krasnipani!
Goldne Äpfel trägst du drei,
Lieb' um Liebe anzulocken,
Und es wehn die goldnen Locken
Um dich, Schöne, frank und frei!

Lado, Lado, Krasnipani!
Der drei goldnen Äpfel Gunst
Hast der Mutter du gegeben.
Und drei Jungfraun nun erheben
Zu dir heilger Flamme Brunst!

Tetka
(den Rauch betrachtend.)

Seht, wie der Rauch des Opfers senkrecht steigt,
Die Säule die Gebete aufwärts trägt.
Wenn jede Brust einst fromme Glut bewegt
Und alle Sehnsucht so zum Himmel reicht,
Der Andacht Säulenwald die Erde bildet,
Den Peron mit gestirnter Kuppel schildet,
Dann wird das Leben eines Opfers Schein,
Und Erd' und Himmel nur ein Tempel seyn.
Kommt, setzt euch, denkt der Mutter, die hier ruht!
(Sie setzen sich um das Feuer.)

Kascha
(in die Flamme schauend.)

Figurend durch die Reiser irrt die Glut,
Sie läuft am Zweig gleich einer Schlange fort,
Macht hier das Blattgeripp zur glüh'nden Spinne,
Und hüpft dort wie ein Frosch von Ort zu Ort.
Drei Bilder, deren ich mich wohl besinne,
Man hängte sie uns an die goldnen Ringe,
Uns in der Schule leicht zu unterscheiden.
Zufällig nicht ist die Gestalt der Dinge,
Das Eine will das Andre stets bedeuten.

O selig, wer die Zeichen all' ergründet,
Die Tiefe würde laut von ihm verkündet!

Libussa
(das Haupt erhebend.)

Es spielt ein kühler Wind aus Orient '7)
In meinem Haar, und sieh! des Feuers Herz,
Das, von der Heimath angeweht, entbrennt,
Zuckt mit der Flamme Puls nun Abendwärts.
Du heil'ger Odem! nenne mir die Namen
Der Väter all, die auch vom Morgen kamen!
Uns trägt der Strom, sie tranken aus den Quellen,
O möchte sich der Aufgang uns erhellen!
Ich leg mein Haupt nun zu den Blumen hier,
Erzähle, Tetka, von der Mutter mir.

Tetka.

Laß uns den Tag, der uns das Licht ließ schauen,
Mit Blumenschmuck empfangen auf den Auen,
Ihr Mägdlein, gehet, flechtet uns die Kränze,
Daß unsre Stirn dem Lenz entgegen glänze.

(Die Jungfrauen löschen die Fackeln, und gehen.)

Libussa.

Sie von uns weisend kränkst du ihren Muth.

Kascha.

Nicht alles wissen ist den Mägden gut,
Laß immer sie in Unschuld Blumen brechen!

Tetka.

Vom Wunder unsrer Abkunft will ich sprechen,
Geheimnißvoll war unsrer Mutter Leib,
Die mehr gewesen, als ein sterblich Weib.
Das Heilige bewache frommer Geiz;
Dem Wundervollen allzuleicht ergeben,
Folgt die Unwissenheit geheimem Reiz,
Zur Anbetung Verhülltes zu erheben,

Und webt des Unverstandnen höhern Schein
Falsch in des Glaubens Bilderteppich ein.
Der Sinne Blindheit rückt, sich selbst zu blenden,
Das Unerschaute in des Gottes Licht,
Zur Flamme greift das Kind mit dummen Händen,
Doch besser thut es, wenn es Blumen bricht.
Wird einst nicht Raum im Schooß der Erde bleiben,
Die Wurzeln der Unwissenden zu fassen,
Die ihre Blüthen in den Himmel treiben,
Wird dieser die Allwissenden entlassen,
Dann wird sich jenen Gottes Liebe zeigen,
Die Götter sehn als Menschen niedersteigen.

Kascha.

Geschaffnes in des Schöpfers Werkstatt dringet,
Und mit dem Werkzeug selbst das Werkzeug ringet.
Der Wurzeln Wunderwirkung gen die Wunden,
Der heil'gen Kräuter Kräfte für die Kranken
Und der Gesteine gut und gift'ge Geister,
Der Sterne Siegel auf der Stirn der Stunden,
Gelös't vom Golde göttlicher Gedanken,
Der Welten Spiegelbild im Aug' der Meister,
Gespensten an der Lebensquellen Rand,
Entheiligt in unheil'ger Hexen Hand.
Der Sünde Hunger kann kein Licht ertragen,
Wahnsinnig muß sein eignes Herz er nagen,
Und meint das Herz der Nacht, sich zu erlaben,
Mit Zauber aus des Abgrunds Kern zu graben.
Euch, die zur Tiefe so das Antlitz wenden,
Wird Flüche sie statt ihrem Segen spenden.

Libussa.

So wird der Götterdienst zum Götzendienste,
So wird der Herrendienst zur Sklaverei,
So webet in dem heiligen Gespinnste

Der Unterirdischen die Zauberei.

In guter Mitte steht die Wage ein,
Der Fuß getragen auf der Erde ruht,
Das Haupt sieht selig in des Himmels Schein,
In Mitten schwebt das Herz gesund und gut.
Was abwärts zieht, ist allzutief dem Menschen,
Was aufwärts zieht, ist allzuhoch dem Menschen,
Der irdisch leben soll, und himmlisch denken,
Daß Erd' und Himmel sich in ihm versöhne,
Jener den Gott, den Menschen diesem schenken
Kann nur der Menschlichste der Göttersöhne.

Tetka.

Mein Haupt möcht' in des Himmels Augen lesen
Der guten Götter, Bilobogi, Wesen, [18])
Und allzuhoch geht also wohl mein Streben.

Kascha.

Mein Fuß forscht nach des Abgrunds sichren Stufen,
Wo mich die finstern Tschernobogi rufen,
Und allzutief dringt also wohl mein Leben.

Libussa.

Wie selig ruht das Herz mir in der Mitte,
Der Himmel höret gütig meine Bitte,
Die Erde füllt mit Segen meine Schritte,
Zum Himmel bet' ich, lach' und wein' zur Erde,
Daß mitten in dem Leben wohl mir werde.

Tetka.

Als Kind schon nahmst du gern die Mitte ein,
Trank ich der Mutter rechte Brust allein,
Sog Kascha Nahrung nur aus ihrer Linken,
So schlummertest du lächelnd zwischen beiden,
Und wachtest freundlich, ohn' uns zu beneiden,
Die rechte und die linke Brust zu trinken.

Libuſſa.

Erzähle Tetka unſrer Abkunft Wunder!

Kaſcha.

Erzähl', der Tag ergraut, der Mond geht unter.

Tetka.

O meine Seele, Spiegel früh'ſter Zeiten!
Den Knappen Chechs, den Krokus zeigſt du mir,
Den Vater, ſeines Herren Roſſe weiden,
Er ißt ſein Brot, er ſchlummert ſorglos hier;
Die Eiche ſehe ich ihm Schatten breiten,
Ein Geiſterweib, die Mutter wohnt in ihr,
Vertraut dem frommen Freund an ihrem Baume
Zeigt ſie der irren Roſſe Spur im Traume.

Kaſcha.

Heilige Zeit! als im wehenden Schatten
Ewiger Eichen die Geiſter noch lebten,
Die über des Wieſengrunds thauichte Matten
Selig auf luftigen Füßen hinſchwebten.
Über den wiegenden Wogen der Wellen
Und in des Walddickichts krauſem Geſauß
Waren lebendige Götter zu Haus.
Wo jetzt die Wildniß
In wilden Waldquellen
Einſam ſich ſpiegelt,
Schauten ihr Bildniß
Die ſel'gen Geſellen.
Noch nicht verſiegelt
Waren die Bronnen,
Sich auf den Schwellen
Der Felſen zu ſonnen
Liebten die Nymphen.
Noch nicht verriegelt
Saß in 's Wiederhalls

D

Tönenden Grotten
Ohlas, zu schimpfen
Und heimlich zu spotten. [9]
Und um des Wasserfalls
Tosenden Lärmen
Sah man geschäftige Fräulein hinschwärmen.
Schaukelnd und gaukelnd,
Auf wiegenden Zweigen
Ließ sich der Reigen
Der frommen Waldfrauen,
Der Russalki erschauen,
Die aus den Locken
Blumen und Perlen und edle Gesteine
Kämmten und sangen,
Daß jubelnd die Haine
Wie Himmel erklangen,
Und in der Blumen nickenden Glocken
Hauste ein duftendes Jungfrauenchor,
Trugen den blinkenden Thau bei der Feier
Göttlicher Feste, als Perlen im Ohr,
Und der Reif war ihnen ein silberner Schleier.
Selige Zeit! aus den Flüssen und Teichen
Sah man noch Wodnick, den Wassermann steigen,
Bunte Bänder mit silberner Elle
Maß der freundliche grüne Geselle,
Und warf sie der grüßenden Hirtinn an's Land.
Selige Zeit, wo unschuldiger Tand
Liebende Geister und Menschen verband!

Libussa.

Heilige Zeit, der Herbst war ein Wirth,
Der Frühling ein Sämann, der Schatten ein Hirt,
Und an des Sommers glühendem Herde
Opferten gütige Geister der Erde.

Heilige Zeit, kein Jäger, kein Ritter
Schleuderte des Krieges feindliche Speere,
Als Peron der Donn'rer im Ungewitter,
Und die Wolken waren die fliehenden Heere.
Goldene Zeit, hier war noch kein Schnitter,
Als der Tod, Marzana, das hagere Weib, [20])
Und der Winter deckte des Todten Leib.

Tetka.

O kurzer Traum! Schon rings erbebt der Wald,
Der Siwa gold'nem Wagen bahnen Wege [21])
Die slavschen Männer; hell das Beil erschallt,
Und mörderisch knirscht schon der Zahn der Säge;
Bald dringet auch die menschliche Gewalt
In dieses Baumes heiliges Gehege.
Da weckt den Vater Niwas Lilienhand;
Sie sprach zu ihm, die schimmernd vor ihm stand:
O Krokus, reiner Mann, mit meinem Heile
Ist fest verbunden dieser Eiche Leben,
Bewahre sie vor deines Volkes Beile,
Die Schatten, Schlaf und Traum dir oft gegeben,
Der Schützenden nun wieder Schutz ertheile!
Da legte Krokus, ohne zu erbeben,
Zum Schwur die Rechte an des Bartes Haar,
Das kaum dem jungen Kinn entsproßet war,
Und schwur: so wahr mir Lado geb' ein Weib,
An Sinnen klar, gesund und rein an Leib,
Soll dir kein Beil den heil'gen Baum verwunden.
Er schwört, der Baum errauscht, sie ist verschwunden!

Kascha.

Selig an des Himmels Gränzen
Der unschuldigen Helden Traum!
Blüthen aus der Götter Kränzen
Fallen auf ihres Lagers Saum,

Und aus den Schatten, die sie bedecken,
Freundliche Mächte der Ewigkeit
Hülfebegehrende Hände ausstrecken
Zu den vergänglichen Kindern der Zeit.

Libussa.

Schattig gedeckt ist die Waldnacht ein Haus,
Und die Erde ein Tisch mit erquickender Last,
Gerüstet von Göttern, doch ein trunkener Gast,
Stößt der Mensch die Wirthe undankbar hinaus,
Und er zerschmettert, die Tempel erbauend,
Thöricht die Wiegen der himmlischen Geister,
Die ihm gleich treuen Gespielen vertrauend
Boten die Hände zum Bund mit dem Meister;
So hat nicht Krokus, der fromme, gethan:
Denn als die Männer in irdischem Wahn
Fällten die Haine, die Wohnung der Elfen,
Schloß er, der heiligen Mutter zu helfen,
Feierlich schwörend dem Himmel sich an!

Tetka.

Im Dienst verspätet auf des Herzogs Schloß
Treibt er die Füllen einst in dieß Gehege,
Da schallet Beilschlag, und es stutzt sein Roß,
Er horcht — so rauscht kein Laub, so zischt die Säge —
Rasch sprengt er her, und sausend folgt der Troß,
Vom Dorn gegeißelt durch verwachs'ne Wege;
Dort bricht er vor, mit wüthendem Entsetzen
Sieht Beil und Säge er den Baum verletzen:
Fluch deiner Säge, Fluch auch deinem Beile!
Die Keule schwingt er, und sie floh'n in Eile.

Kascha.

Heiliger Grimm, der den Vater getrieben
Zum Schutze der Elfe, sie lernte ihn lieben;
Die Geister des Lebens sind dankbar, sie weben

Irdische Schätze in himmlischen Segen;
Wer sah die Güt'gen je, müde zu geben,
In den Schooß die goldenen Hände hinlegen.

Libussa.

Sieh, es vernarbte die Wunde am Baum;
Aber der Fluch ist ohne Zügel und Zaum.
Geschleudert vom Zorne den tödtlichen Stein
Führet das grausame blinde Geschick,
Kein Segen je holet den grimmigen ein
Und reißet ihn schützend im Falle zurück;
Geltend dem Vater, verletzt er die Söhne,
Und spät noch, daß er den Vater versöhne,
Rächet sich der Enkel am zürnenden Glück! [22]

Tetka.

Nun ist die Elfe dankend ihm erschienen,
Ein Kleeblatt brach sie, sprach: nimm hin, mein Sohn!
Das erste Blatt lehrt dich den Göttern dienen,
Der Erde Kenntniß ist des zweiten Lohn,
Die Hauswirthschaft, das Regiment der Bienen
Lehrt dich das dritte, führet dich zum Thron.
Er schlug es aus, er könnt' nur sie verlangen,
Umfangen hat er sie, die uns empfangen.

Kascha.

Wie in des Wollkrauts zaub'rischer Schlinge [23]
Listige Meister Farr'nsamen gewinnen,
Wie die goldenen Netze fleißige Spinnen
Zum Fange der schimmernden Schmetterlinge,
Der geflügelten Blumen, vor die Sonne weben,
Wie die Blätter zum Lichte die Hände heben,
Und wie die Lilie in Unschuld die Kelche
Öffnet, daß küssend die Biene schwelge,
Und sich schließet, in ein duftend Gefängniß
Einfangend die trunkene Künstlerinn.

Also auch fängt in des Schicksals Bedrängniß
Gütige Geister der liebende Sinn,
Also wird heiliges Geben Empfängniß,
Und es säet sich der Sämann Gewinn;
Denn es ist in der Zeit kein Verlieren,
Wenn ihre Kränze die Ewigkeit zieren.

Libussa.

Seliger Tausch, der göttliche Segen
Mehrt ihm das Gut, hier erbaut er das Haus,
Und von hier gossen auf blühenden Wegen
Quellen des Trost's und des Heiles sich aus,
Und unsrer geistigen Mutter Gunst
Schien mit der Weisheit lebendigen Sonnen
Ihm in das Haupt, in den quellenden Bronnen
Des Rathes, des Rechtes, der göttlichen Kunst.
So ward in der Seele der Himmel ihm groß,
Ihr wachsen die Früchte der Erde im Schooß
Und daß ihm die Erde, der Himmel ihr bliebe,
Ward sie ihm Weib, und uns Mutter aus Liebe.

Tetka.

Es ward erfüllet ihr der Monde Zahl,
Mit Sonnenaufgang sind es zwanzig Jahr,
Daß uns drei Mägdlein lächelnd ohne Qual
Die Mutter an der Eiche hier gebahr.
Hier ist das Kleeblatt, sprach sie, mein Gemahl,
Das du verschmähtest, und reicht uns ihm dar,
Er küßte uns, und sprach: die hohen Gaben
Des Kleeblatt's mögt ihr süßen Kinder haben!

Kascha.

Heilig der Gebährenden erster Wunsch und Segen,
Dem die Himmel erfüllende Hände auflegen;
Heilig der Sterbenden letzter Wunsch und Willen,
Denn die Erde erfüllt ihn, die sie selbst erfüllen.

Libussa.

Im Arm der Mutter hielt uns der Vater umschlossen,
Noch trägt uns die Erde vom Himmel umflossen,
Noch sind wir nicht einsam, noch nicht verlassen,
O laßt uns mit zärtlichen Armen umfassen!

(Sie umarmen sich.)

Tetka.

Sie lehrte Gold ihn waschen aus dem Sand,
Und Perlen fischen aus der Moldau Grund,
Und Schlößerbauend ward bald rings im Land
Sein Reichthum und sein hohes Leben kund.
Die Armen segneten des Milden Hand,
Die Reichen schlossen gern mit ihm den Bund.
Treu dienten ihm die Menschen und die Geister,
Zu Budetz in der Schule war er Meister, [24]
Als Herzog hat zu Pfary er gesessen;
Da war des Glückes Maaß ihm voll gemessen.
Einst saßen spielend wir allhier im Kreise,
Der Tag war finster, Sonne wollt' nicht scheinen,
Schwermüthig kam der Vater von der Reise,
Die Mutter sah ihn an und mußte weinen;
Sie nahte ihm, und sprach mit ernster Weise:
Mein Krokus, heut bedroht Gefahr die Deinen,
Heut hütest du vergebens meine Eiche,
Den Ring, den ich dir gab, zurück mir reiche!
Da sprach ergrimmt der Vater: Fluch der Hand,
Die deiner Eiche mit dem Beile droht,
Der Baum ist ewig, ewig ist ein Pfand
Der heil'ge Ring, den mir die Liebe bot;
Die starke Fessel, die das Glück mir band,
Zerbreche nur der Tod, und nicht die Noth!
Da hallte rings der Donnerwagen wieder,
Und Peron warf erzürnt den Blitzstrahl nieder!

Libussa.

Weh., kein menschliches Herz kann es wagen,
Zu umfassen der göttlichen Güter Fülle.
Sterbliche Schultern können den Himmel nicht tragen,
Dem unendlich die Macht und der Wille.
Weh uns! vom Strahle des Donnrers erschlagen
Sank Niva zur Erde, und ihre Freude ward stille!

Kascha.

Weh, er erzürnte den Gott; denn sein Schwur
Nannte die Göttinn der Liebe, die Lado, nur
Und dem Donnrer vergaß er ein Opfer zu reichen,
Dem doch geheiligt die ewigen Eichen,
Und rächend höhlte der Blitzstrahl den Baum,
Zur dunkelen Gruft; d'rin nistet der Traum.

Tetka.

Also irret leichtlich der Mensch, der die Götter
Zerstreut sieht, wie des Baumes wogende Blätter.
Ein Stamm ist der Glaube, eine Himmelsstütze,
Wie Blüthen und Früchte auf den ragenden Zweigen;
Haben die Götter und die irdischen Geister
Ewig und sterblich ihre heiligen Sitze,
Die all aus Einem zu Einem hinsteigen,
Zum heiligen Lichte; denn es setzet der Meister
Seine Füße in der Krone schwindelnde Spitze,
Und wenn er donnert, so führt er den Reigen
Und schleudert nieder die schmetternden Blitze
Tief in den Schooß der geschaffenen Erde,
Wo die finsteren Götter, die gefallenen Knechte,
Gefesselt sitzen in einsamer Wacht;
Daß auch der Abgrund bevölkert werde,
Hausen sie, fluchend auf verlorne Rechte,
In der Wurzeln schlangendurchwundener Nacht.
Seh ich erst Peron das Nachtfeld zerreissen

Mit seines Donnerpflugs glühenden Schaaren,
Werd ich bald Siwa in den goldenen Gleisen
Auf dem ährenumwinketen Wagen gewahren;
Denn unter des Wetters gewaltigem Zorn
Träufelt ein alles erquickender Regen;
Und überschwenglich dann füllet der Segen
Mit glühenden Früchten des Suetowids Horn. [25])
Selbst Jagababa, die Riesinn der Schlachten,
Dünget mit sinkenden Leben das Feld.
Und wie auch die Männer zum Tode hintrachten,
Tragen und lieben die Götter die Welt.
Die Stürme verstürmen, und auf thauichten Auen
Läßt sich Frau Lado, die liebliche, schauen;
Doch wie wär' der eine, wo der andere nicht wäre,
Denn einer nur lebet, und dieser ist alle,
Und daß ich Allen in Einem gefalle,
Gebe ich allen in Einem nur Ehre,
Dem lebendigen Himmel, der Ewigkeit,
Dem Erdenumarmenden Vater, der Zeit!

Kascha.

Nicht das herrliche Gold, die unterirdische Sonne,
Der mächtige König, der in der Tiefe thront,
Nicht das adelige Silber, des Abgrunds Mond,
Reichen dem Menschen das Weh und die Wonne;
Nicht das lügende Kupfer, das Blei, der stumme Planet,
Nicht der rüstige Held, das hellklingende Erz,
Nicht das starrende Eisen, der kalte Komet,
Der mit dem Schweife zum Nordsterne dreht,
Erquicken und drücken das menschliche Herz.
Nicht der Jäger des Abgrunds, der grüne Smaragd,
Fesselt die flüchtigen Thiere der Jagd,
Und nicht des Rubinenaugs feurige Glut
Stillet den schreienden Wunden das Blut.

Nicht ist es der Zaub'rer, der weiße Demant,
Der die Gifte verräth und die Untreue bannt,
Und nicht der künstliche Stein in der Schlange Haupt, [26]
Der dem Feinde die Macht seines Schwertes raubt.
Nicht der Alrun, der zasichte Wurzelgötze,
Legt in die Truhen die schimmernden Schätze,
Nicht kann der Farrnsamen, nach dem die Geister ringen,
Das Glück und die Liebe den Sterblichen zwingen.
Weder des Safrans Feuer, noch der bittere Wermuth,
Noch des gewürzigen Thymians Demuth,
Brechen die Schmerzen und leichtern die Schwermuth,
Und wandlen in Freude die zagende Wehmuth;
Keine Sonne, keinen Mond erkennet als Herrn
Der Himmelumschlossene irdische Stern;
Denn alle sie zwingt in die heilige Spur
Die Mutter der Dinge, die ew'ge Natur!

Libussa.

Aber zwischen Himmel und Erde wandelt
Der Mensch, ein Bild, und betet und handelt,
Und liebet sich selbst, und wähnet sich frei;
Da senket der Schlaf vor dem Erdengebieter
Den bleiernen Spiegel des Todes hernieder,
Und erinnert ihn, daß er ein Sterblicher sei!
Nun lasset uns ruhen, ich schlafe nicht,
Aber sinnend leg' ich mein Angesicht,
Daß es den grauenden Morgen erschaut.

(Sie legt sich gen Morgen und entschläft.)

Kascha.

Mich betäubet das duftende Kraut,
Und der Moldau finsteres Rauschen
Wieget mich ein wie ein Schlummerlied,
Und meine Seele treibt hin unterm Lauschen,
Wie der Kahn ohne Schiffer den Strom hinabzieht.

(Sie legt sich aufs Antlitz und entschläft.)

Tetka
(in das einsinkende Feuer schauend.)

Es weht kein Lüftlein, es verlöschen die Flammen,
Einsame Fünklein irren, wie ferne
Wiederfindende Freunde, zusammen
Und küssen sich, und sinken wie schießende Sterne.
Mit der Aschenwimper über dem glühenden Aug'
Der Kohle spielet der Schlummernden Hauch,
Es blicket und sinket und stirbt; und den Saum
Des Sternenmantels der Nacht hebt der Traum,
Und spiegelt mit zerrissenen Bildern uns an.
O sei uns wundervoll, du heiliger Wahn!

(Sie legt sich auf den Rücken und entschläft.)

Zwratka,
(leise hervortretend.)

Bald reißt der Hahn mit sichelförm'gem Schrei
Ins Herz der Nacht, und bricht die Zauberei.
Jetzt muß es seyn, eh' noch der graue Saum
Des Himmels sich in Glut des Safrans taucht,
Eh' Morgenluft in Thau und Duft dem Traum
Die zauberischen Larven noch zerhaucht.
O Kikimora, Traumgott, steh mir bei! [27])
Schon in Triglawas deiner Mutter Schooß
Triebst ungeboren du Verrätherei.
Ihr ward das Herz in Liebessehnsucht groß,
Und mit dem Monde ihre Buhlerei
Gabst ihrem Herrn, dem finstern Tschart, du bloß.
Da riß er zweifelnd, wer dein Vater sei,
Erzürnet dich aus ihrem Schooße los;
Sie fluchte dir, und gab dich vogelfrei,
Und zwischen Nacht und Tod fiel dir dein Loos,
Gespenstisch Kind, ins Reich der Zauberei.
Die Nacht des Himmels hast du losgerissen,

Verräther, von des Abgrunds Finsternissen,
Und zwischen beiden saugst du nun, Bastard,
Des Zwitters Brust, des Schlafs, der Amme ward.
Wie ein Vampyr trinkst du sein friedlich Blut,
Ihn mit des Traumes Heuchlerflügeln fächelnd,
Daß er sich reich und selig glaubt, und lächelnd
Hinschiffet auf der gold'nen Lügen Flut,
Auch beißest du ihn wohl mit schwarzem Zahn
Und jagst ihn athemlos den Fels hinan,
Wo unter ihm ein Chor von Geisterschwänen
Sein Sterblied singt auf bittrem Meer der Thränen.
Oft liegst du, Bleiklump, mit dem dummen Alpe
Auf edler Brust, und schmutzst das Leben ein,
Schreckst Wachen mit dem glühgeaugten Kalbe,
Drei bein'gen Hasen, hagern Mutterschwein.
Mir selbst, Verruchter, mischt du in die Salbe
Oft deine mißgebornen Sudelei'n;
Doch kenn ich dich, zeigst du gleich nur das Halbe,
Zieh ich das Ganze doch zum Sonnenschein.
Nun lasse dich, eh' sich der Morgen falbe,
Auf diese Jungfrau'n nieder, spiele fein,
Der Tag wird deine Schelmerei der Schwalbe
Auf ihres Liedes Gaukelfaden reih'n.
Den Liebling opfre ich dir, die Fledermaus,
Den Zwischenträger, des Verraths Gespiel,
Wie dich stieß Maus und Vogel sie hinaus,
Daß nachtlos, taglos, sie zur Dämm'rung fiel.

(Sie wirft eine Fledermaus in die Glut.)

Sie schlummern tief, die Äpfel geb' ich ihnen;
Der Dirnen Mummerei wird gut mir dienen,
Erwachen sie, so spreche ich: ich führte
Lel, Lado und die Heldinnen euch vor,
Weil eures Lebens Jahrestag dem Chor

Mit Festlichkeit zu grüßen wohl gebührte!
Doch schläfet nur, was mit geschloss'nen Augen
Ihr sehen werdet, wird mir immer taugen!

(Sie pocht an der Thüre von Kroks Hütte.)

Hubaliuta als Lado mit den goldnen Äpfeln in der Hand, Menel
iuba, Entawopa, Moriwescha, als die drei Huldinnen,
Biack als Lel, treten aus der Hütte. Die Huldinnen begleiten La-
dos Gesang mit den Harfen, sie treten um die schlummernden Fürstentöchter her. 28)

Lado.

Zu mir drang eures Opfers fromme Glut
Ins sterngezierte Haus der heil'gen Nacht;
Mit Wohlgeruch erfüllt der Locken Flut,
Bin über eurer Andacht ich erwacht.
Ich kenne euch, ihr Jungfrau'n weiß und mild,
Ihr seid der keuschen Triglawa ergeben,
Sie trägt den Mond, auf ihrem goldnen Bild
Drei Häupter sich in Einigkeit erheben.
Auch ihr seid drei, doch dreifach euer Sinn
Trank einig eines Herzens Liebe nur,
Nun nehmt von mir drei goldne Äpfel hin,
Umfassend alle Schätze der Natur.

Lel.

Mutter, laß die Äpfel mich
Hin zu Krokus Töchtern schwingen,
Jeden Apfel küße ich,
Sie mit Liebe zu bezwingen.

Lado.

Lelio, du mein süßer Knabe,
Du Gespiele meiner Tauben,
Nein, ich darf dir nicht erlauben,
Erst zu küssen diese Gabe,
Denn dem finstern Donnergotte
Peron, der in Wolken tobet,

Sind die Mägdlein auch verlobet,
Und dein Kuß wär' ihm zum Spotte.
Werft ihr Jungfrauen,
Euch kann ich vertrauen,
Das himmlische Loos
Den Schwestern zum Schooß!

Erste Huldinn.

Nimm Tetka den Apfel des Himmels von mir!

Zweite Huldinn.

Den Apfel der Erde geb' Kascha ich Dir!

Dritte Huldinn.

Libussa, der Apfel des Lebens wird Dir!

(Sie werfen bei diesen Worten den drei Schwestern die gold'nen
Apfel in den Schooß, und fliehen auf den Wink Zwratkas schnell
in das Gebüsch, wo man sie unter Harfenklang sich entfernen hört.
Zwratka wirft sich im Hintergrunde an die Erde.)

Tetka
(erwachend.)

Wer weckt die Tochter Kroks? horch, Harfenschlag!
Wer warf den gold'nen Apfel mir zum Schooß?

Kascha.

Wer mir?

Libussa.

Wer mir? es warf der junge Tag
Uns allen dreien heut ein gleiches Loos!

(Sie heben alle drei die Äpfel empor. Zwratka steht auf, und naht
sich begeistert erzählend.)

Zwratka.

Grüß euch der morgenrothe Juterbog! [29]
Zur Stunde, die euch hier zum Licht gebar,
Saht ihr Frau Lado nicht, vorüber zog
Sie hier vor euch mit ihrer Jungfrau'n Schaar,
Aus jeder Huldinn Hand ein Apfel flog,
Sie brachten euch Geburtsgeschenke dar.

So zauberisch war ihrer Harfen Spiel,
Daß ich entzücket an die Erde fiel.

Tetka
(ernst und monoton.)

Mir träumte, als stieg ich zu göttlicher Kunde
Durch Wolken hinauf in des Himmels Paläste,
Ich hielt durch die schimmernden Säle die Runde,
Leer standen gleich einem verlassenen Feste
Die goldenen Tische auf silbernem Grunde,
Ich fand da nicht Götter, nicht Geister, nicht Gäste,
Ich eilte und suchte, und fand, und erschreckte —
Mein Bild, das in spiegelnden Wänden mich neckte.
Über schweigenden Donner und erloschene Blitze
Mein Fuß, vom Traume belastet, hin schwebte
Bis zu des Donnrers verödetem Sitze,
Wo ein wunderbar Klingen den Saal durchbebte,
Und ich sah, wie hoch in des Thrones Spitze
Eine Riesenspinne ihr Netz hinwebte.
Öd war das Haus, durch die einsamen Hallen
Hört ich das Schifflein der Weberinn schallen,
Und ich blickte entsetzet, und sah die Sonnen,
Die Monde, die Sterne in den zaub'rischen Gleisen,
Die sie aus dem Gift ihres Leibes gesponnen,
Wie gebund'ne Gespenster der Unterwelt kreisen.
Sieh, da hat meine Seele eine Inbrunst gewonnen,
Und es wuchs mir eine Kraft, das Geweb zu zerreissen.
Aber wie ich die zürnenden Hände ausbreite,
Trat mir eine schimmernde Jungfrau zur Seite,
Begeistert und stille, weltfremd und vertraut,
So nimmer gesehen, so innig verwandt,
So fern ihre Sprache, so aus der Seele ihr Laut,
So weither verirret, so aus dem Herzen gesandt,
Wie die Braut in die Augen des Bräutigams schaut.

Und sie trug in eines goldenen Kelches Rand
Eine Primel, und sagte: dein Himmel ist leer,
Dieß ist der Himmelsschlüssel, die Himmelskehr!
Und da sie die Blume zu dem Netze erhoben,
Wo die Spinne den Weberknoten schürzte,
Begann diese im schwebenden Webstuhl zu toben,
Daß die Gestirne erbebten, und niederstürzte
Das Scheusal, wie Div auf die Jungfrau, von oben [30]
Und stach sie, daß ihr Blut die Lüfte würzte;
Doch aus der Erde sprang wie ein Held die Rache
Und zertrat die Spinne, es sank der Drache,
Und mit dem Kelch und der Primel, in des Spinnwebes Leiter
Kletterte ich hinauf, das Gestirn zu erreichen;
Doch wie ich auch klimme und ringe, stets weiter
Steigen zur Höhe die himmlischen Zeichen.
Dann umgab mich ein Garten, und der Himmel war heiter,
Rings um mich war Friede, Ruhe und Schweigen,
Und die fliehenden Sterne zerrannen in ein Licht,
Das wogte und blickte, und ward ein Angesicht,
Und da sah ich: vor verschloss'nen Paradiesen
Saßen Niva und Krokus, und waren blind;
O wann erscheint das Aug und das Thor zu erschließen,
Sprach Niva, mit Schlüssel und Kelch unser Kind?
Hier bin ich, rief ich aus, und wollte Heilung gießen
Aus dem Kelch in ihr Aug; doch kein Tropfen rinnt,
Als ihre Thränen, die sie seufzend fallen ließen,
Die wurden zu Blumen, und zerflossen in Wind;
Und als ich des Paradieses verschlossene Thüre
Mit der Primel, dem Himmelsschlüssel berühre,
Neiget das Blümlein das Haupt und spricht:
Zu frühe erblüth ich, ich öffne noch nicht,
Mich hat das Feuer gelocket, und das Gift begossen,
Ich habe das Licht nur geahndet, und bin gestorben.

Aber vor des Himmels Thüre, die noch unerschlossen,
Hab' um guten Willen ich eine Stelle erworben.
Und ich pflanzte es knieend, da sprach Niva zu mir:
Höre mich an, o mein Kind, ich verkünde dir,
Gehe hin und erbaue auf Felsen dein Haus; [31])
Denn von der Liebe des Volks auf reißendem Wagen
Wird einst aus deines Schlosses Thoren hinaus
Der Kelch durch den Garten des Landes getragen,
Und die Liebe gibt dem Volk den Kelch zu trinken:
Aber der Hunger des Abgrunds verlegt ihr die Straße,
Und spendet Nacht den Blinden mit theuerem Maaße,
Und viele werden trinkend zum Abgrund sinken.
Aber die Liebe des Volks auf dem reißenden Wagen
Wird Tschernobog mit dem theueren Maaße erschlagen.
Dann wird mit demselben Maaße ihm wieder gemessen,
Das theuere Maas wird der Hunger des Abgrunds fressen,
Und mit mächtigem Stoß wird der reißende Wagen dringen
Gegen die Thore des Himmels, daß die Riegel zerspringen,
Und die Welt schaut im Lichte des Heiligthumes
Den Kelch und die Liebe des Volks und den Kranz des Ruhmes!
Also, und noch vieles hat die Mutter gesprochen,
Aber es traf mich der Apfel, und der Traum war zerbrochen.

Kascha.

Im Traume folgt' ich dem Eber durch verwachsene Schluchten.
Der verschwand, und es lockte eine schimmernde Schlange
Mich tiefer zum Abgrund, und rings um mich fluchten,
Die Felsen, die Wurzeln, die auf dem finsteren Gange,
Mich wälzend und windend zu verhindern suchten,
Aber ich kämpfte, getrieben von einem inneren Drange,
Wie ein Taucher der Tiefe gegen die hebenden Wellen,
Und gelangte zum Abgrund, zu des Zornes Schwellen.
Da sah ich die Schlange hinunter dringen
Und hörte unten die Quäler, die finstern Mächte

E

Die alten Zornlieder des Fluches singen,
Und sah sie weben die lichtlosen Zaubergeflechte,
Und die schimmernde Schlange hinein sich schlingen;
Da war diese ihr Meister, und sie waren Knechte.
Aber vom Keuschlam, das neben mir blühte, [32]
Fiel ein Blättchen hinab, und es hob sich ein Gewüthe.
Da erbebte die Tiefe, da wichen die Schwellen,
Und in sich zerstürzte der Finsterniß Haus,
Und wo ich zur Flucht meine Füße wollt' stellen,
Wich sinkend der Grund, und mit wildem Gebraus
Ergossen und zerflossen sich glühende Quellen,
Und der Eber brach gen mich aus den Büschen heraus;
Aber ein Starker ergriff und erwürgte das Thier
Und legt' es mir zu Füßen, und neigte sich mir!
Frey stand die Bahn, und mein Herz zur Flucht,
Da senkte mir der bleyerne Schlaf die Glieder,
Am Apfelbaum ruht' ich in waldichter Bucht,
Und die Schlange, die verdächtige, sah ich wieder.
Sie reichte aus dem Laub mir eine glühende Frucht,
Aber aus der Höhe tönte eine Stimme nieder:
Der Schlange Haupt soll der Same des Weibs zertreten!
Und es traf mich der Apfel, und die Gesichte verwehten.

Libussa.

Mir träumte, als zög' ich durch schimmernde Wiesen,
Umschirmet von Dirnen in Gold wohl gerüstet,
Mit flatternden Fähnlein an stahlblanken Spießen,
Wie Käfer gepanzert, wie Pfauen gebrüstet,
Und vor mir in Silbertrompeten sie stießen:
Lache lustig, lieb Leben, so lang dir gelüstet!
Still standen die Heerden, mich brüllend zu grüßen,
Und mir hüpfte ein goldenes Fröschlein zu Füßen, [33]
Es sang von der Zukunft; da führten den Zelter
Des Krokus mir stattliche Männer heran,

Und ich schwang mich zum Sattel, da neigten die Wälder,
Die Felsen ihr Haupt mir, und auf freudiger Bahn
Umwogte das Roß mir der Segen der Felder,
Und das Gold sprang aus Bergen und lachte mich an;
Da verstummte das Fröschlein, es erhob sich ein Wetter,
Und eine Taube flog vor mir, ein Bote der Götter,
Ich folgt' ihr zur Hütte in das einsame Thal.
Zum Dach schwebt' sie nieder, und drehte und girrte,
Und es ward mir geboten das ländliche Mahl
An eisernem Tische von freundlichem Wirthe;
Doch als er den Apfel von herrlicher Wahl
Mir reichte, eine Fledermaus das Haupt mir umschwirrte,
Und aus meinen Dirnen, die zur Seite mir gingen,
Wollt'. eine die schimmernde Frucht mir entringen;
Doch die es gewesen, die nenne ich nicht;
Und es traf mich der Apfel, und es sank das Gesicht.

Tetka.

Die Nacht der Zukunft spielet in dem Zwielicht
Des Schlafs, des Zeitenbrechers, mit dem Traum,
Und Räthseldeutend hebt das heil'ge Frühlicht,
Der Seher, schon des Schleiers Safransaum,
Die Schwalbe aber plaudert alles aus,
Was singt sie, Zwratka, über Krokus Haus?

Zwratka.

Ich sage euch, was mir aus eurem Traum
Sich selbst erklärt, und was die Schwalbe sagt:
Ihr ward, als ihr hier in der Wiege lagt,
So ähnlich euch, daß selbst die Mutter kaum
Die Eine von der Andern unterschied;
Doch als sie einst nach Eurer Wiege sieht,
Erblickt sie, daß um Tetka's Angesicht
Den Silberschleier eine Spinne flicht,
Und Kascha's Stirne eine bunte Schlange

E 2

Gleich einem Zauberdiadem umfange,
Und auf Libussens Haupt ein Fröschlein sitzt,
Gleich einem Blatte, das vom Thaue blitzt.
Erschrocken, also euch geschmückt zu sehen,
Vertrieb die Thiere sie mit ihrem Stabe,
Doch ist aus falscher Liebe dieß geschehn;
Denn Geister waren es, die ihre Gabe
Im Traume in die Seele euch gelegt.
Und wunderbar, als ihr vom Schlaf erwachtet,
War jeder Antlitz anders auch bewegt,
Man unterschied euch, wenn ihr weintet, lachtet;
Und als zu mir ihr in die Schule gingt,
Die Zeichen dieser Thiere ihr empfingt,
Sie, die dem finstern Tschart als Boten dienen,
Sind euch am Jahrstag der Geburt erschienen,
Zum Dienste Tschernebogs euch zu ermahnen;
Denn von der lichten Götter Glanz verführt,
Verlasset ihr den Glauben eurer Ahnen,
Und nehmt dem finstern Herrn, was ihm gebührt;
Besinnet euch, der, den ihr stolz verlassen,
Wird euch verschlingend selbst als Opfer fassen.
Was außer diesem ihr im Traum gesehn,
Sind nur die Larven eurer Eitelkeit,
Traumsonnen, die sich um die Thorheit drehn,
Irrsterne selbst erfundner Herrlichkeit.
Die Äpfel Lado's brecht im ersten Blick
Des jungen Tags; dort auf dem Berge zieht
Er aus dem Nachthelm losend ein Geschick,
Kehrt euch zu ihm! So sprach der Schwalbe Lied.

Sie wenden sich gegen Morgen. Die Sonne geht auf, und sie
brechen die Äpfel, und zeigen sich die darin verschlossenen
goldenen Thierbilder mit Verwunderung.

Tetka.

Mir gab die Spinne Lado!

Kascha.

Mir die Schlange!

Libussa.

Und dieses goldne Fröschlein ich empfange!

Zwratka.

Erwäget! meine Worte werden wahr,
Des Abgrunds Boten, die euch früh geneigt,
Die Kikimora euch im Traum gezeigt,
Bot Lado euch in Himmelsäpfeln dar.
Laßt nicht umsonst die finstern Götter winken,
Dem Abgrund dient, er läßt euch nimmer sinken.

(Sie geht ab.)

Libussa.

War es Betrug? nein, möglich wär' es kaum!

Kascha.

Die Thiere, welche Niva von uns scheuchte,
Hier in den Äpfeln wieder, und im Traum!

Tetka.

O Bjelbog, weiser Sonnenführer, leuchte,
Gib heute keinem Zweifel in mir Raum.

Kascha.

Mit Morgenthau den Apfel ich befeuchte,
Die erste Thräne, die Triglawa weint,
Bricht Zauberei, und ist der Nachtkunst Feind.

Libussa.

Ich folge dir.

Tetka.

Auch ich; nun mag sie glauben,
Daß wir, wie sie, dem finstern Tscharte dienen,
Mir wird kein Zauber je den Eindruck rauben
Der Jungfrau, die im Traume mir erschienen.

Kascha.

Der Mutter ist sie immer Feind gewesen,
Und niemals wird sie uns, die Töchter, lieben.

Tetka.

In ihres Blickes Kälte ist zu lesen,
Daß sie der Neid zum Dienst des Tschart getrieben.

Libussa.

Es starrt ihr struppicht Haar gleich einem Besen,
Und aus den Augen blickt sie, wie nach Dieben
Die Hexe durch die Zaubersiebe schaut. [34])

Tetka.

Und doch hast ihrer Tochter du vertraut!

Libussa.

Auf gift'gem Steine wächst oft heilsam Kraut.
Von früher Jugend war sie mein Gespiel,
Auch Niva war der kleinen Wlasta gut,
Bei unserm Wettlauf schmückte sie als Ziel
Mit Jungfernkronen ihren Kinderhut,
Und als ich einst von meinem Rößlein fiel,
Bemahlte sie ihr Herz mit meinem Blut.
Um mich hat ihre Mutter sie verlassen;
Ich kann zu ihr, wie einem Schwerte fassen!

Biwog, Slawosch, Primislaus
treten auf.

Heil euch, am Tage, der euch uns geboren!

Slawosch.

Heil euch, ihr Sterne in dem slav'schen Land!

Primislaus.

Heil euch, ihr böhm'schen Fürstinnen erkohren!

Tetka.

Wem ward der Stab des Krokus zuerkannt?

Slawosch.

Dir, Tetka!

Biwog.

Kascha, dir!

Primislaus.

Libussa, dir!

Tetka.

Es scheint, ihr sprecht, uns zu verhöhnen, hier.

Slawosch.

Straf Peron solchen Frevel! wißt, zur Wahl
Ertönte jeder gleiche Stimmenzahl;
Doch nur für dich, o Tetka, hob die Hand ich!

Biwog.

Dich, Kascha, rief ich aus!

Primislaus.

Libussen nennt' ich!

Libussa.

Daß guter Wille dir belohnet werde,
Wähl dir aus meinem Hof den schönsten Pflug,
Und weiter noch aus meiner besten Heerde
Zwei schöngefleckte Stiere zum Bezug,
Und kehre heim, bestelle treu dein Feld,
Dem bringt es Frucht, der es getreu bestellt!

Kascha
(zu Biwog,)

Für deine Wahl muß ich dich auch beschenken,
Den blanken Jagdspeer nimm zum Angedenken,
Bequem ist er der Hand und schwingt sich gut,
Trag ihn zum Wald und tilg des Ebers Brut.

Tetka
(zu Slawosch.)

Ich schenke dir des Opfers Silberbeil,
Das niemals noch unheil'ges Blut bespritzt,
Fäll' reine Opfer für des Landes Heil,
Auch nimm die Scheiben, die ich selbst geschnitzt:

Wie viele weiß, ein Zeichen guten Glücks,
Wie viele schwarz, ein Wink des Mißgeschicks,
Zur Luft geschleudert an die Erde kehren,
Wird dich des Looses Götterlaune lehren.

Primislaus.

Libussa, werther, als aus deiner Habe,
Wär' mir aus deiner heil'gen Hand die Gabe.

Libussa.

Nichts hab' ich hier, doch ja, den Treiberstecken
Schneid' ich dir selbst aus diesen Haselhecken,
Wenn er erblüht, erblühet auch dein Heil!

Primislaus.

Du schnittst ihn selbst, mein ist das beste Theil!

Libussa.

Nun kehrt nach Haus, und laßt die Götter wählen.
Die Stimmen, die belohnt, sind nicht zu zählen.

Slawosch.

Heil jeder, die von euch zum Throne steigt!

Biwog.

Ihr habt euch mild und huldvoll uns gezeigt!

Primislaus.

Heil Böheim, das sich solchen Sternen neigt!

(Alle drei ab.)

Libussa.

Naht schon das Volk?

Kascha.

Ich höre nahes Singen.

Tetka.

Die Mägdlein sind es, die uns Kränze bringen.

(Der Chor der Jungfrauen tritt auf; Wlasta, Stratka, Scharka
tragen Kränze.)

Chor
(zu Tetka.)

Heil dir, du Seherinn,
Göttliche Schauerinn,
Himmlische Späherinn,
Tempelerbauerinn,
Am Tag der Geburt!

Stratka
(setzt ihr einen Kranz von Schwalbenkraut auf.)

Ich reiche dir den Kranz von Schwalbenkraut, [35])
Du Seherinn, auch Lichtkraut wird's genannt,
Am Morgen, da du einst das Licht erschaut,
Aus Lichtkraut ich den Ehrenkranz dir wand!

Chor
(zu Kascha.)

Heil dir, du Heilende,
Abgrundergründende,
Hülfe ertheilende,
Opferentzündende,
Am Tag der Geburt!

Scharka.

Nimm hin den Kranz zu deines Hauptes Zier, [36])
Gewunden ist er aus dem heil'gen Kraut
Berufswand, das mit heilender Begier
Tief in die Blicke der Bezaubrung schaut.

Chor
(zu Libussa.)

Heil dir, du Sehende,
Vorwelterwägende,
Mitweltverstehende,
Nachweltbewegende,
Am Tag der Geburt!

Wlasta.

Aus Frauendistel wand` ich dir den Kranz, [37])
Ein scharfer Gürtel deiner hohen Zucht,
Du liebest starker Waffen Schutz und Glanz,
So hab' ich dir ein streitbar Kraut gesucht!

Kascha.

Wie trifft sich dieß, auch Spinnenkraut genannt
Wird Schwalbenkraut, und Tetka hat die Spinne;
Auch Schlangenäugel heißt Berufeswand,
Das Aug' ich nun zur Schlange noch gewinne;
Froschkraut ist auch der Frauendistel Nahmen,
Und du, Libussa, hast den Frosch. Wie kamen
Die Kräuter euch zur Hand?

Scharka.

Dort auf den Auen!

Libussa.

Dem, der mir lüget, werd' ich nie mehr trauen.

Wlasta.

Wir flochten Primeln, Veilchen und Narcissen,
Doch meine Mutter hat sie uns zerrissen,
Da sie vorüber ging; sie gab uns diese,
Die selbst sie mühsam suchte auf der Wiese!

Libussa.

Was will dieß Weib von uns, ist sie von Sinnen?

Kascha.

Zur Sonne kömmt es bald, laßt sie nur spinnen!

Tetka.

Wohlan, ich trag' den Kranz, den ich nun habe,
Es heißt auch Herrgottskraut, und Gottesgabe.

Kascha.

Und mag das Schlangenäuglein mich beschreien,
Will ich doch heiligem Beruf mich weihen,

Libuſſa.

Von ſchönen Tagen ſoll der Froſch mir ſprechen,
Die Frauendiſtel meine Feinde ſtechen.
Hört, Hörnerklang!

Wlaſta.

Es zieht das Volk heran,
Zur Seite ſchnell mit dieſen Opferbränden.

(Sie ergreift mit Stratka, Scharka und Andern noch
glimmende Brände des Opfers.)

Libuſſa
(heftig.)

O haltet ein, das iſt nicht gut gethan,
Kein Feuerbrand ſei in der Mägdlein Händen!

Wlaſta.

Wir wollten Raum der Männerſchaar bereiten.

Libuſſa
(drängend.)

Nicht redet mehr, ihr ſetzet mich in Wuth,
Hinweg zur Moldau, löſchet ſchnell die Glut,
Ihr ſollet böſe Vorbedeutung meiden!

(Die Mägdlein gehen.)

Tetka.

Libuſſa!

Kaſcha.

Schweſter, was iſt dir geſchehn?

Libuſſa.

Ihr Himmelsgötter, was hab ich geſehn!
Was fuhr mir durch das Haupt mit Blitzesſchnelle,
Der ganze Wald war eine Feuerwelle.

Tetka.

Du täuſcheſt dich, es war die Morgenglut.

Libuſſa.

Es war ein Meer von Flammen und von Blut!

Kascha.

Die Sonne war es, die, aus Wolken brach.

Libussa.

Nicht tröstet mich, ich sah es, ich bin wach.
O Böheim, Böheim, einst in blut'gen Tagen
Wirst du um diese blut'ge Sonne klagen!
Wohlan! sie nahn, wem wird heut Krokus Hut,
Welch Haupt hat heut zum letztenmal geruht?

Tetka.

Der herrscht nicht, der dem Himmel sich geweiht!

Kascha.

Der Erde Tempel liegt vom Throne weit!

Libussa.

Die Ewigkeit borgt Kronen von der Zeit!

Der Zug des wählenden Volkes zieht unter dem Vortritt von Hornblä-
sern heran. Ihnen folgt Drzewoslaus mit der zusammengerollten
Fahne Chechs.[38]) Ihm folgt Lapack in einem safranfärbigen Rock, zwei
andere Priester führen ihm das heilige weiße Roß des Swantowid nach,
weiter Wrsch und Domaslaus, und die ganze Masse des Volks;
die drei Töchter Krofs treten an die Eiche, ihre Jungfrauen umgeben sie, das Volk füllt rechts und links den Raum.

Drzewoslaus.

Euch naht, ihr Töchter Kroks, des Volkes Zug,
Zu deuten hier vor euch der Vögel Flug;
Denn in getheilter Liebe schwankt die Wahl,
Und jeglicher ward gleiche Stimmenzahl.
Die Schwalbe, kehrend von der Winterreise,
Zog über unserm Haupt die Jubelkreise,
Und schoß zum Tempel Perons gleich dem Pfeile,
Der von dem Bogen fliegt, mit Blitzeseile.
Ihr Ziel war über Perons Haupt die Spinne,
Die in des Gottes goldnen Locken webte,
Sie raubte sie, flog dann zur Tempelzinne,
Sang hell ihr Siegesliedlein und entschwebte.

Nun höret mich, den Ältesten im Land,
Der als ein Jüngling hier mit dieser Hand
Vor Chech und Lech die heil'ge Fahne trug,
Den Krokus seinen Lehrer oft genannt,
Der alles Wesen dieses Volks erkannt;
Mich hört, ich deute euch der Schwalbe Flug!
Die Freundinn unsres Stamms und unsrer Art,
Flog sie dem Wanderzuge Chechs voraus,
Und als er hier vollendet seine Fahrt,
Hing fest am Felsen schon ihr kleines Haus;
Sie streckte mit geschwäß'ger Heiterkeit
Das kluge Köpfchen grüßend aus dem Neste,
Und Chech ward froh und sprach: Es ist nicht weit
Von hier nach Haus, wir sind willkommne Gäste,
Des Lichts Gespielinn weissagt gute Zeit,
Und ladet ein zu einem Frühlingsfeste
Dich edles Volk, das aus der Heimath zog,
Und dich, o morgenrother Jutrobog!
Dann nahm er mir die Fahne aus der Hand,
Und pflanzte sie ins Herz dem Vaterland.
Und wenn die Schwalben sich dann gegen Winter
Zur Reise rüstend durch die Lüfte schwangen,
Sprach er zu uns: wer will von euch, ihr Kinder,
Zum Frühling Botschaft von zu Haus erlangen,
Der rede nun, kein Bote mag geschwinder
Zum Orient, und wieder her gelangen.
Da wuchs in mancher Brust ein heimlich Sehnen,
Und unsre Grüße waren stumme Thränen,
Und auf der Schwalbe schuldlos Plaudern hörte
Wohl mancher fromm, wenn sie zum Frühling kehrte.
So kehrte sie uns auch zum Wahlfest heute,
Die treue, fromme, heilige Sibille.
Vergönnet, daß ich euch ihr Liedlein deute,

Das ich belauschte in des Tempels Stille,
Der Spinne Trugnetz nahm sie von dem Bilde
Des Donnerers, und sang: o laßt die milde,
Die Götterfreundinn Tetka euch regieren,
So wird das Licht im Tempel triumphiren!

Volksruf.

Heil, Tetka, dir! ja, Tetka soll uns führen!

Tetka.

In meinem Kranze ihr das Schwalbenkraut,
Auf meinem Stab die goldne Spinne schaut,
Im Traum sah ich die Himmelsschwalbe schweben
Und über Perons Thron die Spinne weben;
Doch sah die Schwalbe ich von dieser tödten,
Als Jutrobog des Lichtes Thor erschloß;
Ich sah den Tag von ihrem Blut erröthen,
Das racheflehend sich in ihn ergoß.
Und was ich sah, das wird die Zeit euch lehren.
So wendet eure Blicke weg von mir,
Und laßt zum Himmel mich die meinen kehren,
Denn keine Krone trage ich von hier!

Lapack.

Grüß euch der Tag, ihr edlen Krokusblüthen,
Die Götter mögen unsern Stamm behüten!
Der Specht umflog sein Nest mit bangen Schwingen, [39)
Das Zwratka, meine kluge Frau, verstopft,
Er sollte ihr die starke Springwurz bringen,
Von der die Schlösser all, an die sie klopft,
Und alle Siegel, alle Felsen springen.
Schnell flog gen Morgen er und kehrte wieder,
Erschloß sein Nest, und ätzte seine Brut,
Und warf zum Feuer dann die Springwurz nieder,
Die Schlangen gleich sich drehte in der Glut.
Es ist der Specht ein kräuterkund'ger Jäger,

Der unterird'schen Mächte Schlüsselträger;
Die Springwurz aber wächst, wo ihre Haut
Die Königinn der Schlangen abgelegt,
Die, eine Künstlerinn, manch Wunderkraut
Zum Haupt der Sterbenden belebend trägt.
Specht, Schlange, Springwurz, Kascha, dich erheben,
Die sich vor allen tiefer Kunst ergeben.

Volksruf.
Heil Kascha! dir soll man die Krone geben!

Kascha.
Wenn gleich die Schlange auf dem Stab mir glänzt,
Und Schlangenäuglein mir das Haupt umkränzt,
Ward doch der Schlange bös ein Fluch geflucht:
Ihr Haupt zertrete einst des Weibes Frucht!
Nehmt euren Ruf zurück, die ihr mich rieft,
Nicht herrschen kann, die überm Abgrund sinnt,
Und schöpfend unergründlich ihn vertieft.
Der Tiefe Schatz, den meine Kunst gewinnt,
Ist also groß an Umfang und Gewicht,
Daß ihn kein Thron umfaßt und kein Gebiet.
Mich krönet eure Krone nicht, es blüht
Mein Zepter zwischen Erd' und Himmel nicht!

Domaslaus.
Nun deute ich der frommen Taube Flug.

Wrsch.
Nein, mir gebührt das Wort, ich sah den Schwan!

Domaslaus.
Die Taube fliegt zuerst in Lado's Zug.

Wrsch.
Der Schwan schließt dichter sich der Göttinn an.

Domaslaus.
Die mehr geehrte Taube zieht voraus.

Drzewoslaus.

Nicht streitet, Männer; rede, Domaslaus!

Domaslaus.

So preiß ich denn die keusche Taube hoch,
Der Liebesgöttinn Lado Herzgespiel,
Die sie zugleich mit Lel, dem Kind, erzog,
Deß süßer Pfeil, wo er auch niederfiel,
So Mensch als Thier gleich einem Zepter zwingt.
Des Friedens und des stillen Glückes Bild,
Die Brut mit treuem Flügel sie umschlingt,
Wer ist gleich ihr so huldvoll und so mild?
Den Göttern Freund, den Menschen Schutzgenoß,
Ließ sie sich sanft herab auf Krokus Schloß,
Und drehte sich, und hat dich aufgesucht,
Libussa, Bild der Milde und der Zucht!

Wrschowetz.

Ich aber preiß den Schwan vor allen hoch,
Der wie ein Vollmond vor dem jungen Tag
Heut aus dem blauen Himmel niederflog,
Wie mächtig ist der reinen Flügel Schlag,
Wie heiß, wie kühl die Woge seiner Brust,
Die an der Nimphe Schoos oft trunken schlug.
Und aus des Schneegefieders keuscher Lust
Springt wie ein Quell des Halses Schlangenbug;
Und senkt des Hauptes ernsten Blick beschaulich
Zum See, dem Spiegel des Gestirns vertraulich.
Er weiß zu herrschen, denn des Volkes Zug
Führt er, ein Held, keilförmig gen die Welle!
Er weiß zu leben, denn um seine Zelle
Liebt er des edlen Kalmus duftend Rohr!
Er weiß zu sterben, stärker als der Tod,
Singt er des Lebens Traum den Sternen vor!
Ich sah ihn schweben vor dem Morgenroth

Um Krokus Schloß, dann in die Moldau rauschen,
Und schnell besonnen auf ein Fröschlein lauschen,
Das helle Tage sang in lauer Nacht!
Der Held, der Dichter, Denker, will uns sagen:
Libussa soll auf unserm Throne ragen.

Volksruf.

Heil ihr! Libussa soll die Krone tragen!

Libussa.

Der Taube Flug hat mich im Traum gelenkt,
Der weckend mir den goldnen Frosch geschenkt,
Und meinen Kranz flocht man aus Froschkraut mir,
Vierblättrig brach ich auch dieß Kleeblatt hier;
Frisch ist mein Sinn, mein Herz ist wohlgemuth,
Auch fühl' ich in den Adern Herrscherblut,
Den Himmel ehr' ich, und den Abgrund hüt' ich,
Andre erkenn' ich, und mir selbst gebiet' ich;
Doch allzumenschlich scheint des Schwanes Deutung,
So lasset dann dem Loose die Entscheidung:
Die heil'gen Scheiben werft.

Lapack
(wirft vier Scheiben in die Luft.)

Sie fielen gleich!

Drzewoslaus.

So führ' ich dann das heil'ge Roß vor euch,
Das uns den Herrscher grüßend stets gezeigt.
(führt das weiße Roß an ihnen vorüber.)
Welch Wunder! allen hat es sich geneigt.

Lapack.

Nicht Wahl, nicht Vögelflug, kein Loos, kein Zeichen
Ruft eine unter diesen Jungfrau'n aus;
Doch können dreie nicht zum Throne steigen,
Und einer kann es nur aus Krokus Haus;
Aus seinem Stamm bin ich ein ältrer Sprosse;

F

Als ich das Roß des Swantowids schön pflegte,
Trieb Krok als Knabe noch des Herzogs Rosse,
Der faul hier an den Baum sich schlafen legte.
Sein Dienst war knechtisch, und der meine heilig,
Kaum wußt' er noch, welch Futter mehr gedeihlich,
Als ich schon manch Gebiß zu recht gefeilt,
Und manchen lahmen Bug und Huf geheilt.

Wrsch.

O Wundermann! voll Kunst und voll Beruf!
Warum nicht heiltest du den eignen Huf?
Dein Übermuth ist recht ein Überbein,
Mit deinen Unterthanen lebst du in Verdruß,
Und hinkst mit lahmer Eitelkeit herein.
Bei dir kömmt auch der Hochmuth vor dem Sturz,
Denn gegen deines Stolzes hohen Fuß
Kömmt deiner Weisheit Stelze stets zu kurz!

Lapack.

Für diese Schmähung werde einst beschämt, [40])
Und dein Geschlecht vergehe im Gericht.
Umsonst hat nicht Didilia mich gelähmt;
Daß meine Weisheit früher komm' an's Licht,
Entriß sie mich der Mutter Schoos zu schnell,
Die mit dem Leben zahlte solch ein Kind.
Um Mitternacht ward da der Himmel hell,
Und wie ein Weltsturm tobte rings der Wind.
Aus keiner Brust trank ich gemeine Nahrung,
Ich saugte an den Fingern ew'ger Geister,
Und was ich saugte, war die Offenbarung.
Der schwarze Tschart war meiner Zunge Meister,
Von ihm erlernte ich den heil'gen Zorn,
Früh konnt' ich segnen, früher doch noch fluchen,
Als Swantowid mich tränkte aus dem Horn,
Und fütterte mit heil'gem Honigkuchen.

Ein wundervolles Kind bin ich gewesen!
Da man zuerst mich in den Tempel legte,
Ergriff ich heftig gleich den Priesterbesen,
Mit dem ich ernsthaft tüchtig um mich fegte.
Wer hält an Rath und Hülfe mir die Wage?
Wer heilt die Luft wie ich, wenn in den Pflock
Die Seuche ich mit starkem Fluche schlage.
Wer ist's, der würdiger als ich den Rock
Von Krokus heil'ger Feuerfarbe trage?
Aus reinem Stamm ist Zwratka auch, mein Weib,
Und herrlich raget meiner Wlasta Leib;
Niva, des Krokus Weib, ist unbekannt,
Und keiner kennt die Wurzeln ihres Lebens.

Domaslaus.

Nun halte ein, du wähltest dir vergebens
So übersafranfarbig das Gewand.
Wohl näher rühmst du dich der Krokuszwiebel,
Denn deine Prahlerei bekommt uns übel.
Doch in den Blüthen liegt des Krokus Kraft,
Nicht in der Zwiebel, in dem leeren Schaft.
Nicht länger dulden wir dein eitles Schwätzen,
Von dir und dir, und dennoch nicht von dir,
Von Zwratka lerntest du so frech verletzen
Den Ruhm des sel'gen Krokus, und nun hier,
Um seiner Töchter Glanz zu überprahlen,
Den Lügenrock mit Safran dir bemahlen.

Lapack.

Dir segne, Domaslaus, Zwratka die Heerde,
Und Gold und Silber pflüge aus der Erde,
Und also übermehre sich dein Gut,
Daß du erstickest in dem Übermuth!

Domaslaus.

Den Fluch dir selbst zurück und deiner Brut!

Wlasta.

Wer schützet mir den Vater gegen Hohn,
Wer ist hier Herr, wer steigt auf Böhmens Thron?

Wrsch
(schwingt sein Schwert.)

Heraus, mein Schwert, Libussa hoch und hoch!

Domaslaus
(schwingt sein Beil.)

Empor, mein Beil, Libussa hoch und hoch!

Drzewoslaus.

Die Götter wollen auch das, was wir wollen,
Es schwebt ein Adler über unsrem Haupt,
Ich laß die Fahne Chechs im Wind entrollen,
Es rühre seine Zunge, wer da glaubt.

Alle Anwesende
(außer Libussa knien nieder.)

Libussa über alle Slaven hoch!

Libussa.

So wahr ich Peron in dem Donner höre,
So wahr ich Bjelbog in dem Lichte ehre,
So wahr mir Lado ihre Gunst beschere,
So wahr mein Blut sich zu Triglawa kehre,
So wahr ich bei dem finstern Abgrund schwöre,
Nehm' eine Krone ich von dem Geschick,
Die ihr gegeben, die ich nicht begehre,
Und nur den Göttern geb' ich sie zurück!

Tetka.

Ach ich, Libussa, beuge mich vor dir!

Kascha.

Libussa, Fürstinn, Kascha huldigt hier!

Libussa.

Zu Füßen nicht, am Herzen ruhet mir.
Aus Tetka's Augen grüße mich der Himmel,

Aus Kaſcha's Bruſt der Erde Herz mir ſchlage,
Daß ich in Ehren durch das Weltgetümmel
Den Hut des Chechs, den Stab des Krokus trage,
Gieb Segen, Himmel, gebe Troſt mir, Erde,
Daß Troſt und Segen in mir herrſchend werde!

Drzewoslaus.

Zum Schloſſe Pfary folg' uns, Jungfrau, jetzt,
Dort wird der Hut des Chechs dir aufgeſetzt.

Libuſſa.

Eh ich betrete eures Thrones Schwelle,
Gebührt, daß ich das eigne Haus beſtelle!
Zuerſt bedenke ich die Nächſten mir,
Und theile meines Vaters Güter hier.
Der weit umſchau'nden Berge Himmelsſtufen,
Die Felder, Wälder, Höfe, hoch gelegen,
Wo kühne Hirten auf den ſteilen Wegen
Zerſtreuten Heerden mit dem Horne rufen,
Verleih' ich, Himmelſchau'nde Tetka, dir;
Doch was der Berg verſchließt, das bleibe mir.
Der Flüſſe Bett, der Felſenthäler Schlünde,
Die Felder, Auen, Höfe, tief gelegen,
Wo durch der fetten Triften Schattengründe
Der Quellen Silberbänder ſich bewegen,
Verleih' ich, Erdefreundinn Kaſcha, dir;
Doch was die Fluth herſchwemmt, das bleibe mir!
Pfary, des Vaters Schloß am Moldau-Rand,
Sei nun nach mir fortan Libin genannt,
Mit Mauern und mit Thürmen auch gezieret,
Daß ſeine Zinne fürſtlich triumphiret.

(Sie wendet ſich zu ihren Jungfrauen.)

Ihr Mägdlein, rüſtig, züchtig, ſchlau und kühn,
Geſpielen mir in edler Waffenluſt,
Gefährten mir in Freude und Bemühn,

Ihr, deren Pfeil der Schwalbe Silberbrust,
Ihr, deren Schwert des Wolfes Nacken bricht,
Ihr, deren Beilschlag Stiere niederreißt,
Ihr, deren Speer des Bären Fell durchsticht,
Ihr, die mit freudigkühnem Reitergeist
Dem Wildroß bänd'gend in die Mähne greift,
Und zwingend mit der Lenden Wucht auf Gäulen
Der Wälder wildverschlungne Bahn durchschweift;
Ihr, die im Wettspiel starke Felsensäulen
Mit eurer Arme Macht zum Ziele schwingt,
Und auf der Füße Schwung sie überspringt,
Euch wähl' zu meines Leibes Wache ich!
Und wer begehret jetzt das Wort an mich?

(Druhan und Chobol treten aus der Menge, und
legen ihr einen Block Silber vor die Füße.)

Druhan.

Druhan und Chobol werden wir genannt,
Es sendet uns der Vater Borzislaus,
Gen Niedergang der Sonne steht sein Haus,
Dort jenseits an der blauen Berge Wand;
So tief steht er in seines Lebens Abend,
Daß er des Wegs hieher nicht mehr vermag,
Er förderte jüngst, seine Grube grabend,
Hier diesen freud'gen Silberblock zu Tag,
Und legt dem neuen Herrscher ihn zu Füßen
Durch seine Söhne, die dich für ihn grüßen.

Libussa

(sieht erst denkend auf das Silber, dann steigt sie plötzlich auf den
Block, hebt ihren Stab empor und spricht mit Begeisterung
bis zur Bewußtlosigkeit steigend.)

Ich sehe einen Berg im Morgenlicht, [41])
Er hebet dreigezackt sich aus dem Grund,
Weil dreimal sich das Silber in ihm bricht,
Mit Kupfer wechselnd in der Tiefe Schlund;

Dort schlaget ein, dort lagert reiche Schicht,
Es spricht zu mir der guten Götter Mund:
Verheißen ist euch also reiches Gut,
Als reich die Wahrheit euch im Herzen ruht.

Ich sehe einen Berg, dort Mittagwärts,
Der Fichte finstres Grün umdüstert ihn;
Der ernste Held trägt stolz ein goldnes Herz,
Aus dem auch eine goldne Zeit wird blühn;
Bis einst um einen grimmen Mord der Schmerz
Den reichen Schatz zur Asche wird verglühn;
Drum haltet euch in Bruderliebe warm,
So trägt euch ewig dieser goldne Arm.

Ich sehe einen Berg gen Niedergang,
Die Birke saust um seine graue Stirn;
Ein gut Gefäß gibt einen guten Klang,
Des Greisen Haupt umfaßt ein silbern Hirn;
Schlagt ein, ihr Männer, dort ist reicher Fang,
Und führt euch recht gen Abend das Gestirn,
So mehrt sich euer Stamm und euer Reich,
Und fremdes Volk beugt seine Kniee euch.

Ich sehe einen Berg gen Mitternacht,
Wo fremd ein Volk nicht unsrer Zunge wohnt;
Wie schimmert ihm der Schoos, wie silbern lacht
Sein Herz gleich einem vollen Erdenmond!
Dort thut sich auf ein unermeßner Schacht,
Dort ist der Thron, wo recht das Silber thront,
Ich höre, wie der Hammer fleißig schlägt,
Ich seh die Münzen rollen, die er prägt.

Ich sehe rings der Mittelberge Schoos
An Zinn und Eisen, Blei und Kupfer voll,

Und Edelsteine brechen funkelnd los,
Und Perlen spielen in dem Flußgeroll,
Des Landes Herz ist so an Reichthum groß,
Daß Erd' und Himmel in ihm überquoll.
O slav'sches Volk! beginne deinen Lauf!
Rings jauchzet dir der Grund Glück auf! Glück auf!

Chor von Männern.

Glück auf! Glück auf!
O lehr' uns den Lauf!
Wir bringen das Gold dir,
Die Sonne des Abgrunds;
Wir heben das Silber,
Den Vollmond der Tiefe;
Das Kupfer, das Eisen,
Die Sterne der Erde,
Zum Tag dir herauf.
Glück auf! Glück auf!

Libussa
(erhebt sich aus ihrer Schwestern Armen.)

Was singen diese Männer? warum hattet
Ihr in den Armen mich, da ich erwacht?

Tetka.

Aus den Gebirgen kehrt dein Geist ermattet!

Kascha.

Gen Morgen, Mittag, Abend, Mitternacht,
Warst du mit glühndem Antlitz hingewendet,
Ein Silbermond hat deine Stirn gelacht,
Dein Haar war dir von Sonnengold umblendet,
Die Augen funkelten gleich Edelsteinen,
Wie glühend Kupfer schimmerten die Wangen,
Und Thränen sah ich dich wie Perlen weinen,
Die Hände schlossest du wie Eisenspangen,
Und lagst im Arm uns schwer wie Zinn und Blei,

Es leuchtete dein Mund wie ein Rubin,
Und deine Lippe sprach in Phantasei
Von dieses Landes Herz, das dir erschien.
Die Männer wollen zu den Bergen hin,
Den Schatz der Tiefe an das Licht zu ziehn.

Libuſſa
(geſammelt.)

So hatte dann die heil'ge Morgenſtunde,
Mein gutes Volk, heut Gold für dich im Munde.
Chobol und Druhan, euch ſei nun verliehn
Des Bergbau's Amt, erwählet euch Geſellen,
Was ich verkündet, an den Tag zu ſtellen,
Und fördert, was ihr findet, nach Libin,
Daß ſich der Erde Segen, weiſ' geleitet,
In allen Adern dieſes Volks verbreitet.
Doch wer bemerkte meiner Ruthe Schlag
Und kennt noch meiner Rede reichen Gang?
Er fördre meines Traumes Schatz zu Tag,
Den mein Erwachen wieder nun verſchlang;
Die goldnen Berge, die ich mir geträumt,
Sind ſonſt wie Morgenwolkengold verſchäumt.

Lapack
(ſtellt ihr den Knaben Ziack vor.)

Ich ſchenke dir hier Ziack, den klugen Knaben,
Auf Rinden lehrt' ich ihn dein Wort zu graben.

Libuſſa.

Die Seele war mir alſo Gottes voll,
Ich ſprach, ſo wie der Himmel überquoll,
Du ſchriebſt der Jungfrau Worte auf, mein Kind,
Weil Weisheit, Unſchuld gern beiſammen ſind.
Ich nehme dich zu mir, ſey mein Geſell!
Nun, lieber Schreiber Ziacku, ſchreibe ſchnell:
Aus dieſem Silberblocke, der mich trug,

Als meine Ruthe auf die Schätze schlug,
Zelu, ein Götterbild, geformet werde,
Das alle Götter Himmels und der Erde,
Und Morgen, Mittag, Abend, Mitternacht
Mit seines Leibs Gestaltung sichtbar macht.
Ich bin bereit, führt mich auf Krokus Schloß
Und setzet mir Chechs Hut auf meinen Kranz,
Daß er nicht welke in der Sonne Glanz.

Volk.

Heil dir, Heil dir, auf unsres Gottes Roß!

(Sie besteigt das heilige Roß, und zieht in festlicher Ordnung
unter Musik ab.)

Zweiter Act.

Ein Waldplatz von hohen Eichen umgeben; links vom Vorgrunde zieht sich eine Felsenwand am Hintergrunde herum, bildet dort rechts Hölen und öffnet links eine wildverwachsene Schlucht; mitten durch den Plan ergießt sich eine Quelle. Libussa tritt mit ihren Jungfrauen bewaffnet auf.

Libussa.

Hier, wo ich von den Schwestern bin geschieden,
Will ich zu ruhen mich ins Grüne setzen.

Wlasta.

Was störet, Fürstinn, deiner Seele Frieden?

Libussa.

Entbehrung nur lehrt uns das Werthe schätzen.

Wlasta.

Sie kehren bald, denn Fürstentöchter finden
Die Höhen leicht, wo in die Ferne schauend
Sie, ihrem Nahmen stolze Hallen bauend,
Den ew'gen Wiederhall des Nachruhms gründen.

Libussa.

Doch fühle ich, der Mensch bricht jeden Stein
Der Selbsterbauung aus des Freundes Herzen.

Wlasta.

Am Haus der Eigenthümlichkeit bau'n Schmerzen.

Libussa.

Und mit den Herren zieht die Sorge ein!
Sonst wandelte ich harmlos, und nun rag' ich

Als Doppelziel der eisernden Regier;
Der Jungfrau und der Fürstinn Krone trag' ich,
Und Sorge nistet in der Ehre Zier.

Stratka.

Doch wer erkeckte sich, nach dir zu schauen;
Du Seherinn, du herrlichste der Frauen!

Libussa.

Nicht möcht' ich über Männern herrschend ragen,
Die meiner niemals zu begehren wagen,
Die Adler sind sie, die in Kronen bauen
Und lichtbegierig nach der Sonne steigen,

Stratka.

Die Sonne bist du, die sie nie erreichen.

Libussa.

Hat mich geheiligt gleich der Götter Gunst,
Tönt gleich von Weissagung mein ird'scher Mund,
Bin ich doch Erbinn nur so hoher Kunst,
Der Götter Weisheit thue ich nur kund.
Das Meinige ist sterblich, Schaum und Dunst,
Ich bin ein Werkzeug, göttlich ist der Grund.
Ein goldnes Heft hat manchen schon verführt,
Zum Schwert zu greifen, das ihm nicht gebührt.
Saht ihr nicht Domaslaus, den reichsten Mann,
Mit ekler Schmeichelei die Wahl mir stimmen,
Und nicht den kühnen Wrsch im Friedensbann
Sein Schwert mit eitler Hast mich wählend schwingen?
Zur Wette sah ich Geiz und Kühnheit klimmen,
Im regen Eifer schienen sie zu ringen.

Wlasta.

Zum Hohne Lapacks!

Libussa
(bedeutend.)

Wlasta, liebst du mich?

Wlasta.

Mehr als mich selbst, wie meine Ehre dich.
Lapack ist Bazacks Sohn, der deinem Vater
Der ältre Bruder war, aus reiner Ader
Sproßt Zwratka aus dem ält'sten Stamm der Chechen,
In mir fließt Krokus Blut, das an den Frechen
Sich Rache nimmt nach heiligem Gesetz.

Stratka.

Nicht nenne frech den kühnen Werschowetz,
Der höher stammt als du, ein Sohn der Lechen.
Ein freud'ger Schütze schießt auch ohn' zu zielen;
Berauscht schon, wo nur bunte Fahnen wehn,
Läßt er den Helmbusch gern im Winde spielen;
Erfreut war er, Libussens Glanz zu sehn
Im Spiegel seines Schwertes. Sag', wer meistert
Ein edles Herz von Festlichkeit begeistert?
Sein Schwert hat er zur Sonne nur erhoben,

Libussa.

Laut wirst du, stille Stratka, ihn zu loben.

Stratka.

Ihn nicht zu loben, war ich still allein.

Libussa.

Und was wirst du einst seyn, um ihn zu schmähen?

Stratka.

Um aller Götter willen, halte ein,
Weil deine Worte die Geschicke säen.
Ich liebe ihn, o gieb ihm deine Huld!

Libussa.

Die Huld, die du verschwendest, wird dir Schuld!

Stratka.

Nach Ehren strebt er, denkt sich mein nicht würdig.

Libussa.

Durch seiner Demuth Stolz wirst du erniedert.

Stratka.

O mach' an Ehren ihn mir ebenbürtig!

(Sie kniet vor Libussen.)

Libussa.

Bedenke, was du Wlasta kaum erwiedert,
Steh' auf und schone dein, entreisse nicht
Die finstre Prophezeihung meinem Munde,
Die wahr geworden bald zu Tage bricht.
Vom Stamm des Lechs ist der bescheidne Kunde,
Der, dir nicht ebenbürtig, Ehr' begehrt?
Wer so mit Demuth eignen Ruhm versehrt,
Ist nur ein stolzer Wolf als Schaf verkleidet,
Der dir, du schuldlos Lamm, Verrath bereitet.
Ein Gürtel von Jungfräulichkeit dem Thron,
Nicht für die Männer Mittler, Lockung, Schlingen,
Ließ ich von euch den Stuhl des Chechs umringen.
Die Zunge, die ihn lobte, wird zum Lohn
Der Buhler dich hinabzuschlingen zwingen.
Wer Männer liebet, soll es mir verschweigen,
Wer mich liebt, werden treue Waffen zeigen.

Stratka.

Libussa!

Libussa.

Rede nicht, ich bin ohn' Zorn!
Laßt mir ertönen nun das ernste Horn,
Die Töne machen alles wieder gut,
Zerrißne Herzen füllet ihre Fluth.

(Schwermüthige Hornmelodie. Libussa sitzt an einem Felsen,
Stratka und Scharka stehen ihr zur Seite. Wlasta hinter ihr. Stratka scheint im Nachdenken begriffen, und schwingt
zugleich ihr Beil im Takte der Musik. Es fliegt ein Pfeil nach
Libussa. Wlasta fängt ihn mit ihrem Schilde auf.)

Wlasta.

Ihr Mägdlein, Schilde vor, es droht Gefahr!

(Die Mägdlein decken Libussa mit Schilden. Ziack klettert auf
eine Eiche.)

Libussa.

Verrath! Verrath! o fechte, meine Schaar!

(In diesem Augenblick springen mehrere Avaren hinten hervor, und
reißen Libussen ins Gebüsch. Wlasta schlägt mit dem Beile
wüthend drein, Mortbud trifft sie mit einem Pfeil in den Arm.
Von allen Seiten dringt der Feind ein und wird kühn zurückge-
drängt, sie verlassen alle fechtend die Bühne. Das volle Orchester
fällt bei dem ersten Pfeilschuß in die Waldhornmelodie ein, und
begleitet das Getümmel des Streites diminuendo bis in einige Ent-
fernung; man sieht Ziack schreibend auf der Eiche beschäftigt.
Werschowetz und Domaslaus treten von entgegengesetzten
Seiten auf, sie messen sich mit eifernden Blicken, die Musik ver-
stummt in leisester Ferne.)

Werschowetz.

Was treibt dich, Domaslaus, hieher zum Wald?

Domaslaus.

Was treibt dich, Werschowetz, hieher zum Wald?

Werschowetz.

Du suchst wohl fette Weide, satter Hirt?

Domaslaus.

Du suchst wohl zahmes Wild, mein brünst'ger Jäger?

Werschowetz.

Du suchst wohl zahmes Vieh, das sich verirrt?

Domaslaus.

Wer stellte dich in diesen Wald als Häger?

Werschowetz.

Ich stehe, daß man zahmes Vieh nicht raube.

Domaslaus.

Schimpfst du ein zahmes Vieh die reine Taube,
Libussens Vogel auf des Glückes Bahn?

Werschowetz.

Schimpfst du ein zahmes Wild den edlen Schwan,
Deß Flug der Götter Wille ausgesagt?

Domaslaus.

Ich nenne zahmes Wild des Schwanes Magd,
Die Gans; um Stratka, denk' ich, gehst du aus!

Werschowetz.

Ich nenne zahmes Vieh des Stieres Weib,
Um Kühe nur, denk' ich, buhlt Domaslaus.

Domaslaus.

Vor ihren Hörnern hüte deinen Leib,
Sie stößt dich nieder, wird sie mir zu Theil.

Werschowetz.

Und Stiers genug erschlägt an dir mein Beil!
(Sie stehen in einer drohenden Stellung.)

Ziack
(liest, was er geschrieben.)

„Am Tag nach ihrer Krönung fiel Libussa —

Werschowetz.

Wer spricht hier, Schreiber, du?

Domaslaus.

Wo ist Libussa?

Ziack
(fortfahrend im Lesen.)

„In Feindes Hand, und ihr prophet'scher Schrei
„Rief aus, sie falle durch Verrätherei.
„Wie Männer fochten Dirnen für ihr Glück,
„Und Männer eiferten um sie wie Dirnen."

Domaslaus.

Ich rette sie, jetzt ist der Augenblick!
(Will ihr zu Hülfe eilen.)

Werschowetz.

Kein reicher Bauer glänzt in den Gestirnen!
(Vertritt ihm den Weg.)

Domaslaus.

Du willst mich halten, armer Degenschelm!

Werschowetz.

Schlag Gold dir, armes Schwert, vom Schelmenhelm!

(erhebt sein Schwert gegen ihn, Domaslaus legt sich in Schutz, sie beginnen zu fechten. Libussa tritt mit einigen Mägden auf, die Streitenden fahren aus einander. Ziack steigt vom Baume nieder.)

Libussa.

Ha, Feinde! weh mir, Schlimmres muß ich sehn!
Der junge Sieg, kaum unserm Schwert entsprungen,
Muß innerm bösen Streit entgegen gehn!
Entweihst du so, o Werschowetz, das Schwert,
Das du, mich wählend, gestern kühn geschwungen?
Wird so, o Domaslaus, dein Beil entehrt,
Das mir zur Ehre gestern du erhoben?
Ist leer der Stuhl des Chech, daß jene Waffen,
Die gestern feste Treue mir geloben,
Sich heute eigenmächtig Recht verschaffen?
Mein Schreiber Ziack, du ehrst das Gesetz,
Sprich, wie brach hier der Streit der Männer aus?

Ziack.

Du buhlst um eine Kuh, sprach Werschowetz,
Du buhlst um eine Gans, sprach Domaslaus.

Libussa.

Mit dieser Kuh, sprich Wrsch, was meintest du?

Werschowetz.

Beim Peron, Andres nicht, als eine Kuh,
Des Stieres milchreich Weib, das fromme Wesen,
Am Haupt der Gabel gleich, am Schweif dem Besen!

Domaslaus.

Er lügt, ich suchte dich, o freche Stirne!

Libussa.

Was meintest, Domaslaus, du mit der Gans?

G

Domaslaus.

Beim Peron, keine Gans, nein, eine Dirne,
Des Menschen Weib, die ins Gesicht des Manns
Liebkos't, und hinterm Rücken grimmig haßt.

Werschowetz.

Ich suchte dich, er lügt, der freche Gast!

(Wlasta, Stratka, Scharka und die Mägdlein kommen zurück,
sie führen Moribud gebunden.)

Wlasta.

Sieg! Sieg! durch Stratka's Hand gebunden,
Sieh hier den Sohn des Königs der Avaren,
Den Moribud.

Stratka.

Durch Wlasta überwunden
Sind ihm gesunken seine stolzen Schaaren.

Libussa.

Euch werde hoher Lohn vor aller Welt!
Dir, Stratka, schenk' ich den Gefangnen hier,
Erschlage ihn, mach' ihn zum Sclaven dir.
Laß frei ihn gegen reiches Lösegeld;
Mit kühner That getilgt ist deine Schuld,
Den preis' ich selig, der in deiner Huld.

Stratka
(zu Wrsch.)

Dich preis't Libusa, nimm den Königssohn,
Den ersten Mann, den ich gefangen habe.

Werschowetz.

Nicht hütet mich ihr Lob vor seinem Hohn;
Nähm' ich von einer Dirne solche Gabe,
Er dächte, selbst läg' ich in ihren Banden;
Gebrauch ich einen, fange ich mir einen.

Stratka.

Nimm ihn von mir, es ist zum Tausch verstanden,
Den ersten, den du fängst, mach' du zum meinen.

Werschowetz.

Ein Jeder sei des eignen Sclaven Wächter,
Ich nehm' ihn nicht von dir und geb' dir keinen.
Für Königsöhne nähmst du Königstöchter,
Nicht zahl' ich einer Magd so hohen Preis.

Stratka.

Halt ein, o Werschowetz, Libussa weiß —

Werschowetz

(einfallend.).

Daß herrlich sie, das weiß sie nicht von dir.

Stratka.

Weh mir, daß du mich liebest, sagt' ich ihr!

Werschowetz.

Verfluchte Zunge, die sie so belog,
Unsel'ger Mund, der, Stratka, dich betrog,
Armselig Herz, das jedem Kusse glaubt,
Den um die Herrinn man der Magd geraubt.
So werf' vom Harnisch ich das bunte Fell
Des trügerischen Liebesgott's, des Lel,
Für einen Krieger ist er kein Gesell,
Fahr' wohl, o Stratka, und verstehe Scherz!

Stratka.

Weh mir! weh mir! der Zorn bricht mir das Herz!

Moribud.

Lös' meine Bande, Magd, den Lügenheld
Erschlag' ich dir, er sei mein Lösegeld!

Libussa.

Schweig Sclave, denke deiner eignen Schmach!

Stratka.

So groß ist fremde, ohn' sich zu vermessen,
Durft' er vor ihr die eigne Schmach vergessen.

Libussa.

Gedenke, Stratka, wie ich zu dir sprach:

Dich wird des Buhlers frecher Undank zwingen,
Die Zunge, die ihm diente, zu verschlingen!
Wer Königssöhne fängt, verzweifle nicht,
So ihm gemeines Wild das Netz durchbricht.

Werschowetz.

Du höhnst zu hart mich, der die Magd betrog,
Denn jeder Adler, der zur Sonne flog,
Wählt erst die Ceder sich zum hohen Sitze,
Eh er den Flug zur Sonne wagt zu richten;
Von dort gewöhnt an Strahlen und an Blitze,
Mag kühner er zum Licht die Flügel lichten.
Sich so nicht nähernd erst mit list'gem Witze,
Dürft' leicht des Lichtes Fülle ihn vernichten.
Nur um die Sonne diente ich dem Strahl,
Ich schwang mein Schwert, und brach die träge Wahl.

Domaslaus
(auffahrend.)

Nicht du allein, ich brach mit diesem Beil
Der Wähler Zweifel zu Libussens Heil!

Wlasta.

Rast ihr, ihr wollt wohl gar mit Schwert und Beilen
Euch hier in unsre hohe Fürstinn theilen?

Libussa.

Nie dank' ich euch, ich hab' es nie begehrt,
Ein Reich, das ihr mir gäbt, ist nichts mir werth.

Werschowetz
(zieht das Schwert.)

Sei nochmals Zunge mir, heraus, mein Schwert,
Daß ich Libussen liebe, sage laut!

Domaslaus
(hebt sein Beil.)

Dieß Beil dir deine Vorhand niederhaut.

(Sie dringen gegen einander.)

Stratka.

Erschlage ihn, denn ich war seine Braut!

Libussa

(tritt zwischen sie.)

Recht Frevler, so gering war auch mein Werth,
Daß ihr aus niedrer Selbstsucht mich erwählt.
O schlechte Liebe, die erst mein begehrt,
Sieht mit dem Stab' des Chech sie mich vermählt.
Doch schlecht ist schlechte List euch hier geglückt,
Ihr habt mich der Begierde selbst entrückt.
Mich lieben durftet ihr; vor manchem Weib
Hat Lado herrlich mir geschmückt den Leib.
Doch nicht nach meinem Kranz, nein, nach der Krone
Streckt ruhestörend ihr die freche Hand.
Eh' ihr gedient, wollt herrschen ihr im Land,
Deß klage ich euch an vor meinem Throne!
Welch Zeichen führst du, Werschowetz, im Schild?

Werschowetz.

Die Säge, Fürstinn, Krokus gab dieß Bild [42]
Dem alten Wrsch, weil er ohn' Widerstand
Kroks heil'ge Eiche ungefällt verließ,
Als er ihm, was er nicht gewußt, verwieß.

Libussa.

Wie kömmt ins Schild dir, Domaslaus, das Beil?

Domaslaus.

Mein Vater nahm an jenem Holzschlag Theil.

Libussa

(feierlich.)

Wen du berührst, Geschick, der muß verderben,
Die Sünde sah von Kind zu Kind ich erben,
Die Väter legten Hand an Krokus Eiche,
Die Söhne legen Hand an ihre Zweige —
Und in einander leg' ich eure Hände;

Auf daß ich wie der milde Krok vollende,
Verzeih' ich euch, vertraget euch in Güte!
Der finstre Tschart, der alle Flüche höret,
Die Bilder eurer Schilde euch behüte!

Domaslaus.

So höre, Fürstinn! Domaslaus hier schwöret: —

Libussa.

Nicht sprich dén Eid aus bei so kleiner Sache, [43]
Wer oft die Götter ruft, reitzt ihre Rache.
Der Männer Handschlag sei ein fest Gesetz,
Wer treulos ist, wird auch meineidig seyn.

Domaslaus
(reicht ihm die Rechte.)

Um unsrer Väter Freundschaft, Werschowetz!

Werschowetz.

Wir stehn in gleichem Weh, ich schlage ein.

Libussa.

Nun zeige, Wrsch, um mich dich als ein Held,
Die Feinde, deren Vortrab Wlasta schlug,
Vernichte gänzlich auf dem Böhm'schen Feld.
Nun zeige, Domaslaus, daß nur dein Pflug
Um mich allein so vieles Gold erpflügt;
All' deine Macht der seinen beigefügt,
Vertilgt der Feinde Spur in diesem Land;
Zu Führern meines Heers seid ihr ernannt.
Versammelt eurer Knechte starke Schaaren
Und ziehet morgen schon gen die Avaren.
Seid reich und stark zum Schütze meines Throns,
Tilgt eurer Schilde Schuld in Feindes Blut,
Siegreich gewärtiget euch hohen Lohns,
Ein kühner Arm erringet hohes Gut!

(Sie beugen sich vor ihr.)

Stratka.

Vergönne nun das Wort, Libussa, mir!
Ich löse, Moribud, die Fesseln dir;
Zieh' hin zu deinem Vater, sprich: die Magd,
Die einen Mann geliebet, warf mich nieder,
Die Magd, die keinen liebt, befreit mich wieder,
Und aus dem Lande unterm Thron der Magd
Zieht nun der Magd Verräther, dich zu treiben!
Doch mußt du noch der Magd verpflichtet bleiben,
Bis du den Wrsch erschlagen in dem Feld;
Denn seine Zunge ist dein Lösegeld.

(Sie löst Moribuds Fesseln.)

Libussa.

Genug, zieh, Moribud, befiehl den Deinen,
Den böhm'schen Grund und Boden zu verlassen,
Sonst wird das Schwert der Jungfrau sie erfassen;
Und stünden dicht sie, wie in diesen Hainen
An Zahl und Kraft die Stämme sind geschaaret,
Soll Domaslaus, der seines Beiles Schläge
Mit Werschowetzens scharfgezähnter Säge
Zu meines Willens Diensten nun gepaaret,
Sie lichten, daß die Geister der Avaren
Wie Rabenschwärme zu dem Abgrund fahren!

Moribud.

Zu gut gehalten deiner Drohung Werth,
Sag', hohe Jungfrau, was du Böhmen nennst?

Libussa.

So weit als Rauch von einem böhm'schen Herd
Zum Himmel steigt, und in der Sonne glänzt,
So weit als mein jungfräulich Ehrenschwert
Dem Feinde Trutz, dem Freunde Schutz gebietet,
So weit und weiter ist dieß Land begränzt.

Böheim nenn' ich der milden Thäler Schooß,
Von goldgeherzter Berge Kranz umfriedet,
So weit die Chechen nach der Götter Loos
Mit Pflug und Heerde wandernd ihn durchzogen,
So weit sie fortan ihn durchziehen mögen;
Ich nenne Böheim, wo auf Ährenwogen
Im goldnen Scheffel schwimmt der Siwa Segen,
Der Europäischen Jungfrau Brustgeschmeid, [44])
Das Schmuckkästlein zu ihrem Ehrenkleid,
Voll Perlen, Edelsteinen und Granaten,
Den reichen Schatz voll aller Götter Gnaden,
Hier vor dem Thron Libussens aufgestellt,
Der Schmuck, das Kleinod, ja das Herz der Welt.

Moribud.

Da dieses Herz an dich verloren ging,
Schäm ich mich nicht, daß mich ein Mädchen fing.
Nenn' Böheim, wo die herrlichen Jungfrauen
Auf falsche lügenhafte Männer schauen.
Wo Fremden, die die Jungfrau konnt' besiegen,
Die Männer endlich werden unterliegen.
Libussa, voller Mond, gleich den Gestirnen
Umglänzen dich die auserwählten Dirnen,
Wer möchte unter solchem Himmelsschein,
Gediehen Männer hier, ein Mann nicht seyn!

Libussa.

Schweig', Übermuth, denn Böheim heißt das Land,
So weit dich schlagend trifft der Böhmen Hand.

Moribud.

Leb' wohl, Libußa, Stratka, ich bin dein,
Bis daß dein Lösegeld gezahlt wird seyn,
Lebt wohl, ihr Männer, bis auf Wiedersehen!

Domaslaus.

Auf Niederschlagen,

Werschowetz.
Und auch Niedermähen!

Moribud.
Schon' deine Zunge mir, mein Lösegeld;
Du falsche Ader in dem Herz der Welt!

(Ab.)

Werschowetz.
Mich treffe deines Hohnes ganze Schärfe,
Bis ich der Magd dein Haupt zu Füßen werfe.

(Mit Domaslaus ab.)

Libussa.
Ich athme frei, wie lohn' ich deinen Muth,
Wlasta, mein treues Schild, komm an dieß Herz.

(Sie umarmt Wlasta, ihr Schleier wird blutig.)

Gieb, Stratka, mir zur Hälfte deinen Schmerz.

(Sie umarmt Stratka, als sie Scharka umarmen will,
ruft Ziack aus:)

Ziack.
Libussa, weh! dein Schleier ist voll Blut!

Libussa.
Wer ist verwundet, und verhehlt es mir?

Wlasta.
Es ist mein treues Blut, ich schenk' es dir,
Den zweiten Pfeil, der dir gegolten, fing
Mein Arm hier auf, es hat der goldne Ring
Mir schwach die neue Wunde nur geschlossen,
Die, dich umarmend, freudig sich ergossen!

Libussa.
Dich zu verbinden, muß den Ring ich nehmen.

(Sie nimmt Wlasta's Armring von der Wunde, und steckt ihn
sich an den eignen Arm, zerreißt dann ihren Schleier, und
verbindet sie.)

Wlasta.
Wär' diese Wunde groß wie deine Huld,

Sie wär ein Thor, die Seele auszuströmen,
Die mir zur Rießinn wächst an Dank und Schuld.

Libussa

(zieht nun ihren eigenen und Wlasta's Ring vom Arm, vertauschet
beide, ohne daß Wlasta es bemerkt, und schiebt Wlasta ihren eigenen,
nähmlich Libussens Ring, über den Verband, den Ring Wlastas aber
wickelt sie in den mit Blut befleckten Zipfel des Schleiers, den sie vor=
her abgerissen hat, als sie Wlasta verband.)

Leg diesen Ring nie ab, er bringt dir Heil!
Ich hüll' den meinen in den blut'gen Theil
Des Schleiers, leg' ihn in die frische Quelle,
So kann die Wunde sich nicht bös entzünden.
Verlosch das Licht erst in der kühlen Welle, [45]
Dann wirst du auch den Arm geheilet finden.
Den Stein werf ich darauf. An dieser Stelle
Will eurer Tugend ich ein Denkmal gründen.
Dir, Wlasta, Stratka, Scharka sei verliehn
Die Waldhöh hier, ihr Name sei Djewin.
Von hier geh' böhm'scher Mägdlein Ehre aus,
Hier bauet euch ein festes Waffenhaus.
Geh hin, mein Ziack, du sollst mir Blumen pflücken,
Ich will die Siegerinnen festlich schmücken.

(Ziack bricht im Hintergrunde Kräuter.)

Mit Streitgetös und gräßlichem Geheule
Zog vor euch her des Krieges Angstgebild,
Die Schlachtenrießinn Jagababa wild
Trieb rasselnd vor euch her mit 'erzner Keule
Den Eisenmörser, ihren Siegeswagen,
In dem sie steht auf starken Knochenfüßen.
Wo sie erschien, da war der Feind geschlagen,
Und mußte seinen tollen Frevel büßen.
Ein glüh'nder Besen, Wlasta, war dein Schwert,
Der ihre Bahn von Feinden rein gekehrt.
Füg' einen Stein dem Ehrenmahle zu.

Wlasta
(legt einen großen Stein auf den Libussens.)

Auf ihrem Ringe, meinem Blute, ruh!

Libussa.

Gleich einer Löwinn sprangest, Scharka, du,
Die Schilde reißend von der Feinde Brust,
Daß sie geworden unsrer Pfeile Lust,
Gieb deinen Stein!

Scharka.
Hier sei der Männer Gränze!
(Wirft ihren Stein darauf.)

Libussa.

Stratka!

Stratka.
Das Mahl vollendet, daß ich's kränze.

(Die ganze Schaar wirft Steine darauf, bis sich eine Pyramide bildet.)

Libussa
(zu Stratka.)

Der Lieb', des Kampfs, des Siegs, der Rache Kranz,
Setz' du ihm auf, du warst heut herrlich ganz!

Stratka
(mit steigendem Schmerz.)

So weint um Herrlichkeit, mich hat erschlagen,
Der mir der Liebste war, ein gift'ger Drache.
Der armen Lieb', dem armen Sieg zur Rache
Muß ich Elende dem Geschlecht entsagen.
Kein Weib mehr bin ich, jene war ein Weib,
Die schwach vertraute eines Mannes Schwur.
Versteine, Herz, verwilde, zarter Leib,
Zerrissen ist mein Band mit der Natur!

Libussa.

Halt' ein, o Jungfrau, reiz' den Himmel nicht!

Stratka
(heftiger.)

Verflucht sei Jeder, dem ein Bart entspringt!
Der dir, der mir, der einer andern Magd
Mit Schmeichelreden böse Fesseln schlingt,
Und fleht, und drängt, und schlingt, und schwört und klag
Bis er ihr löst den Gürtel ihrer Zucht,
Daß sie, gebunden mit des Schooßes Frucht
An seinen Herd, die Sclavinn ekler Lust,
Des Elends Lastthier, seines Hofes Besen,
Dem Kind verzweifelnd flucht an müder Brust,
Die herrlich, frei und selig sonst gewesen.

(Es hebt sich ein Sturm.)

Libussa.

Die Götter zürnen, Stratka, halte ein!

Stratka
(in höchster Leidenschaft.)

O rase, Sturm, ich kenn' dich, Angstgeselle!
Der mir gepeitscht des Blutes ruh'ge Welle,
Bis der Elende seinen Zweck erzielt,
Du bist es, der mit schwüler Angst mich drängte,
Daß ich mich an des Mannes Hals erhängte,
Du bist es, der mit den Erhängten spielt! [46])
Den Männern Fluch! o rase Sturm, und schwelle
Der Zeit die Segel, daß an dieser Stelle,
An diesem Steine das treulos bemannte
Weltschiff in rettungslose Trümmer strande.
Stürz' in die Flügel, Sturm, den bösen Drachen
Und treib sie in der Rache offnen Rachen,
Fluch ihnen, rase, Sturm, ich rase nicht. —
Es wächst die Zeit, die unsre Fesseln bricht,
Die Zügel legt sie in der Frauen-Hand,
Die jetzt so schmählich in den Pflug gespannt!

Der schwarze Stein, der meinem Herzen gleicht,
Das fortan keine Thräne mehr erweicht,
In dem die durst'ge Rache hart und kalt
Die dunklen Riesenfäuste zitternd ballt,
Er gebe meinem Fluch Gewicht, Gewalt!

(Sie legt einen schwarzen Felsblock auf das Denkmal, es donnert in
der Ferne, Ziack legt einen Haufen Kräuter zu Libussens
Füßen.)

Libussa
(mit frommem Ernste.)

Weh dir! die Götter murren deinem Fluche!
O reißt, ihr Stürme, die im Haine rauschen,
Der Dirne Nothwort aus dem finstern Buche
Der Unterird'schen, die den Flüchen lauschen!
Der Goldring, der hier ruht im blut'gen Tuche,
Mög' ihren Fluch mit gutem Segen tauschen.
Die Götter hüten, Stratka, deine Stärke,
Ich werde richten über deine Werke,
Wie du erziehst die Seele, wird sie bleiben
Dein Hausgenoß, du kannst sie nicht vertreiben.
Reicht mir den Meth, trink ab, unschuld'ger Mund,

(Ziack, der ihr das Trinkhorn reichte, trinkt ab.)

Seid uns versöhnt, ihr in der Tiefe Grund.

(Sie trinkt, und gießt den Rest auf den Siegstein.)

(Die Mägdlein nehmen die Blumen, welche Ziack zu Libussens Füßen geworfen, und schmücken ihre Mützen und Helme mit ihnen.)

Libussa.

O haltet ein, was ist dieß, Unglücksknabe,
Weh mir! daß ich dir anbefohlen habe,
Die Sträußer zu der Mägde Schmuck zu brechen!
Hinweg mit ihnen, wißt ihr, was sie sprechen?
Dieß hier ist Frauenkrieg, dieß Mägdekrieg, [47]
Dieß Weiberkrieg!

Wlasta.

Es wollen unsern Sieg
Die Götter durch dieß Zeichen anerkennen,
Gönn' uns den Schmuck!

Libussa.

Ich seh den Ginster brennen,
Es ist, als trügt ihr Flammen, in dem Haar.

Stratká.

Du bist der Stern, wir die Kometenruthe.

Scharka.

Erleucht' die Nacht, wir geißlen die Gefahr,
Es sprosset dieser Strauß aus unsrem Muthe.

Libussa.

Nicht zwing' ich dich, du freudig kühne Schaar!
Doch wißt, ihr tragt die Rache auf dem Hute.
Ihr dürstet, mäßigt euch, trinkt nicht so schnell,
Es schwimmt ein Schlangenei im kühlen Quell, [48]
Es wächst in euch, und würgend von euch ringet
Sich einst das Thier, das ihr jetzt leicht verschlinget,
Und stellt sich gegen euch, und zischt euch an,
Und tödtet euch einst selbst mit gift'gem Zahn!
O hütet euch, die Unterird'schen lauschen,
Den neugebornen Sieg euch zu vertauschen
Mit einem Wechselbalg; den Übermuth
Säugt ihr an eurer Brust mit gift'gem Blut!
Das Kindlein, das aus unsern Augen blicket,
Es wächst empor, und schaut in unsre Augen,
So mild, so wild, als wir es ausgeschicket.
So viel wir taugen, wird die Welt uns taugen.
Folgt mir, laßt uns die Blicke senken, denken
Auf unsre Bahn; die Götter werden lenken.

(Sie geht mit den Dirnen ab.)

Werschowetz
(tritt auf.)

Die Winde toben, und die Donner rollen,
Und ihrer bösen Flüche Wetterkeile,
Die mich der Weiberrache opfern sollen,
Umsausen noch mein Ohr wie glüh'nde Pfeile!
Zerbrechen muß der Siegstein dieser Tollen,
Der fluchgeweihte, daß zu meinem Heile
Der Fluch nicht Wurzel in dem Abgrund schlage
Und böse Früchte zu der Nachwelt trage.
Für alle Männer war ihr Fluch bestimmt,
Ich bin allein als Feind ihr nicht genug.
Welch Riesenweib ist gegen mich ergrimmt!
Den ungeheuren Stein, den leicht sie trug,
Erheb' ich schwer!

Domaslaus.

Halt ein, ich helfe dir!
Was dich im Walde hielt, hielt mich auch hier;
Die Eiche fällten einig Säg' und Beil.

Werschowetz.

Sie sprach: die Sünde geht von Kind zu Kind —
Doch fiel die Eiche durch des Donn'rers Keil,
Daß also wir der Schuld entnommen sind.

Domaslaus.

So sündhaft, als Libussa redet, legen
Wir nicht die Hände an den Zweig der Eiche,
Schon unsrer Väter Schild muß uns bewegen,
Vereinet diesem jungen Weiberreiche
In seinen bösen Früchten vorzugreifen,
Die jenen Winteräpfeln ich vergleiche,
Die grün gebrochen auf dem Strohe reifen.
Es wird das Reich, das spröd als Mägdlein lacht,
Wird es nicht mild als Weib zu Bett gebracht,

Als eine alte Jungfrau sauer keifen.
Die Männer sollen ewig dem lobsingen,
Dem es gelingt, Libussen zu erringen.

Werschowetz.

So gleichnißweise wärst du auf der Spur,
Wie Kronen man gleich sauren Äpfeln rafft.
Galläpfel aber bringt die Eiche nur,
Der Fliege Stachel nährt die herbe Kraft, [49]
Libussa nährt der Dirnen Unnatur.
Mir wächst zum bittern Ernst die Leidenschaft,
Die wie ein junges Roß ich leicht getragen,
Fühl' treibend ich mit Sporn und Geißel schlagen.
Dreifacher Sporn treibt mich nach diesem Weib,
Der Liebe Sporn nach ihrem stolzen Leib,
Der Ehre Sporn nach dieses Landes Krone,
Des Heiles Sporn, daß hier kein Weib mehr throne.
Wer sie erringt, der sei dem Andern werth.
(Reicht ihm die Hand.)

Domaslaus
(schlägt ein.)

Wer sie erringt, den hat das Glück geehrt.

Werschowetz.

Daß Säg' und Beil nicht von einander weiche,
Laß, was der Väter dunkler Trieb versucht,
Uns sehend nun vollenden. Bei der Eiche
Ward ihnen, uns bei diesem Stein geflucht.

Domaslaus.

Weg mit dem Denkmal aus dem Weiberreiche!
(Sie werfen die Steine aus einander.)
Die Steine sind von ungeheurer Wucht,
Wer glaubte, daß die Mägdlein sie gehoben,
Ein jeder wäre Last für einen Wagen.

Werschowetz.

Bestimmt, das Joch, den Mann, das Kind zu tragen,
Ist solche Kraft in ihnen nur zu loben.
Wer von uns soll Libussens Stein bewegen?

Domaslaus.

Laß uns vereint die Hände an ihn legen.
(Sie erheben den Stein, lassen ihn fallen, und greifen
zugleich nach dem Ringe in dem Tüchlein.)
Nun sage, Werschowetz, was soll dieß seyn?

Werschowetz.

Libussens Ring und Schleier, Wlasta's Blut!

Domaslaus.

Ich frage, was dieß ist, daß wir den Stein
Zugleich hinwarfen, und mit gleicher Wuth
Den Ring ergriffen, ihn so fest wir halten.

Werschowetz.

Ein Ringen ist's, du willst ihn mir entreissen.

Domaslaus.

Eh' ich ihn lasse, mußt du mich zerspalten.

Werschowetz.

Es schließt sich meine Faust wie Stahl und Eisen.

Primislaus
(bewaffnet mit einigen Knechten.)

Wo treffe ich Libussens Feinde an?
Weh, welches Blut befleckt dieß weisse Tuch?

Werschowetz.

Das Blut der Wlasta, die die Feinde schlug.

Primislaus.

Heil ihr und Ruhm! und was habt ihr gethan?

Domaslaus.

Den Fluch, den hier ein Mägdlein ausgesprochen
Gen alle Männer, haben wir zerbrochen.

H

Werſchowetz.

Den Siegſtein ihres Übermuths zerſtört.

Primislaus.

Weh euch, wenn dieſe That Libuſſa hört!
Was faſſet ihr an dieſem Ring ſo feſt?

Domaslaus.

Weil jeder ungern ihn ſich nehmen läßt.

Werſchowetz.

Wir wiſſen wohl, daß du ein Ringer biſt,
Und hüten ihn vor deiner Finger Liſt.

Primislaus.

Ihr ſpottet mein, der ehrlich euch begrüßet;
Damit ihr dieſen Frevel hier mir büßet,
Biet' ich um dieſen Ring den Kampf euch an.

Werſchowetz.

Die Sache ſei in Frieden abgethan.
Ich ſprech im Scherz, und wirklich wir ihn faſſen,
Als wollten wir ihn uns nicht nehmen laſſen.

Primislaus
(legt die Hand an den Ring.)

So leg' ich friedlich an den Ring die Hand.

Domaslaus.

Laß ihn, o Werſchowetz, den Ring bewahren:
Dem ſei von ihm der Ring einſt zuerkannt,
Der ſiegreich kehret über die Avaren.

Werſchowetz.

So halt in treuer Hut dieß theure Pfand,
Und wiſſe, daß wir offen hier verfahren,
Es iſt Libuſſens Ring, beim Siegesſtein
Warf ſie als Grundſtein ihn zum Bach hinein,
Und über ihn ſprach Stratka ihren Fluch.

Primislaus.

Was aber ſollt' im Quell dieß blut'ge Tuch?

Werschowetz.

Der Wlasta Ehrenwunde sollt' es heilen.

Primislaus.

Wohlan, ich weiß genug, nehmt meine Knechte
In euer Heer, und ziehet ohn' Verweilen
Nach Kuchel hin, dort werdet im Gefechte
Ihr Slawosch mit dem wilden Rozhon finden.
Brecht ihren Streit, sucht sie euch zu verbinden;
So mehren die, die selbst sich Feinde waren,
Gen die Avaren eure kühnen Schaaren.

Werschowetz.

So wollen wir, leb' wohl, bewahr' den Ring!

(Beide ab.)

Primislaus.

O! treu, als ob er an dem Himmel hing!
Selig die Stunde, die zum Ort mich führte,
Wo solch ein Kleinod mir ward anvertraut,
Selig der Arm, den dieser Ring berührte,
Selig ihr Pflug, der jetzt mein Feld mir baut,
Es werde dieser Goldreif seine Zierde;
Dann muß er sicher mir des Glückes Braut,
Der Güterfülle mäßiges Genügen,
Den ird'schen Schatz aus meinem Acker pflügen;
Dieß blut'ge Tüchlein leg' ich in die Quelle,
Die durch den Garten meiner Hütte fließt,
Daß ausgeströmet von der reinen Welle
Sich heilend auch des Mägdleins Wunde schließt;
Denn Ruhe hat es nicht an dieser Stelle,
Wo durch verflucht Gestein der Bach sich gießt,
Und diesem Fluch will opfernd ich begegnen,
Nicht schaden Flüche mir, ich kann noch segnen.

(Ab.)

H 2

Zwratka
(tritt um sich schauend auf.)

Hier ist der Ort, ich maß zehn tausend Schritte,
Acht mächt'ge Eichen um des Planes Rand,
Ein offner Hain, ein Quell in dessen Mitte,
Links eine labyrinthsche Felsenwand,
Durch die zum Thal in waldbewachsner Schlucht
Der Quell hinlenket seiner Wellen Flucht,
Rings stehet Besemkraut und Katzenspeer,
Auch Natterkopf, Hauhechel wächst umher.
Ich irre nicht, hier ist's, wie Ziack mir sagte,
Wo Moribud das falsche Glück versagte;
He Lapack, zähle recht und eile dich!

Lapack
(tritt auf.)

Zehn tausend sind's, ich schleppte zählend mich
Hieher, die Ewigkeit der langen Zahl
Maß wohl mein lahmer Fuß zu seiner Qual;
Nun gib mir auch den Wunderring zum Lohne,
Der mich in Ruhe setzt zum böhm'schen Throne.

Zwratka.

Weh' uns, die Blöcke sind umhergestreut,
Zerstöret ist der Mägde Siegesstein,
Hier mußte er, wie Ziack gesprochen, seyn.
Beim Tschart, wir haben uns umsonst gefreut,
Gestohlen ist der Ring, Fluch! Fluch ihm Tschart!

Lapack.

Unselig Weib, das ist so deine Art,
Nur Flüche deiner armen Kunst gelingen,
Die Schätze riechst du, und wenn sie versinken,
Willst du mit Flüchen gern zurück sie bringen,
Mich läßt du für die Langeweile hinken.

Zwratka.

Was schimpfst du mich, faß' selbst dich bei den Ohren,
Nur pralen kannst du, und mit Pralerei
Hast du am Wahltag nur dein Recht verloren.
Ich leg' das Ei, du gakst, und dein Geschrei
Ruft schnell den Dieb herzu, der es uns stiehlt.
Kann ich davor, daß Moribud schlecht zielt,
Die Pfeile hatt' ich ihm in Gift gelegt,
Das in den Wunden wilde Brunst erregt.
Krok's Töchtern gab die Zauberäpfel ich,
Die an den Dienst des schwarzen Tscharts sie binden.

Lapack.

Und alle deine Flüche treffen dich,
Die Pfeile mußten Wlasta's Herz zu finden,
Es wüthet nun dein Gift im eignen Blut.

Zwratka.

Elender Mann, ist sie nicht deine Brut?
O daß ich je mit dir mein Bett getheilt!
Du brachtest in ihr Blut des Krokus Art,
Sonst wäre bei der Mutter sie verweilt;
Dir fluche ich in deinen rothen Bart:
Du hast sie in der Fürstinn Dienst gehetzt;
Den klugen Ziack ich auch durch dich verlor.

Lapack.

Wie toll das hier im Zorne mich umschwätzt!
Ja, deinen armen Künsten beugt' ich vor:
Du hättest ihn mit Hexenzwirn umsponnen,
Nun hast du einen Kundschafter gewonnen,
Er trägt dir zu, du darfst um ihn nicht sorgen,
Du lehrtest ihn an allen Wänden horchen.
Doch was der Zauberäpfel Kraft verspricht,
Das dient dir schlecht, denn nimmt der schlaue Tschart
Die schönen Töchter Krok's sich erst in Pflicht,

Dann hüte du dein Recht, er hat des Kukuks Art,
Und brütet gern in einem fremden Nest;
Gib Acht auf deinen Freund, und halt ihn fest!

Zwratka.

Fluch dir! Fluch dir! was schwätzest du von Pflicht,
Was meinst du, kahler Prahler, mit dem Nest,
Was sprichst vom Kukuk du? in's Angesicht
Sag deinen Frevel mir, du gift'ge Pest!

Lapack.

Still, still, mein Weib, es rauscht hier in dem Laube.

Zwratka.

In deine Zunge dir die kalte Gicht!
Sag' her, sag' her, ich stehe dir hier fest.
Zerreiß mich, Geier!

Lapack.

Schweige, meine Taube,

Sieh, Wlasta naht.

Zwratka.

Nein, sprich, beim schwarzen Tschart,

Ich raufe dich, ich will, ich muß es hören!

Lapack.

Halt, weise Frau! O schone meinen Bart,
Laß uns'ren Streit nicht ihre Achtung stören,
Drei Nächte seien dein zur Maienfahrt!

Zwratka.

Die kannst du, Hinkender, mir doch nicht wehren.

Lapack.

Ein Pferdefuß ist freilich schön'rer Art; [50]
Mehr als den Augapfel liebst du die Hufe,
Denn dieser mußte vor dem Pferdezeichen
Aus deinem linken Aug' in's rechte weichen,
Worin du zwei wälzest im Berufe.

Zwratka.

Ich lobte wahrlich jedes Hufs Natur,
Fänd' ich auf deiner Stirne seine Spur!

Wlasta

(tritt erstaunend auf.)

Was muß ich sehn, weh! das ist unerhört!
Wer hat der Mägdlein Siegesstein zerstört,
Wo ist Libussens Ring, wo ist mein Blut,
Die unter Steinen hier im Quell geruht?

Zwratka.

Wir gingen selbst hieher, den Ring zu suchen,
Und können nichts hier, als dem Diebe fluchen,

Wlasta.

Dieß Mal zerstörte nur der Männer Spott,
Es strafe sie dafür der finstre Gott!

Zwratka.

Weh um den Ring, an ihm hängt hohes Loos,
Wer ihn besitzt, der wird vor allen groß,
Und weh Libussen, die ihn so verlor!

Wlasta.

Der ihn besitzt, er steige nie empor,
Fluch allen, die den Siegstein frech zerschlagen,
Ich eile, vor Gericht darum zu klagen.
Ich habe schon die Männer rings gerufen,
Sie sammeln heut' sich an des Thrones Stufen;
Zu Primislaus allein wollt' ich noch gehen,
Und traf ihn in dem Walde. Oft gesehen
Hatt' ich ihn früher schon, doch ganz verwirret
Hat mich sein Anblick heut'; es brannte
Die Wunde mich am Arm, daß ich verirret
Hieher zu diesem bösen Schauspiel rannte!
Jetzt lasset mich, ich eile vor Gericht.

Lapack.

Das lasse seyn, mein Kind, es hilft uns nicht!
Denn findet sich auch, wer den Ring genommen,
Wird doch der Ring nur an Libussen kommen.
Zu unserm Heil ging ihr der Schatz verloren,
Wir suchen ihn, und du sollst sein genießen.
So herrlich, als sie selbst, bist du geboren,
Ja herrlicher, wie ich zur Wahl bewiesen.

Wlasta.

Was du gesprochen, Vater, bleibet mir,
Es fiel dein Wort in eine gute Erde,
Ich sinne, was ich bin, und was ich werde,
Und räche deiner Spötter Hohn an dir;
Doch sage, Mutter, wie ich glauben soll,
Daß jener Ring so hoher Kräfte voll!

Zwratka.

Niva, Libussens Mutter, war ein Wesen
So unbegreiflich stark, so leicht und zart,
So kunstreich und geheimnißvoller Art,
Daß keiner je erfuhr, wer sie gewesen.
Mit Chech kam nicht ihr Stamm in dieses Land,
Und Niemand war auch hier, der ihr verwandt.
Auf ihrer Herkunft ruhet Finsterniß,
Doch daß ich sie gehaßt, weiß ich gewiß.
Als Krok mit ihr gelebt, stieg er empor,
Da hab' ich seines Bruders Sohn genommen,
Den Vater Lapack. Ich kann nicht davor,
Daß wir im Glück gen Krok zurückgekommen.
Doch quälte mich, sie, die doch unsers Gleichen,
An Glück und Habe nimmer zu erreichen.
Mit Niva saß ich einst im Mondenschein,
Und als wir so von unsrer Frucht gesprochen,
Eh' ihr geboren, war es zwanzig Wochen,

Da klagte ich ihr meines Herzens Pein,
Und bin vor ihr in Thränen ausgebrochen,
Sie ward gerühret, und gestand mir ein:
Des Krokus Glück hängt an dem goldnen Ring,
Den er von mir am Hochzeitstag empfing.
Nun ward mein Sehnen nach dem Ringe groß,
Ich klagte ihr des Mutterherzens Sucht,
Und mächtig rührtest du dich mir im Schoos.
Sie war besorgt um mich und meine Frucht,
Ich riß ihr flehend ein Versprechen los,
Das ich mit aller Liebe nur gesucht.
Sie sprach zu mir: es nahen sich die Zeiten,
Daß ich auch solchen Ring dir kann bereiten,
Der alle tausend Jahre nur gelingt,
Das Werk ist wunderbar und schwer bedingt.
Ich trieb sie an, sie sammelte das Gold,
Das in dem tiefen Bett der Moldau rollt,
Sie schmolz, sie goß, ich mußt' den Blasbalg treten;
So fertigte den Ring sie mit Gebeten;
Es ist derselbe, den am Arm du trägst,
Und wenn du ihn zu jenem Ringe legst,
Kann selbst ich nicht die Ringe unterscheiden,
Doch ist die Form nur ähnlich in den beiden.
Den glüh'nden Ring nahm sie mit heiler Hand
Und sprach zu mir: Laß sehn, ob auch dieß Pfand
Des ew'gen Glückes dir mit Recht gebührt,
Sonst ist er nur ein Ring wie and're auch;
Ich griff nach ihm und warf ihn bös verbrannt
Zur Erde fluchend hin; ein dichter Rauch
Umwölkte mich; da nahm sie meine Hand
Und heilte sie mit einfachem Berühren,
Und sprach: dir will kein solcher Ring gebühren,

Doch darf ich dir ihn wohl zur Zierde laſſen.
Ich nahm den Ring, und ging, und mußt' ſie haſſen.
Wlaſta.

O, hätte früher ich den Ring gekannt!
Oft hielt ich ihn ſchon ſpielend in der Hand,
Libuſſen hätte ich im Schlaf belauſcht,
Und leicht des Glückes Ring ihr abgetauſcht.
Doch ſagt, kennt nicht Libuſſa dieſen Ring?
Lapack.

Mein hohes Kind, ihr Kennen iſt gering,
Sie lieſt nicht, ſchreibt nicht, wie ſie ſelbſt geſtand,
Ihr goldner Froſch hat mehr als ſie Verſtand;
Verſchloſſen iſt ihr die Vergangenheit,
Wie Andre tappt ſie dunkel in der Zeit.
Zukunft ſo viel, als wohl ein Gänſehirn
Vom Wetter merkt, lieſt ſie aus dem Geſtirn,
Die andern Thiere finden's im Geruch,
Wenn ſich die Katze leckt, dann kommt Beſuch.
O Kunſt des Federviehs! den Hals geſtreckt,
Den leeren Gänſeblick in blaue Ferne,
Sieht ſie das Buch der Zukunft aufgedeckt,
Und hält die Sterne wohl für Haberkerne,
Bis mit Geräuſch ein Hofhund ſie erſchreckt.
Sie weiß kaum mehr, als mir zur Nacht die Sterne
Noch auch wohl ſagen, wollt' auf Übermorgen
Ich gern für ungelegte Eier ſorgen.
Wlaſta.

Doch weiſſagt ſie, und was ſie weiſſagt, trifft,
Nicht mindert ihre Kunſt des Neides Gift,
Ihr machet ſie nicht kleiner, als ſie iſt.
Zwratka.

O Wlaſta, willſt du ewig blind denn ſeyn?
Daß du nie größer werdeſt, als du biſt,

Weil du es kannst, hat dich dieß Weib allein
So ganz bethört mit ihrer armen List,
Zu spät siehst du einst deine Thorheit ein;
Denn in der andern Schwestern klugen Reihen
Ist sie die schwächste gar von allen dreien.
War jemals in dem Chor der weisen Frauen
Zur Maiennacht sie, einmal nur zu schauen?
Laß ich sie mit dem Zauberfrosch gleich spielen, [51])
Wird nie sie doch der Frösche Kron' erzielen;
Den Stein des Raben, der unsichtbar macht,
Sie kennt ihn nicht; wie klein ist ihre Macht!
Nicht keilt sie in den Eichenpfahl die Pest,
Sucht nicht die Springwurz durch des Spechtes Nest,
Nicht kann sie Mörder, Lügner, Hehler, Dieb
Mit scharfem Blick erkennen durch das Sieb.
Was kann sie dann? Kann sie Verlornes finden,
Kann sie den Räuber durch ein Sprüchlein binden,
Ward jemals sie zum Trutze aller Geister
Des wunderbaren Farrensaamens Meister,
Kann Feuer sie, kann Wasser sie besprechen,
Mit ihrer Faust den heißen Himmel brechen,
Und Wolken führend an den Fingerspitzen
Die durst'ge Erde laben mit dem Regen,
Kann sie, die Stirne faltend, donnern, blitzen,
Und, ihre Locken schüttelnd, Sturm erregen,
Weiß in das Feld Korallen sie zu stecken,
Um es gen bösen Hagelschlag zu decken?
Weibliche Arbeit selbst ist ihr entfernt,
Was jedes Mägdlein von der Mutter lernt,
Von ihrer Schwester, von sich selbst begreift,
Sie weiß nicht, wie man näht, wäscht, steift.
Ja, alle Frauenkünste sind ihr fremd;
Sie kennt die Kraft nicht von dem Jungfernhemd;

Nicht Nestelknüpfen, nicht Zerrißnes flicken,
Nicht zu beschreien mit allmächt'gen Blicken,
Sie kann kein Flechtwerk, kann kein Haarnetz stricken.
Und welche Kocherei! kein Liebestrank,
Kein Schlaftrunk und kein weckend Wecksüpplein,
Was sie erzeugt, das macht nicht dick, nicht schlank,
Nicht Kleines groß, und Großes auch nicht klein.
Sie mißt kein Kind, und kann kein Licht bereiten,
Daß der, für den es brennt, den Tod muß leiden.
Vermögen, und Empfangen, und Gebähren
Kann sie befördern nicht, und nicht verwehren,
Als schadlos, hülflos, Mensch und Vieh sie kennt —
Und alle Kunst verschmähend liefst auch du
Dem Trosse dieser Übergläub'gen zu,
Die deine Mutter abergläubig nennt.

Wlasta.

Wir wandlen lange, wie wir wandlen sollen,
Bis wir gelernet, wie wir wandlen wollen.
Der blinde leichte Pfeil, der Winde Spiel,
Hat statt des Schützen Ziel sein eignes Ziel,
So hat mich, der Libussen galt, getroffen,
Und sie verband mich, ich will Heilung hoffen;
Doch dieser Ring, der, wo mein Blut geflossen,
Die tiefe Wunde engend mir geschlossen,
Er drückt mich nun, ich denk' an seines Gleichen.
Den Ring, den Ring, wir müssen ihn erreichen!
Zu milde ist Libussa meinem Sinn,
Und lange wird der Frauen Reich nicht grünen;
Ich fühle, was ich seyn kann, was ich bin,
Ich werde keinem Manne jemals dienen;
Doch diene ich auch keinem glatten Kinn.
Hier gelte nur das Regiment der Bienen,
Die übrig bleibt, die sei die Königinn.

Lebt wohl, geht zum Gericht, laßt mich hier sinnen,
Wie hier der Mägde Burg ich soll beginnen.

Zwratka.

Zur Nacht mußt du den Siegstein wieder bauen,
Daß keiner mag des Rings Verlust erschauen.
Ist er gefunden, Wlasta, wird er dir,
Der deine liege dann als Grundstein hier.
Ich weihe dir den Ort mit allen Segen,
Des Zaubers Schule will hieher ich legen,
Der dichte Hain, und dort die Felsengrotte
Sind mir bequem und meinem starken Gotte.
Hier sei sein Tempel, und hier sei mein Haus,
Hier gehe Kraft, hier gehe Weisheit aus,
Hier wollen, so den Glücksring wir erst finden,
Die Menschen und die Götter wir uns binden.

Lapack.

Geduld, mein Weib, denk, allzu scharf macht schartig!

Zwratka.

Fluch dir, höhnst du den Tschart, nennst du mich Tschartig?
Nennst du mich schartig? zupf' am eignen Bart dich!—

Lapack.

Es wäre Spott, mein Weib, denn Tschart behaart mich, [52])
Sei artig, Tschartig, schartig, Tschart bewahrt dich.
Doch weil der Scharten und des Tschartes Art ich
Nun einmal hasse, so bleib' mir zu Liebe
Bei deinem ruß'gen Kessel, deinem Siebe.
Folg' zum Gericht, und schiele nach dem Diebe.

Zwratka.

Du Wortverspieler, wenn ein Wort doch bliebe,
Das er nicht schimpfend durch die Kehle triebe,
Das er nicht auf der Zunge Würfel setzte,
Das er verletzend gen den Gott nicht hetzte!

Lapack.

Als Heckpfennig bleibt eins dir stets, [53])

Zwratka.

Das letzte.

(Beide ab.)

Wlasta

(allein.)

Der Ring, der Ring, und immer nur der Ring!
Ich habe in der Sonne Glut geschauet,
Bis daß mein Aug' in Thränen überging,
Wo Erde grünet, wo der Himmel blauet,
Folgt meinem Blick der Ring, den er empfing.
Ein Sonnenfleck wird Sonne dem, der trauet.
Du Ring des Glücks, werd' ich dich an mich bringen,
Muß'st mir den Mann, der mich errang, beringen.
Weh! Wlasta, dieses Herz von Kieselstein,
Aus dem nur Feindesschwerter Feuer hieben,
Zu dem die Jagababa nur allein
Des Krieges ernste Pfeile sonst getrieben,
Zerschmolz vor einem Mann in süßer Gluth,
Mein freies Aug' sank vor des Ruh'gen Blick,
Der alle Ruh, seit er auf mir geruht,
In Angst verkehrt, o nimm aus meinem Blut,
Verbuhlter Lel, das Gift des Pfeils zurück!
Ich fühle wohl, der Pfeil, der mich getroffen,
Kam nur von dir, und ist kein Heil zu hoffen,
So beiß' ich, ew'gen Schmerz in meiner Brust,
Die Zähne ob geheimem Weh zusammen,
Und sterbe gern, wenn keiner nur gewußt,
Daß Wlasta lag in grimmen Liebesflammen.

Weh mir! ich blieb, hier, wo Verrätherei
An Stratka ich gesehen, selbst nicht frei.
Hier, wo nicht sicher vor der Männer Hand
Der Siegsstein meines kühnen Magdthums stand.
O all' die Andern wünscht' ich auszurotten,
So könnte keiner meiner Schwachheit spotten!
Entsetzlich ist mir bang, in meiner Brust
Kocht wilder Haß und ringet weiche Lust;
Vor meinen Augen schwebt der böse Ring.
Verfluchter Räuber! der den Ring empfing,
Der groß mich machen soll in diesem Land —
Und wär' ich groß, ihn zöge diese Hand
Zu mir empor; ich hätte ihn erschaffen,
Ich zög' zur Schlacht, er trüge mir die Waffen.
Mein, mein wär' er! ich hätt' mich sein erbarmet,
Und wäre von dem Dankbaren umarmet.
Schweig, Wlasta, schweig! die Blätter alle lauschen,
Wie Wlasta, Stratka Lieb' und Fluch hier tauschen,
Laß deinen Muth um deine Liebe rauschen,
Denn hier soll morgen eine Burg beginnen, —
Wo Mägdlein fechten, bis die Männer spinnen.
Er wohnt nicht weit von hier, ich werd' ihn seh'n!
Durch Stratka's Haß und Wlasta's Lieb' entstehn
Soll hier der Männer Trutz, die Burg Djewin,
Ihr Eichen, wißt, was Wlasta hier wird blüh'n!

Scene vor Libin.

Libuffens Schloß auf einem Felsenlager in einfacher Bauart, ein hohes Geschoß mit hohen Fenstern, in der Mitte ein halbrunder Vorsprung mit offenen Bogenthoren, aus denen Felsentreppen herablaufen und in der Ebene in einem viereckigen Thorthurme, auf dessen Zinnen man gehen kann, zusammentreffen. Zu beiden Seiten dieses Thurmes bildet der Fels eine Terrasse in mäßiger Höhe, auf welcher man rechts den Eingang zu Krofs Gruft, und links Libuffens Badegrotte sieht, von welcher ein Quell über die Felsen herabfließt. Der Vorgrund ist ein offener Eichenhain, der sich an den Seiten zum Schlosse hinan zieht.

Werschowetz, Domaslaus, mit bewaffneten Knechten, und viele andere slavische Männer treten von verschiedenen Seiten ein, und begrüßen sich.

Domaslaus.

Eh' noch Libuffa zu Gericht wird schreiten,
Mehrt jetzt, ihr Männer, unsres Heeres Schaaren,
Um gut gerüstet eilig die Avaren,
Die Feinde unsrer Gränzen, zu bestreiten,
Die also frevelnd drangen in dieß Land,
Daß heut zum Raube sie die freche Hand
Nach unsrer hohen Fürstinn ausgestreckt,
Doch furchtbar nicht, sie floh'n vor ihren Frauen.

      (Murren und Lachen unter der Menge.)

Werschowetz.

Gen sie, die ihre Dirnen schon erschreckt,
Will uns Libuffa nun den Kampf vertrauen,
Den lieber ich nur einen Jagdzug heiße;
Drum schmückt die Mützen euch mit grünem Reise
Hier im Gebüsch. Hornruf zieh vor uns her,
Die Weiberflücht'gen stehn nicht unserm Speer.

  (Die Menge eilt unter dem Geschrei Huffach! ins Gebüsch, und
  kehrt nach und nach mit grünen Feldzeichen zurück.)

Werſchoweß.

Das Glück ſoll ſich in unſerm Muthe ſonnen,
Die Schlacht gewonnen und das Heer gewonnen,
Sehn kühn wir unſrer Wünſche Braut entgegen.

Domaslaus.

Den Stolz der Krieger müſſen wir erregen,
Daß Weiberherrſchaft ihnen ſchimpflich ſei.
Drängt ſie um einen Herzog ihr Geſchrei,
Wen kann ſie wählen aus der Schaar als —

Werſchoweß.

                         Einen
Von uns, mich oder dich, meinſt du, ſonſt keinen!
Kömmt Rozhon heut mit Slawoſch vor die Schranken,
Die wir zu Kuchel ſahn ſo heftig ſtreiten,
Dann wird der Stuhl der Jungfrau heut' ſchon wanken.
Ich kenne Rozhons Art ſeit langen Zeiten.
Spricht ihm Libuſſa hier zu Gunſten nicht,
So ſchmäht er ihr Geſchlecht, und ihr Gericht. — —

Domaslaus.

Vor Unbild ſie zu ſchützen wird uns frommen.

Werſchoweß.

Das unſre thun wir: ſtill, die Männer kommen!

Drzewoslaus, Lapack, Chirch, Slawoſch, Druhan, Chobol, Stiaſon und andere treten auf, ſie begrüßen ſich mit Händedruck; es ertönt ein Hornruf von dem Schloſſe, ſie ordnen ſich in einen Halbkreis.

Stratka
(von dem Thurme.)

Ihr! ordnet euch, hört ihr das Horn nicht klingen?
Libuſſa richtet euch, ſie naht!

Erſter Slave.

                      Ihr? Ihr?
Wer iſt ſo ſchlecht weg Ihr?

                                        J

Stratka.

Ich bin nicht hier,
Mit Worten euch zu Ehren jetzt zu bringen.

Zweiter Slave.

Doch so es Noth, mach' ich zu Schanden dich!

Werschowetz.

O schonet sie, sie ist von heut' im Schwunge,
Versucht in ihrem Siegsgefieder sich.

Stratka.

Du sprichst, Verräther, mit versetzter Zunge. [54]

Dritter Slave.

Befiehl, o Herr! willst du die Dirne preis?

Werschowetz.

Preiswürdig ist sie nicht, trägt sie am Hut
Gleich wie ein käuflich Pferd das gelbe Reis,
Berauscht ist sie.

Stratka.

O trink dir einen Muth.
Doch nie an Stratka wirst du ihn mehr kühlen.
Wie Ruthen sollst du meinen Strauß einst fühlen,
Denn wisse, Weiberkrieg heißt dieses Kraut.

Stiason.

O schweige, andere Nahmen mach' ich laut,
Hauhechel, Pflugsterz, Wetzstein, Katzenspeer.
Den schlecht'sten sag' ich nicht, doch schau hieher, [55]
Mannsschild, Mannsharnisch bricht auf meiner Mütze
Dem Katzenspeer des Weiberkriegs die Spitze.
Und hier mit Mannsbart, mit dem Teufelszwirne,
Dem Hexenstrange, binde ich dich Dirne.

(Er hält ihr seine Mütze entgegen und zeigt ihr seinen Strauß.)

Stratka.

Den Bart trägst du, Unbärtiger, am Hut,
Der mit den Gänsen noch im Streite liegt.

Domaslaus.

So wächst er ihm, hat er dich erst besiegt,
Zum Trinken ist zu giftig jetzt dein Blut!

Stratka.

Doch wäre Meth mein Blut, das Wrsch vergiftet,
Den Becher riß'st du neidend ihm vom Munde,
Und söffst den Tod, und Friede wär' gestiftet.

(Ab.)

Werschowetz.

Wie frech wird doch ein Weib in einer Stunde!
Libussa richtet euch!

Drzewoslaus.

Sie wollte sagen:
Wird über Recht und Unrecht Recht hier sprechen;

Lapack.

Auch über sich, wenn wir sie hier verklagen;

Stiason.

Den Stab vor allen diesen Dirnen brechen;

Lapack.

Die beißt sie nicht, da gilt das Recht der Krähen.

Drzewoslaus.

Nicht frevelt jetzt, das Rechte muß geschehen.

(Libuffens Zug geht aus dem mittelften Bogen des Schloffes die Trep=
pen herab. Voran fpielen Hornbläferinnen einen ernften Marfch; ih=
nen folgen Jungfrauen mit Teppichen und Polftern, fodann Wlafta
mit der gelben Fahne Chechs, ein fchwarzer Adler im rothen Schilde,
vor ihm ein großes kelchförmiges Becken, weiter Stratka und
Scharka als Führerinnen der weiblichen Leibwache, in deren Mitte
Libuffa. Die Hornbläferinnen erfcheinen auf dem Thorthurme,
worauf Wlafta die Fahne fteckt. Diefes öffnet fich nun; man fieht
die Mägdlein befchäftigt, das Innere des Thores mit Teppichen zu
behängen; und mit den Polftern einen orientalifchen Sitz zu berei=
ten. Die Wache tritt zu beiden Seiten die Stufen herab, und Li=
buffa im herzoglichen Schmuck durch den hintern Teppich herein
vor ihren Sitz. In diefem Augenblicke fchweigen die Hörner auf dem
Thurme, und man hört in der Ferne den Schluß einer ähnlichen
Mufik, wie einen Wiederhall.

Libuffa.

Begrüßet mich der Wiederhall des Waldes?
Nochmals ertönt, ihr Hörner!

(Die Hornbläferinnen geben einen Accord an, eine modulirte Er=
wiederung ertönt in der Nähe.)

Dießfeits fchallt es.

Der Kafcha Lied! fchau, flücht'ge Scharka, eile!
Ihr guten Männer, gönnt mir eine Weile,
Daß ich fie zärtlich fchließ' an diefe Bruft,
Sie ift's, fie ift's, o theilet meine Luft.

Rozhon
(mit bedecktem Haupte und fliegendem Haar, den Stock in der Hand,
tritt von der andern Seite ungeftüm vor Libuffa.)

Libuffa, hieher fchau, gib mir mein Recht
Gen Slawofch, gen den Schleicher, und bezeige
An mir zuerft, daß würdig dein Gefchlecht
Den Richtftuhl über Männer hier befteige.

Libuffa
(befremdet.)

Wer tritt ohn' Gruß und Anred' frech vor mich,
Wer bift du, wer dein Gegner, wer bin ich?
Noch nicht eröffnet ift hier das Gericht.

Rozhon.

So öffne es, und thue deine Pflicht,
Und gib mir Recht: denn wiffe, Colos-Sohn,
Rozhon bin ich, befleckt mit grimmem Hohn,
Gewohnet bin ich nicht, Schmach zu ertragen,
Ins Antlitz hat ein Bube mich geschlagen;
Weißt du auch wohl, was eine Schande ist?

Libuffa.

Ich weiß es, seh' es, weil du schändlich bist:
Libuffa, Krokus Tochter, Fürstinn bin ich,
Es trifft mich nicht dein niedriges Betragen,
Ich schone dein, du zeigest dich unsinnig.
Warum man dich ins Angesicht geschlagen,
Das werd' ich hören, weich', bis wir dich rufen,
Daß Recht dir werde vor des Thrones Stufen.
Hinweg mit ihm, trennt von des Zornes Bilde
Ihr Jungfrau'n mich!

    (Die Mägdlein bilden einen Kreis vor dem Throne.)

Rozhon.

    O widerliche Milde,
O eingelernte Kälte!

    (Werschowetz und Domaslaus ziehen ihn zurück.)

Domaslaus.

    Bist du toll?

Rozhon.

Ein Mann bin ich und weiß wohl, was ich will!

Werschowetz.

O schweige, halt dich ruhig jetzt.

Volk.

        Still! still!
Hinweg mit ihm, er ist des Methes voll.

(Werſch und Domaslaus drängen ihn zurück und ſuchen leiſe ihn
zu beſchwichtigen, indeß tritt Kaſcha unter dem Vortritt von Flö-
tenſpielerinnen auf, Jungfrauen folgen ihr, die Hörner Libuſſa's
begrüßen ſie, und conzertiren mit den Flöten, die Schweſtern umarmen ſich. Libuſſa ſetzt Kaſcha zu ihrer Linken auf den Thron.
Die Mägdlein ordnen ſich, die Muſik ſchweigt, und die Wache öffnet
den Zutritt des Thrones.

Drzewoslaus.

Glück wünſchen dieſe Männer dir durch mich,
Daß du enttamſt der Liſt des Hinterhalts,
Doch alle bitten wir vereinet dich,
Vertrau' nicht mehr dem Labyrinth des Walds
So kühn das Kleinod dieſes Landes an;
Erwähl' aus edlen Männern dir zur Seite
Die Wache nun. Es führe ihr Geleite
Dein Heil auf unwirthbarer Reiſe Bahn.

Libuſſa.

Ich danke eurem Wunſch und Anerbieten,
Es wollen nicht die Götter mein Verderben,
Seid treu und einig, haltet meinen Frieden,
So kann ich feſtre Wache nie erwerben.
Doch nähm' ich Männerwache, mir, dem Weib,
Unziemlich wär' es, ja ſelbſt undankbar,
Weil heute meinem jungfräulichen Leib
Der Jungfrau'n Muth ein ſtarker Gürtel war.
Und dieſen Gürtel ziere Gold der Ehre:
Euch Mägdlein dank' ich Freiheit, Ehre, Leben,
Und ich will eurem Leben Freiheit geben,
Und eurer Freiheit Ehre, daß ſich mehre
Die Freiheit euch, die Ehre und das Leben.
Du Wlaſta, die den Pfeil ſtatt mir empfing,
Des Schleiers Hälfte, der dir heut verbunden
Die Wunde unter deines Armes Ring,
Sey dir als Ehrenſchärpe umgewunden.

Sie schmücke dich, die stets mir theuer war,
Als Führerinn der freien kühnen Schaar!

Wlasta
(tritt wankend und verlegen vor sie, und empfängt den Schleier.)

Libussa, Herrinn, denke, weil ich wanke,
O denke nicht, daß ich gerührt nicht danke.

Libussa.

Daß du verlegen, daß du eine Kranke,
Ist, arme Wlasta, jetzt noch mein Gedanke.
Dir, Stratka, die den stärksten Feind gefangen,
Heft' ich den Mantel, als der Mägdlein Fahne,
An deinen Speer, laß stets ihn siegreich prangen,
Daß sich zu höh'rem Ruhm der Weg uns bahne;
Die einen Mann in Fesseln hat geschlagen,
Wird gen den Sturm selbst stark den Mantel tragen.

Stratka
(indem Libussa ihr den Mantel an den Speer heftet.)

Häng' jemals ich den Mantel nach dem Winde,
Dann Fähnlein meine Schmach mir überwinde.

Libussa.

Du, Scharka, die dem Feind mit wildem Muthe
Die Schilde von der feigen Brust gerissen,
Trag' diesen Ehrenhandschuh an dem Hute:
Daß alle Mägdlein deine Kühnheit wissen,
Soll jede, die der Ehre Schaar will mehren,
Die Hand gelegt auf diesen Handschuh schwören.

Scharka
(da ihr Libussa den Handschuh auf den Hut heftet.)

Wird falsch dein Glück, so werf' ich, daß es büße,
Ausfordernd ihm den Handschuh vor die Füße.

Libussa.

Ihr Dirnen stehet all' in meinem Sold,
Von allem Eisen nehmt den zehnten Theil,

Den zwanzigsten von Silber und von Gold,
Zu Gürtel, Spange, Ring, Speer, Schwert und Beil;
Die Rosse wählt und nehmet, wo ihr wollt,
Wer sie auch hat, ich mache sie euch feil.
Vor euch nur schmettre der Trompeten Schall,
Der Kraft gehört das Roß und das Metall.

(Sie nimmt vier silberne Trompeten aus einem Tuche und gibt sie
Scharka, die sie den Hornbläserinnen auf dem Thurme reicht.)

In allen Forsten steht die Jagd euch frei.
Euch richten die drei Führerinnen nur,
Entscheidend trete dem Gericht ich bei;
Doch regt in euch sich also die Natur,
Daß Jungfernstand euch nicht mehr schicklich sey,
So werbt im Wald, im Feld und auf der Flur
Die Männer euch in offner Freierei;
Jed' and'res Mägdlein weiche eurer Spur.
Folgt ihr dem Mann in edle Sclaverei,
So lös' ich, euch beschenkend, euren Schwur,
Den Thron, den Leib, die Ehre mir zu schützen,
Gebährend und erhaltend mögt ihr nützen.

(Trompetenschall vom Thurme, Stratka schwenkt die Fahne, die
Mägdlein nehmen eine kriegerische Stellung an und rufen:)

Die Dirnen.
Heihussa, heihussa, die freie Wache der Libussa!

Libussa.
Wer nun zu klagen hat, ihr Männer, klage,
Doch Rozhon eher nicht, als ich ihn frage.

Erster Slave.
Am Fluß hab' ich den Garten mir erlesen,
Ich schützt' und schirmte ihn mit Zaun und Rain,
Doch trüglich ist der Fluß mein Freund gewesen,
Er reißet feindlich meine Brustwehr ein,
Und wälzet mir mit ungestümem Wesen

Die wilde Woge in die Saat hinein,
Libuſſa, ſag' dem übermüth'gen Fluß,
Daß er zu ſeinem Bette kehren muß.

Libuſſa.

Dein Garten, Landmann, iſt mir wohl bekannt,
Weislich haſt deinen Feind du nicht genannt,
Nur bänd'gen willſt du ihn, und nicht beleid'gen;
Wer unter euch will nun den Fluß vertheid'gen?

(Alle ſchweigen; man erblickt eine Verlegenheit an Domaslaus.)

Dich feſſelt, Fluß, mein Spruch mit einem Damme,
Den nimmermehr dein Übermuth verletze,
Dich, der den Armen drängte, ich verdamme,
Mit Fiſchen ſiebenfach du ihm erſetze
Die Saat, die du zerſtört mit deinem Schlamme,
Ein Feldverſtändiger den Schaden ſchätze;
Den Armen drücken iſt des Reichen Schande,
Und dieſes werde kund gethan im Lande.

Zweiter Slave.

Bei dir, Kroks weiſe Tochter, ſuch' ich Rath,
Ich frage, wem gehört die Frucht der Saat,
Dem Säemann, der die Körner mühſam ſä't,
Dem Sturmwind, der muthwillig ſie verweht.

Libuſſa.

Den Säemann lohnt nur Siwa mit den Ähren.

Zweiter Slave.

So wolle Fürſtinn mir den Sturm beſchwören,
Daß er austobe auf dem eignen Pfade,
Und ferner nicht dem frommen Säemann ſchade.

Libuſſa.

Wer will, ihr Männer, hier den Sturm vertreten?

(Allgemeine Stille. Werſchowetz ſcheint betroffen.)

Ihr ſchweiget rings, ſo muß Libuſſa reden:
Wenn alle Enkel Stribogs auch vom Hügel [56]

Zur Hülfe dir herstürmten mit Gebraus,
Fall' ich dir doch, o Sturm, in deine Zügel,
Und pfände dich um deinen Mantel aus,
Reiß' nieder dich aus deines Rosses Bügel,
Und führ' es dem Beschädigten ins Haus.
Im Feld der Ehre, nicht im Ährenfeld
Tummle dein Roß, und zeige dich als Held,
Im Drachenhaus, im Sumpfhaus an Gewürmen,
Nicht an des Segens Halmen werd' zum Ritter,
Die mitternächt'gen Wolken, die sich thürmen,
Die dunkle Wagenburg der Ungewitter,
Sollst du durchbrechen, sollst du niederstürmen.
Ich mache sonst die Lanze dir zum Splitter.
Daß so Libussa Sturmesflügel band,
Das werde kund gemacht in diesem Land!

Chirch.

Schenk' einen Pflug mir, Fürstinn weis' und klug.

Libussa.

Fehlt dir der Pflug? wer raubte dir den Pflug?

Chirch.

Es ruht ein schwerer Fluch auf meinem Pflug,
Und segenlos furcht er in meinem Lande;
Mein Vater Mann mein Söhnlein mir erschlug,
Als er vor Jahren wild im Zorn entbrannte,
Und Krok befahl, als ich d'rum Klage trug,
Daß ich zum Stiere in den Pflug ihn spannte,
Er zog, bis des Erschlagnen Hügel grünte,
Und sterbend er sich mit dem Enkel sühnte!

Libussa.

O grimmer Fall! o Rache ungeheuer!
Elender Mann! kein Segen ruht auf dir,
Verzehr' auf deines Vaters Grab im Feuer
Den bösen Pflug und den verfluchten Stier,

Den Unterirdiſchen als Söhnungsſteuer.
Nimm neu den Stier und neu den Pflug von mir,
Der alte dürfte dir mit ſcharfem Eiſen
Das Feld nicht, nur das harte Herz zerreißen.
Doch weiſ' nenn' ich des Vater Krokus Spruch,
Das Urtheil mußte auch der Sohn mit tragen,
Denn wißt, es ſpricht der Rache heil'ges Buch:
Du Hand, die ihren Vater hat geſchlagen,
Du Haupt, getroffen von des Vaters Fluch,
Sollſt warnend aus dem Grabe wachſend ragen!
Es iſt ein Recht der Ewigen gegründet,
Kein ird'ſcher Richter hat es je ergründet.
Aus Tugend gehet auf ein ew'ges Leben,
Die Sünde trägt des ew'gen Todes Blüthe,
Dem Tode wird der Sünder nur gegeben,
Daß nicht der Tod erwachſend um uns wüthe.
Den Tod nur tödten, nur das Leben heben
Will des Geſetzes ewig ſtrenge Güte.
Der weiſe Gott, am Thron des Lohns die Wache,
Wird an dem Haus der Rache ſchwarz ein Drache!
Wer iſt der Mann, den Rozhon angeklaget?
Es werde dieſer Streit nun abgetaget.

Slawoſch.

Ich will nicht klagend ins Gericht hier gehn,
Mir ziemet nur, ihm Rede hier zu ſtehn.

Rozhon
(tritt heftig vor.)

Er klaget nicht, er hütet ſich zu klagen,
Der mir, mir Rozhon, ins Geſicht geſchlagen.

Libuſſa.

Wer rief dich, Rozhon, vor des Thrones Stufen?

Rozhon.

Was brauch' ich Rufs? der Zorn hat mich gerufen,

Der mir, wenn ich den Schmeichelhund erblicke,
Die schwarze Galle hebt, daß ich ersticke.

Libussa.

Eh' du erstickst, sag' an, was ich verschuldet,
Was Kascha, was der Jungfrau'n Ehrenschaar,
Die lang' dein niedres Toben schon erduldet,
Was dieser edlen Greise Silberhaar,
Was dieser Friedensort, der Streit nicht duldet,
Was diese Männer, diese Frauen alle?
Die du besudeln willst mit deiner Galle.

Rozhon.

So schnür' ich denn mein Herz gleich einer Magd,
Doch sei es, Jungfrau, dir voraus gesagt,
Lös't nicht dein Urtheil gut, den Nestel mir
Zerschmettre wie ein Wetter ich vor dir.

Libussa.

Ich stehe in des Volks, der Götter Schutz,
Dem Rechte biet' ich Recht, dem Unrecht Trutz.

Rozhon.

Verzeih', nicht fabelweis werd' ich hier klagen,
Denn ausgefabelt hat, den man geschlagen.
Mein und des Slawoschs Feld trennt eine Eiche,
Sie wirft unfruchtbar'n Schatten mir auf's Land,
Und wie ich ihr auch stutz' die frechen Zweige,
Thut doch ihr geiler Wuchs mir Widerstand,
Und will ich mir den bösen Nachbar fällen,
Wehrt Slawosch mir mit Knechten und Gesellen.
Sein Knecht nahm heut' dem meinigen das Beil:
Da ich es höre, und zum Orte eil',
Bringt Slawosch selbst das Beil zurückgetragen,
Nicht Antwort steht er mir auf meine Klagen,
Schwätzt lang und breit von treuer Nachbarschaft,
Und von des Baums geheimer Eigenschaft,

Und bietet für den Fleck mir andres Land,
Sein Vater schwätzte mit, der bei ihm stand.
Doch bin ich nicht die Jungfer, die gleich tanzt
Für jeden Geiger, der sich vor sie pflanzt.
Ich nahm mein Beil, ich mußt' es ihm entringen,
Und da ich es nun von mir wollte schwingen,
Traf seines Vaters Haupt des Beiles Stiel,
Der sich verstellend an die Erde fiel.
Da schlug ins Angesicht der Bube mir,
Ich griff ihm in den Bart, so rauften wir;
Nun mischten sich theilnehmend am Gefechte
In unsern Streit herzugelaufne Knechte,
Uns trennten Werschowetz und Domaslaus,
Wlasta erschien, und rief den Richttag aus,
Vor dem ich, Rozhon, klagend hier erschien,
Nun gebe mir mein Recht, und strafe ihn.

Libussa.

Was kannst du, Slawosch, zur Vertheid'gung sagen?

Slawosch.

Daß ich nur zur Vertheid'gung ihn geschlagen.
Traf ungern mit dem Beil den Vater er,
So traf mein Faustschlag auch von ungefähr;
Verzeih' ich ihm, hat er mich nicht beleidigt,
Verzeih' er mir, daß ich mich nur vertheidigt.

Rozhon.

Verzeihen, dir? ich dir? dem räud'gen Hunde,
Eh' schlüge ich euch beide tödt zur Stunde.

Libussa.

Sinnloser Mann, du mehrest deine Schuld,
Ich höre dich, er hört dich mit Geduld,
Du rasest, schmähest ihn, und schmähest mich,
Nun sag' ich, schweig! sonst tret' ich selbst gen dich.

Bei deiner Treue gen die Götter sage
Mir, Slawosch, was ist wahr in Rozhons Klage?

Slawosch.

Den er gefährdet, heilig ist der Baum,
Mein Vater, Feld sich ebnend, ließ ihn stehen,
Aß, schlief und betete in seinem Raum,
Und will auch einst bei ihm zu Grabe gehen;
Denn aus der Eiche stieg zu ihm ein Traum,
Ein Weltgesicht, auch ich hab' es gesehen,
Ja heilig, wundervoll ist diese Eiche,
Die Nachwelt lauscht und rauscht in ihrem Reiche.
Geschwätzig, da sie nachbarlich einst pflügen,
Erzählt mein Vater Rozhon sein Gesicht,
Und welche Früchte diese Zweige trügen;
Doch dieser frevelt, ehrt die Götter nicht,
Lacht meines Vaters, straft ihn schimpfend Lügen,
Der als ein Greis zu ihm ermahnend spricht,
Und er, auf daß er seine Bosheit zeige,
Treibt nächtlich einen Nagel in die Eiche.
Seit jener Unthat ist der Streit entstanden.

Libussa.

Rozhon, wirst du noch immer nicht zu Schanden?
Triebst du den Nagel in des Slawoschs Eiche?

Rozhon.

Ich trieb den Nagel in des Niemands Eiche!

Libussa
(heftig.)

Du triebst den Nagel in Libussens Eiche,
In Slawoschs Eiche, ja in Perons Eiche.
Nun sprich, warum triebst du ihn in die Eiche?

Rozhon.

Was frägst du mich gleich einen Buben aus?

Libuffa.

Ich frag' dich nicht gleich einen Buben aus,
Du aber sprichst, wie nur ein Bube kann,
Doch werde dir dein Recht wie einem Mann.
Verkünde, Slawosch, laut der Eiche Wesen,
Und was im Traume ihr bei ihr gelesen.

Slawosch.

Auf dem Hügel steht die Eiche,
Sie ist wunderbar gestaltet,
Und in ihrem Schatten waltet
Schauer, wie im Geisterreiche,
Ihre Wurzeln seltsam greifen,
Seltsam, aber klar und helle
In den Abgrund, oder schweifen
Durch die wildgerißne Welle
Ewig grau bemooster Felsen,
Die sich wie ein Schlachtfeld wälzen.
Die verzerrten Wurzeln scheinen
Wild Gewürme, hagre Drachen,
Die mit aufgesperrten Rachen,
An erschlagner Riesen Beinen
Nagend, über Schätzen wachen;
Denn die mondgebleichten Klippen,
Schimmern weiß gleich den Gerippen
Starker Helden, die im Kampfe
Sinkend, mit dem letzten Krampfe
Noch das Herz der Erde fassen,
Zu umarmen, was sie lassen.
Alle Zweige schrecklich starren,
Schrecklich, aber herrlich, kräftig
In die Lüfte, und geschäftig
Kämpfen mit dem Astgewürme
Stribogs Enkel, wilde Stürme,

Daß die harten Schlangen knarren,
Und des Laubs erwühlte Meere
Sausen wie die wilden Heere,
Daß es raset, raffelt, stöhnet,
Wie ein Schlachtgetöse tönet.
In den sturmgepeitschten Ästen
Kann kein luft'ges Eichhorn klettern;
Eicheln, die gleich Hagelwettern
In die Felsen niederschmettern,
Nur den wilden Eber mästen;
Und wenn auch die Stürme schweigen,
Will sich doch kein Vogel zeigen,
Als nur finstre Rabenschwärme,
Die mit heiserem Gelärme
Um die Eiche kämpfend krächzen
Und gleich Leichenfeldern ächzen.
Aus der wildgeborst'nen Rinde
Blickt ein Bild gleich einem Kinde;
In die Augen, die nicht schauen,
Wilde Bienenschwärme bauen,
Und es ist ihm nicht zu trauen,
Denn es hörten weise Frauen,
Die da nächtlich Kräuter suchen,
Bald es beten, bald es fluchen.
Baum voll Wunder, Baum voll Schrecken!
Wer darf sich gen dich erkecken?
Nistet doch in deinem Raume
Kikimora, die im Traume,
Als die Sonne blutig neigte,
Jüngst in ernstem Nachtgesichte
Schreckenvolle Weltgerichte
Mir und meinem Vater zeigte!
Ja wir sahn von allen Seiten

Männer mit dem Stiere streiten,[57]
Und der Stier stieß alle nieder,
Streckte dann die Riesenglieder
Auf das blut'ge Leichenfeld,
Starb im Schatten wie ein Held.
Auch sah'n wir zur Eiche gehen
Stark ein Weib in Kindeswehen,
Und aus ihrem Schoos erstehen
Sah'n wir einen blinden Jungen,
Einen Kelch in seiner Hand
Hat er wild ein Lied gesungen,
Daß es rings ertönt' im Land.
Als er sich empor gerungen,
Einen Hammer hochgeschwungen,
Sah'n wir furchtbare Gesellen
Rings sich um den Blinden stellen,
Die vom Baume sich mit Krachen
Beil= und Hammerstiele brachen.
Und nun ging es an ein Schmieden.
Wie die Funken also sprühten,
Wie die Felder rings erglühten,
Zog das Kind gleich einem Riesen
Durch die aschenvollen Wiesen,
Wälder ganz von Eisenspießen
Sah ich, wo es zog, entsprießen.
Hinter ihm ein Heergewimmel,
Vor ihm her ein Schlachtgetümmel,
Über ihm ein Feuerhimmel,
Bis es an des Waldes Rand
Meinem Traumgesicht entschwand.
Und mir ward der Traum gedeutet,
Daß ein spät Geschick hier liege,
Daß hier liege späte Noth,

K

Daß an diesem Baum bereitet
Einem Helden sey die Wiege,
Einem Helden sey der Tod!

Libussa.

Den Kelch trägt auch der Adler in Chechs Fahne,
Geboren bin auch ich bei einer Eiche,
Doch solchen Pfad der Himmel mir nicht bahne,
Und solchen Hammer nie der Zorn mir reiche!
Zur Eintracht ich euch, starke Männer, mahne,
Daß keines Sohn dem Kind des Zornes gleiche!
Den Baum nehm' ich als Gut des Throns zurück,
Denn an die Gipfel knüpft sich das Geschick.
Ich will den Stamm dir siebenfach vergüten;
Dein Vater unter ihm begraben liege:
Bis über ihm die Streiter einstens wüthen,
Bewahre er des Helden Grab und Wiege.
Du Slawosch aber sollst die Eiche hüten,
Daß nie ein Frevler mehr den Baum bekriege;
Auf hundert Schritte rings herrsch' heil'ger Frieden,
Der Geister Tummelplatz sey abgeschieden!
Du Rozhon, der das Schicksal nicht geehrt,
Und nicht des Greises Liebe zu dem Baum,
Ja selbst des Baumes Leben frech gestört,
Du, der des frommen Mannes ernsten Traum
Mit Hohn erwiedert, du hast mich empört,
Dich Frevler treib' ich aus dem heil'gen Raum,
Ich nehme dir so Feld als Wiesenplan,
Gen Mitternacht bau andres Land dir an,
Wo einsam du den Nachbar nicht kannst plagen:
So spricht das Recht, zieh ab in sieben Tagen!

Rozhon
(bricht wüthend aus.)

In sieben Tagen, ja in sieben Tagen

Die siebentausend-Teufel, ihn zu schlagen,
Und in dein Jungfernreich die sieben Plagen.
Warum in sieben g'rad, und nicht in sechsen?
Mit Sieben richten nur allein die Hexen —

(Er schlägt sich in das Angesicht.)

Unselig Antlitz, das den Faustschlag trug!

(Er zerschlägt seinen Stab.)

Verfluchter Stab, der nicht den Hund erschlug!
Elendes Volk! so spricht die Jungfrau Recht
Dem freien Mann, und lohnt dem Jungfernknecht.

(Er will gegen Slawosch.)

Libussa.

Auf, haltet ihn, er rast!

Wlasta

(und Scharka halten ihn.)

Ich schlag dich nieder,
Sprichst so tolle Worte du hier wieder!

Rozhon

(wehrt sich.)

Wollt ihr mit Hindinnen den Eber hetzen,
Ich würge euch, laßt mich, laßt los, ihr Metzen!

Biwog

(tritt durch die Menge, er trägt einen lebendigen Eber, wie Hirten
die Lämmer, über dem Nacken.)

Wer bricht der Götter Fried', Libussens Zucht?

Rozhon.

Verfluchte Zucht, die so die Männer zieht,
Nothzucht, Unzucht, die auf den Männern kniet.
Laßt, laßt mich los, ihr männertollen Metzen. —

Biwog.

Noch so ein Wort, ich reiße dich in Fetzen,
Ich schlag' den Eber hier auf dir zu Tod!

Libussa.

Laßt ihn, laßt ihn, klag' Rozhon deine Noth!

Rozhon

(immer noch von den Dirnen gehalten.)

Ihr flav'schen Männer, seht mein Elend hier,
Mich halten Dirnen, es gestattet mir
Die übermüth'ge Dirne hier die Rede,
Die anders nicht beschaffen ist als jede.
In's Bad, ihr Männer, mit dem Weiberkönig!
Beim Peron! steht ein Weib, so weiß sie wenig,
Und liegt, wie diese hier, sie gar auf Kissen,
So mag sie gar nichts, als nur eines wissen,
Ihr Recht zu fordern, eh', als Recht zu geben.
Kein Weib gab Recht dem Manne je im Leben.
Ja all' ihr Wesen ist ein Widersprechen,
Denn sie zu stärken, darf man sie nur schwächen.
Lang Weiberhaar, und kurzer Frauensinn,
In's Haar, in's Kraut schoß ihnen der Verstand,
Die Spuhle geben sie dem Manne hin,
Und nehmen selbst den Zepter in die Hand.
Nein, würd'ger ist der Tod als dieses Dulden,
Verkehrt allein in uns ist die Natur,
Vor allen Völkern kömmt die Schmach zu Schulden
Nur diesem Volke, diesen Slaven nur;
Uns fehlt ein Richter, und ein männlich Recht,
Mein Volk ward einer Weiberzunge Knecht.

Biwog.

Libussa, länger halte ich mich nicht,
Kannst du ihn hören, so kann ich's doch nicht.
Fing ich den Eber hier mit meiner Hand,
Und trug ihn lebend weither durch das Land,
Zu Ehren dir, o Kascha, hohe Frau,
Und soll nun wüthen sehn die wilde Sau?
Den Eber schmettre ich vom Felsen nieder,
Und kehre, Rozhon, dich zu bänd'gen, wieder.

(Er läuft einige Stufen den Felsen hinan, schwingt den Eber hoch in
die Höhe und schleudert ihn hinten hinab.)

So werde aller Frevler Hals gebrochen!

Werschowetz.

Rozhon, zurück, du hast zu viel gesprochen!

Domaslaus.

Wir sehn uns wieder, geh, es hebt sich Streit.

(Sie fassen ihn, und führen ihn weg.)

Rozhon

(im Abgehen.)

Bewahre, Dirne, deine Herrlichkeit.

Biwog

(von dem Fels kehrend.)

Ihn hat zu gehn sein guter Geist gelehrt,
Lebendig wär' er nie zurückgekehrt.

Libussa.

Nimm unsern Dank, du wunderstarker Mann,
Sag', wie du heissest, daß ich lohnen kann
Den Helden, der den Eber fing und trug.

Biwog.

Biwog heiß ich, dein Lob ist Lohns genug.
Seit Kascha mir geschenkt den eignen Speer,
Irrt' in den Wäldern jagend ich umher,
Begierig, ihr ein solches Wild zu fangen,
Womit ich könnt' vor ihrer Güte prangen.
Ermüdet lauscht' ich an umbuschter Stelle,
Und sah den Eber in dem Grunde wühlend,
Da sprang zu Tag vor ihm heiß eine Quelle, [38]
Er wälzte grunzend sich, die Wärme fühlend,
Und übertretend rann die Wunderwelle
Zu meinem Stand, den Fuß mir lau umspühlend:
Nun wuchs mein Muth, der Arm erstarkte mir,
Mit nie gefühlter Kraft faßt' ich das Thier,
In überschritte bei den bor'tgen Ohren,

Brach ihm die Hauer, und es gab verloren;
Ich konnte seine Füße sicher packen,
Und wie ein Lamm es tragen auf dem Nacken.

Scharka
(bricht plötzlich aus.)

O welch ein Riesenmann an Muth und Stärke!

(Die andern Dirnen schau'n sie höhnend an, sie zieht sich beschämt
zurück.)

Libussa.

Sieh, selbst die Jungfrau'n preisen deine Werke;
Als Gabe nimm den Gürtel an von mir,
Ich setze in das Schild den Schweinskopf dir,
Und wo die heiße Quelle sich ergoß,
Erbaue deinen Kindern stolz ein Schloß.

Biwog.

Ein Schloß? für dich, ich habe keine Frau. —

Kascha.

Biwog, du stärkster, deinem Glück vertrau:
Dir habe ich den Speer, den Ring gegeben,
Nimm diese Hand, so du mit mir magst leben!

Biwog.

O Herrinn, allzu hoch ist dieser Preis!

Kascha.

Dir Biwog nicht, der so zu ringen weiß;
Du wähltest mich, du bist mir auserwählt,
Der heiße Quell, der dir den Muth gestählt,
Ist nächtlich auch im Traum zu mir geflossen
Die Götter haben diesen Bund geschlossen!

Biwog.

Dein Diener bleibe ewig der Gemahl!

Libussa.

Heil Kascha dir, ich ehre deine Wahl!

Volk.

Heil Kascha dir! Heil Biwog, starker Mann!

Kascha
(sich erhebend.)

Das eigne Heil preis' ich euch dankend an.
Wer solcher Jungfrau Reich sich schimpflich glaubt,
Der wirft von sich ein goldnes leichtes Loos:
Legt doch gezähmt sein nie besiegtes Haupt
Das Einhorn gern in reiner Jungfrau'n Schoos; 59)
Die Götter und die Helden, die ihr glaubt,
Sie wurden all in einer Mutter groß;
Die heilige Natur, der Dinge Leib,
Empfängt, gebärt, ist jungfräulich ein Weib!
Und wie mich Biwogs Stärke konnte binden,
Mag auch ein Weiser diesen Thron einst finden.

Domaslaus.

Den Eber fing er, Feinde will ich fangen!

Werschowetz.

Den Feind und dich fang' ich, sie zu erlangen!

Stratka.

Wollt beide ihr euch bei den Ohren packen,
Und beide her euch tragen auf dem Nacken?

Volk.

Wir wollen einen Herrn, sey er ein Held,
Sey er ein Weiser, wie es ihr gefällt!

Libussa.

Den Himmelsgöttern sey es heimgestellt,
Dem Mann im Monde bin ich unterthan,
Und geben sie mir ihn, ich nehm' ihn an.
Jetzt schmerzlich fühlend dieses Tages Schmach,
Des Volks verführten Sinn, Rozhons Geschrei,
Der mir den Frieden meines Richtstuhls brach,
Geselle ich mir kluge Richter bei.
Biwog, Drzewoslaus und Werschowetz,

Slawosch und Domaslaus, stützt mein Gesetz,
Des Thrones Nächste, nenn' ich euch Wladicken.

(Sie neigen sich vor Libussa.)

Drzewoslaus.

Lies frohen Dank in deiner Diener Blicken!

Libussa.

Des Thrones Nächste sollt den Spruch ihr üben:
So wie dich selbst, sollst du den Nächsten lieben!
Sag', Domaslaus, sprach ich dem Flusse Recht?

Domaslaus
(betroffen.)

Recht gingst du in's Gericht mit deinem Knecht!

Libussa.

Wrsch, durfte andres Recht dem Sturm ich sprechen?

Werschowetz
(entschuldigend.)

Er eilt der Feinde Wolken zu zerbrechen!

Libussa.

Drzewoslaus, wie gab ich Chirch den Pflug?

Drzewoslaus.

Mild war ihm deine Hand, die hart ihn schlug.

Libussa.

Sagt alle, war gen Rozhon ich gerecht?

Viele Stimmen.

Mild, mild, er schmähte dein Geschlecht, dein Recht.

Libussa.

Wladicken, hört, ich lehr' euch eure Pflicht,
Daß recht von euch das Recht gesprochen werde.
Auf geht im göttlichen Gesetz das Licht,
In ew'ger Ordnung Himmels und der Erde
Geht auf gerecht das einzige Gericht,
Der Menschen Recht sey ahmende Geberde!
So lebet fromm, schaut auf der Götter Wesen,

Dann werdet ihr im Buch des Rechtes lesen.
Den Göttern gebet, was den Göttern ist,
Den Menschen, was den Menschen angehört,
Das Recht sey treu und wahr, und ohne List.
Schlecht ist der Richter, der sich selbst nicht ehrt,
Wie der, der nicht sein eignes Wohl vergißt;
Denn Richtern ist ein göttlich Amt gewährt.
Nun, Richter, lasset jedem Recht ergehn,
Wie ihr gewünscht, daß euch es mög' geschehn!
Ihr Krieger, zieht gen die Avaren aus,
Ihr Mägdlein, schmücket festlich mir das Haus,
Ich pflücke meiner Kascha Hochzeitssträuß!

(Die Heerhörner der Männer beginnen einen Marsch, die Trompeten
der Dirnen fallen variirend ein, alles kommt in Bewegung zum
Abzug. Libussa erhebt sich, mit Kascha und Biwog zum
Schlosse zu ziehen, plötzlich bleibt sie ernst stehen, blickt starr in
die Ferne, und erhebt ihren Stab.)

Biwog.

Halt, steht, verlasset lärmend nicht den Plan!
Libussa sieht, die Götter schaun sie an!

Libussa.

Ja wahrlich, wahrlich, sieh, es kommt die Zeit,
Die Eiche Slawosch's rauschet über mir,
Die Nachwelt tobt im Zorne wild entzweit,
Es kämpft wie Santowid der starke Stier,
Er trägt allein der grimmen Feinde Streit,
Die Eiche deckt ihn, er sinkt unter ihr!
O liebe dich, mein Volk, die Kämpfer sterben,
Ein redend Grab dem Nachruhm zu vererben!
Ich sehe mit dem Kelch das blinde Kind
Bei dieser Eiche von der Mutter gehn,
Es schießt empor, gleich einem Wirbelwind,
Und alle Thürme seh' ich niederwehn,
Ist gleich der Zorn blind, und das Schicksal blind,

Kann doch kein Hälmlein vor ihm sicher stehn!
O liebe dich, mein Volk, und halte Frieden,
Der Nachwelt ist ein hartes Loos beschieden!
Doch nieder wend' ich die erschreckten Augen,
Denn milder als die Menschen ist die Erde,
Sie thut sich auf, die heißen Quellen rauchen,
Ein ew'ges Heil der kränkenden Beschwerde,
Wer wird zuerst, zuletzt in's Heil sich tauchen?
Daß er geheilet und geheiligt werde;
O liebe dich, mein Volk, dich liebt der Grund,
Betritt ihn fromm, so macht er dich gesund.

(Die unterbrochenen Märsche fallen ein, der Vorhang fällt.)

Dritter Act.

(Diewin, der Mägdlein Siegesfeld.)

(Die Fahne der Dirnen steckt auf dem Siegsstein, der mit Schilden und
Helmen umgeben ist, die Mägdlein liegen um ihn her, und zechen
unter Trompetenklang. Im Hintergrunde sind Wachen ausgestellt.
Am Siegssteine glimmt ein Opferfeuer.)

Stratka
(steht auf und hebt das Trinkhorn empor.)

Libussa hoch und hoch und ewig hoch!

Die Mägdlein
(springen auf, außer Wlasta und Scharka. Trompetenklang.)

Libussa hoch und hoch und ewig hoch!

Stratka.

Ihr schwieget, Wlasta, Scharka, da wir tranken?

Wlasta
(erhebt sich.)

Der Ort hier macht mir ernsthafte Gedanken;
Als heute Nacht ich zu dem Siegstein ging,
Zog durch den Wald vor mir ein kleines Licht; [60])
Es lockte mich, es war ein glüh'nder Ring,
Und immer doch erreichte ich ihn nicht;
Da hieb ich zürnend nach dem Zauberding,
Und gleich zerfuhr es in ein Schreckgesicht;
Es brannte rings der Wald, das wilde Feuer
Umtobte mich, ein grimmes Ungeheuer.
Am Siegstein hier die klare Sprudelquelle,
In die Libussa fromm gelegt mein Blut,
War siedend Blut; ich schöpft' die heiße Welle

Mit banger Eil' in meinen Eisenhut,
Und goß ihn aus, und füllt ihn wieder schnelle,
In regem Wechsel löschend an der Glut;
Da ward erst recht der Grimm des Feuers helle,
Es stürzte prasselnd mit erneuter Wuth
Berg an Berg ab, zerriß die Felsenschwelle,
Und füllte alles Land mit glüher Flut;
Die Adler sausten schrei'nd aus ihrer Zelle,
Dem Felsennest entstürzt der Drachen Brut,
Und Stribogs Sohn, der Sturm, der Angstgeselle,
Brach schrecklich heulend aus des Vaters Hut,
Und hetzte in des Rauches Nacht die Flammen,
Die Adler und die Drachen glüh'nd zusammen;
Und hier an unserm Siegesmal die Steine,
Sie waren Schädel, grinzten wild mich an,
Und krähend stürzte aus dem Feuerhaine
Mir in das Haar ein kühner rother Hahn;
Er schrie: zu diesen Schädeln fehlt der deine,
Und als ich mit ihm rang, zerriß der Wahn,
Sank das Gesicht in Nacht, ich war alleine.
Ich fühlte Nässe, die zur Brust mir rann,
Doch Thränen nicht, glaubt nicht, daß Wlasta weine!
Warm war die Flut, und als ich mich besann,
Fühlt wankend ich, daß hier bei diesem Ringe
Der Wunde Blutstrom aufgerissen springe.
Kaum hatte ich die Wunde neu verbunden,
Sah wieder ich den bösen Feuerring,
Doch mühsam hab' den Heimweg ich gefunden,
Wenn gleich der Lichtkreis immer vor mir ging,
Der bis zum Tage, wie an mich gebunden,
Vor meiner Seele, meinen Augen hing,
Und endlich vor der Sonne erst verschwunden,
Die überm Schloße an zu leuchten fing.

Jetzt wie Gewitter schwer und drohend bin ich,
Und über'm Feuermeer des Traumes sinn' ich.

Stratka.

Dein Nachtgesicht, erwägt von allen Seiten,
Ist nur dein Blut, das aus der Wunde rinnt.
Daß auf Libussens Ring gegründet sind
Die Siegessteine, zeigt des Rings Begleiten.
Aus unserm Blute, ernste Wlasta, spinnt
Die Schaar der Männer wahrlich keine Seiden.
Fleuch hin, du Traum! wer auf Gesichte sinnt,
Verträumet die Geschichte und die Zeiten.
Verschollen ist des rothen Hahnes Schrei;
Doch treten wollte er, vom Zorn erregt,
Und hat den Basilisk der Angst im Ey [61])
In deine dunkle Locken dir gelegt.
Nicht brüt' ihn aus; sein Herz brach schon entzwei,
Als sich dein spieglend Aug' gen ihn bewegt,
Da sank des bösen Traumes Zauberei;
Das volle Leben jauchzt dir zu: sey frei!
Ach, leer' das Horn!

Wlasta.
(trinkt das Horn aus.)

Wohlan, es sey vorbei!
Der Mägdlein Freiheit über alles hoch!
Und höher, als die Taube jemals flog,
Und höher, als der Schwan am Wahltag zog!

Die Mägdlein.
(Trompetenklang).

Der Mägdlein Freiheit über alles hoch!

Stratka.

Auf! singet nun, laßt die Trompeten blasen.
Die Dirnen, die im Thale unten grasen,
Wir locken sie, und alle, die wir werben,

Wir lehren sie zu leben und zu sterben.
He, Scharka! träumst du auch? auf, singe vor!

Scharka.

Ich, singen? singe selbst; singt all' im Chor,
Denn lieber, als jetzt singen, möcht' ich weinen.

Wlasta.

So nimm dir erst von diesen Ehrensteinen
Den deinen weg, in einen Winkel schleichen
Magst du mit ihm, ihn heulend zu erweichen.
Nie weine eine Magd hier an dem Ort,
Für Thränen lebt kein Aug' hier, und kein Wort!

Stratka.

Wie, weinen, Scharka? wahrlich, fluche lieber,
Ein tücht'ger Fluch heilt dir ein jedes Fieber!

Wlasta.

Hast auf der Hochzeit du zu viel getanzt?
Trankst du zu viel, hast du den Katzenjammer? [62]
So geh und schlafe aus in deiner Kammer.

Scharka.

Das ist es nicht, ich trank, ich tanzte nicht.

Stratka.

Wie eine Hexe an die Wand gepflanzt,
Saß'st du mit stummem, starrem Angesicht.
Die Fackel träufte glüh'nd auf deine Hand,
Du fühltest nichts.

Scharka.
Weil andres ich empfand.

Wlasta.

Die Hochzeitsfackeln dir am Herzen brannten.

Stratka.

Bist du gebrannt, so hast du überstanden.
Nicht falte mehr die Stirn in Liebeszorn.
Heraus mit aller Klage, zieh den Dorn

Der Löwinn aus dem Fuß, stampf' rüstig auf,
Laß allen deinen Wünschen freien Lauf!
Ein frischer Trunk, ein tiefer frischer Schrei
Macht dir die Brust, das ganze Leben frei,
Heihussa, freie Mägdlein der Libussa!

(Sie reicht Scharka das Horn, sie trinkt unter Trompeten=
klang.)

Die Mägdlein.

Heihussa, freie Mägdlein der Libussa!

Scharka.

Dank, Dank dir, Stratka! ich bin wieder frei:
Der Trunk, der Schrei war gute Arzenei.
Und ginge jetzt der Hochzeitreihen los,
Ich legte nicht die Hände in den Schoos.
Wie du, wollt' ich die Füße kräftig heben,
Nach meinem Takte müßt' der Saal erbeben;
Nun muß sie ganz vom Herzen mir, die Last.

(Sie schlägt mit der Faust gegen ihren Brustharnisch.)

Heraus aus meiner Brust, du trüber Gast!
Hört meine Schmach, euch Dirnen sag' ich laut,
In Luft hab' ich ein Liebesschloß gebaut.
Den starken Biwog lieb' ich lange schon,
Da gestern mit dem Eber vor dem Thron
Er männlich widerstand des Rozhons Hohn,
Wuchs mir das Herz, es war recht zum Erbarmen!
Zum Lohn wollt' vor dem Volk ich ihn umarmen.
O lachet mich nur aus, denkt meinen Stand,
Als Kascha ihm gereicht die Fürstenhand.

Wlasta.

Du hattest, arme Scharka, übles Nachsehn.

Stratka.

Was immer besser ist, als üble Nachwehn;

Den Göttern danke, so davon zu kommen.
Hätt' Biwog dir erst deinen Schatz genommen,
Wie Wrsch an mir, hätt' er an dir gehandelt,
Zum frechen Jäger sich nach kurzen Wochen,
Zum armen Eber, Scharka, dich verwandelt,
Zum Preis der andern dir den Hals gebrochen!

Scharka.

Du redest wahr. Nun hab' ich freie Wahl.
Verachten will ich alle auf ein Mahl,
Und nehmen mir zur Freude eine Zahl.
Nun ist mir Einer Keiner, er allein
Konnt' nur der Eine und der Einz'ge seyn,
Den ich verlor, um alle zu gewinnen.
Ich brauche keine Schlingen mehr zu spinnen,
Und auszulegen nach so bösen Hechten.
Die Lust mir wählt, macht Liebe mir zu Knechten.
Zum Narren hatte uns der alte Brauch,
Am Feuer sitzend in dem hohen Rauch:
Den Mann zu sehen, der uns ist bescheert:
Die Folge hat uns bitterlich belehrt.

Stratka.

Die Augen hat der Rauch uns gut gebeizt,
Zum Weinen dich, zum Fluchen mich gereizt.

Scharka.

Es ist zum Lachen, all', die wir gesehen,
Begegneten uns auch in jener Nacht;
Als Opferfeuer wir im Wald gemacht,
Sahn wir sie alle zu der Wahl hingehen.

Stratka.

Du übertreibst, ich sah nicht Werschowetz.
Doch, Wlasta, sage: wen hast du gesehen?

Wlasta
(betroffen.)

Ich? meine Mutter — lasset das Geschwätz.
Denn, sah ich einen, werd ich's nie gestehn.

Eine von den Wachen.

Ich sehe Dirnen, die im Busche lauschen.

Stratka.

So klingt und singt und läßt die Fahne rauschen!

Scharka.

Es ist ein Schloß gegründet,
Ein Feuer angezündet,
Ein Fähnlein aufgestellt
Den Jungfrau'n in dem Feld!

Chor. Huihussa, huihussa!
Die Mägdlein der Libussa!

Stratka.

Die Fahne der Jungfrauen,
Kein Mann darf nach ihr schauen,
Der beste ist uns schlecht,
Der liebste unser Knecht.

Chor. Huihussa, huihussa!
Die Mägdlein der Libussa!

Wlasta.

Verflucht sey Rad und Spindel,
Und Feuerherd und Windel,
Der Speer thut Rockendienst,
Giebt eisernes Gespinnst!

Chor. Huihussa, huihussa!
Die Mägdlein der Libussa!

Scharka.

Der Mann muß unten liegen,
Das Kind im Schilde wiegen,

Wir ziehen frank und frei
Auf neue Freierei!

Chor. Huihussa, huihussa!
Die Mägdlein der Libussa!

Stratka.

Die Männer müssen singen,
Den Kindern, die wir bringen,
Das Lied: Was ich nicht weiß,
Macht mir die Stirne heiß.

Chor. Huihussa, huihussa!
Die Mägdlein der Libussa!

Wlasta.

Es nehme keine Einen,
Viel lieber nehm' sie Keinen,
Denn einer ist Betrug,
Und alle nicht genug.

Chor. Huihussa, huihussa!
Die Mägdlein der Libussa!

Scharka.

Das Weib ergreift den Zügel,
Der Mann hält ihr den Bügel,
Im Sattel sitzen wir
Und spornen frisch das Thier.

Chor. Huihussa, huihussa!
Die Mägdlein der Libussa!

Stratka.

So ziehen wir Jungfrauen
Geschmücket wie die Pfauen
Durch's Land in stolzem Putz,
Den Männern nur zum Trutz!

Chor. Huihussa, huihussa!
Die Mägdlein der Libussa!

Wlasta.

Die Ketten sind zerbrochen,
Und auf das Schild wir pochen,
Im Harnisch ist das Weib,
Der Mann seh', wo er bleib'!

Chor. Huihussa, huihussa!
Die Mägdlein der Libussa!

(Milenka und Zastawa, zwei Bäuerinnen, nahen schüchtern.)

Milenka.

Ei! bei euch Dirnen geht es lustig her!

Zastawa.

Hussa Libussa macht mir's Herz ganz schwer.

Stratka.

Hast du das Lied verstanden? nun, laß sehn.

Zastawa.

Da müßte ich kein Böhmisch ja verstehn:
Man nimmt so viele Männer, als man kann,
Arbeitet nichts, und niemals weiß der Mann,
Ob er der Vater von den Kindern allen,
Doch hat das kräft'ge Huihussa Libussa
Am besten mir vor Allem noch gefallen.

Stratka.

Und was gefällt dir so an diesem Schrei?

Zastawa.

So gut und wohlfeil ist die Arzenei,
Wie sag' ich gleich? — als wenn man kratzt, wo's juckt,
Als wenn zur Arbeit in die Hand man spuckt.

Scharka
(zu Milenka.)

Du, sage, wie gefällt das Lied denn dir?

Milenka.

Ihr habt gut singen, doch was hilft es mir?
Wenn auch die Männer waschen, sattlen, spinnen;

Ich habe ja nicht Roß, nicht Flachs, nicht Linnen.
Die Kuh schreit; grasen, melken muß ich doch.
Und seht, ich lieg' gern lang', ich bin gar faul. —

Scharka.

Beruh'ge dich, da gibt's ein Verslein noch,
Das melkt die Kuh, und stopfet ihr das Maul.

> Wenn wir im Bett uns drehen,
> Muß er das Gras schon mähen,
> Wir liegen noch in Ruh,
> Da melkt er schon die Kuh.

Chor. Huihussa, huihussa!
     Die Mägdlein der Libussa!

Milenka.

So muß ich buttern doch und Gänse hüten.

Scharka.

Vor Beidem soll der Himmel dich behüten.

> Der Mann geht mit der Sense,
> Und hütet uns die Gänse,
> Und buttert uns im Faß,
> Das ist der Dirnen Spaß.

Chor. Huihussa, huihussa!
     Die Mägdlein der Libussa!

Milenka.

Ihr dürft wohl gar zu Bier und Meth auch gehn,
Im Mondschein singend vor den Hütten stehn?

Scharka.

> Der Mann schläft unterm Pfluge,
> Wir sitzen spät beim Kruge,
> Und unser Lied verschont
> Selbst nicht den Mann im Mond.

Chor. Huihussa, huihussa!
     Die Mägdlein der Libussa!

Milenka.

Da iſt noch Eins, ihr ſang't: der Mann muß wiegen,
Da muß ich doch noch ſtets die Kinder kriegen,
Das iſt mir aber gar zu ſehr zuwider,
Von aller Arbeit bin ich keine müder.

(Die andern Mägdlein lachen.)

Ja, lachet nur, der Punct iſt gar zu kitzlich,
So ſehr beſchwerlich, als erſtaunlich nützlich.

Scharka.

Du wirfſt dem Liede deine Schwäche vor,
Willſt du nicht hören, ſo verſchließ' dein Ohr.

Wenn wir uns tapfer wehren,
Die Welt nicht mehr vermehren,
Sinnt Peron eine Nacht,
Sieht, wie er's beſſer macht.
Peron, der Welterſinder
Läßt wachſen dann die Kinder
Den Männern an dem Horn,
Wie Röslein an dem Dorn.

Chor. Huihuſſa, huihuſſa!
Die Mägdlein der Libuſſa!

Milenka.

Das läßt ſich hören, das iſt doch natürlich,
Denn es iſt ſehr bequem, und auch gar zierlich.
Was koſtet es, wenn ich gleich bei euch bleibe?

Zaſtawa.

Ich bin dabei, nehmt mir den Rock vom Leibe!

Stratka.

Was, koſten? Ihr kriegt Geld noch oben drauf,
Und Harniſch, Mützen, Waffen in den Kauf!

Milenka.

Ich trau' der Sache kaum, das iſt zu billig.

Zastawa
(wirft die Jacke ab.)

Weg mit dem Zeug, den schwersten Panzer will ich.

Wlasta.

Bist du auch stark, kannst diesen Stein du heben?

Zastawa
(hebt ihn, und wirft ihn weit weg.)

Hier, dieser da? der geht mir nicht an's Leben.

Stratka
(zu Milenka.)

Mit einer Hand spann' du mir diesen Bogen.

Milenka
(bricht ihn überspannend.)

Ach Himmel! seht, ich hab' zu stark gezogen.

Wlasta.

Stark sind sie, legt die Waffen ihnen an,
Auf, munter, singt, dort zieh'n noch mehr heran.

Scharka.

Im Walde wir regieren,
Den Mann die Hörner zieren,
Den Hirsch, wir hetzen ihn
Zum steilen Abgrund hin.

Chor. Huihussa, huihussa!
Die Mägdlein der Libussa!

Stratka.

Hat dich ein Mann geschlagen,
Du brauchst nicht drum zu klagen,
Tritt her in unsern Kreis,
Mach' ihm die Hölle heiß.

Chor. Huihussa, huihussa!
Die Mägdlein der Libussa!

Wlasta.

Dem Buhler, der dich necket,
Mit andern Dirnen hecket,

Verschließe du dein Bett,
Und mache es ihm wett.

Chor. Huihussa, huihussa!
Die Mägdlein der Libussa!

Dobrowka
(wirft einen ungeheuern Grasbund und Sichel und Harken
an die Erde.)

So trage denn das Gras nach Haus, wer mag,
Mit Rozhon leb' ich länger keinen Tag!
Vier Wochen sind es nach dem Hochzeitsgang,
Mehr Prügel hab' ich, als auf Lebelang,
Und seit getroffen ihn Libussens Strafe,
Trifft mit der Geißel er mich selbst im Schlafe,
Und spricht: die Hiebe zahl' Libussen wieder.

Stratka.
Der gift'ge Hund, und du warfst ihn nicht nieder,
Zerfleischtest nicht mit Näglein sein Gesicht?

Dobrowka.
Hätt' ich's versucht? ob's geht, das weiß ich nicht.

Stratka.
Den Stein dort bei der Eiche trag' herbei.

Dobrowka
(wirft ihn auf einen andern, daß er bricht.)
Eins werdet ihr nie mehr, ihr seid nun zwei.

Stratka.
Es werde ihr der Harnisch angelegt.

Dobrowka
(tritt, da sie zu den Waffen geht, auf ihren Harken; da der Stiel
ihr in's Gesicht schlägt, zerbricht sie ihn.)
Verdammter Stecken, der Dobrowka schlägt!

Stratka.
O, hättest du dem Rozhon so gethan!

Dobrowka.
Ich zahl' ihm alles nach, treff' ich ihn an.

Hodka
(tritt auf.)

Mich bringt das ew'ge Weben, Näh'n und Spinnen,
Das Bohnenzählen gänzlich noch von Sinnen.
Gebt grobe Arbeit her, ich bin, Gott Lob!
Gesund und stark, und gar zu gerne grob.
Die Mutter ist ganz toll mit sieben Sachen,
Die ich in einem Tag soll fertig machen;
Das Ärgste aber ist das Federschleißen,
Da möcht' ich lieber Bäume niederreißen;
Die Linsen mag ihr Zernobog belesen.
Der schwarze Gott hol' all' das feine Wesen!
Gebt Arbeit her, doch sey es von der groben,
Ich will was leisten, ihr sollt mich erproben.

Stratka.
Den Ast brich, der zum Nachbarbaume reicht.

Hodka
(reißt den Ast nieder.)
Herab, du Buhler, der zur Andern schleicht!

(Dobromila, Klimbogna, Budeslawka, drei Zauberschülerinnen der Zwratka, treten verschleiert aus der Höhle.)

Budeslawka.
Heraus an's Licht, wer mag im Dunkel schwitzen,
Wenn Helm und Panzer an der Sonne blitzen.

Klimbogna.
Hussa Libussa tönt die Höhle wieder,
Ich halt's nicht aus, ich reiß' den Schleier nieder!

Dobromila.
Lebt wohl, ihr Salben, Kräuter, Suppen, Fratzen,
Bewacht den Herd, ihr Böcke und ihr Katzen,
Schaut durch das Sieb, und lecket euch die Bratzen,
Brummt, oder schreit die alten Zaubersprüche,
Ich überlasse euch die ganze Küche.

Ihr Dirnen, gebet Rosse uns bei Zeiten,
Auf einem Besen lern' ich nimmer reiten.

Wlasta.

Was wird die Meist'rin Zwratka dazu sagen?

Dobromila.

Was ihr beliebt, wir wollen sie nicht fragen.

Klimbogna.

Wir trugen ihr Geräthe hier hinein,
Sie will ja Schule halten hier im Hain.

Budeslawka.

Das macht sie gut, sie mehrt nur euren Haufen,
Es werden alle zu euch überlaufen.
Bei Huihussa Libussa und Trompeten,
Wer kann da lange Zauberflüche beten?
Wir lauschten lange in dem Felsengang,
Bis euer freier Klang und Sang uns zwang
An's Licht zu eurer Fahne herzutreten.

(Mladka, Rabka, Swatawa, Radka, andere Bäuerinnen, nahen.)

Zastawa
(prahlend.)

Nun, wie gefall' ich euch, ihr zahmen Schwestern?
Von heute bin ich, und ihr seyd von gestern!

Mladka.

Ei, wenn du Tölpel hier den Helm darfst tragen,
Will ich den sehn, der mir ihn ab will schlagen.

Rabka.

Du blaues Wunder, schau, des Rozhons Weib!

Dobrowka.

Hat blauen Stahl gen's Bläuen auf dem Leib!

Swatawa.

Die linkische Milenka trägt den Helm!

Milenka.

Ihr Schwert trägt sie nun rechts, hüt' dich, du Schelm!

Radka.

Du Ungeduld, ei, Hodka, hier auch du?

Alle.

Dazu, dazu, wir müssen auch dazu!

Hodka.

Nun tobt nur nicht, das geht in schönster Ruh,
Nur Steine dürft ihr kräftig niederschmeissen,
Und tücht'ge Äste von den Eichen reissen!

Alle.

Ei, so was soll man uns nicht zweimal heissen!

Die Zauberschülerinnen.

Drauf! lasset uns die Probe nicht entreissen!

(Sie fallen alle über den Siegesstein, und beginnen ihn ausein-
ander zu reissen. Wlasta, Stratka, Scharka schlagen
mit den Schwertern unter sie.)

Stratka.

Halt, halt! ihr Rasenden, was fangt ihr an?

Scharka.

Was, Tolle, hat der Siegsstein euch gethan?

Wlasta.

Ich sehe Vorbedeutung mir bereiten,
Das, was zum Haken wird, krümmt sich bei Zeiten!

Stratka.

Du bist zu schnell, o Wlasta, im Verdammen;
Man muß nur eines Bessern sie bescheiden.
Ihr, legt die Steine wieder hier zusammen!

(Sie stellen das Mal wieder her.)

Stellt euch zum Kreis, wir wollen euch vereiden.

(Sie werden mit einzelnen Rüstungsstücken versehen, und stellen
sich rings um den Stein, bei welchem die drei Führerinnen
stehen.)

Wlasta.

Scharka, den Handschuh nimm, Stratka, die Fahne,
Daß ich die Neugeworbnen nun ermahne.
Bedenket, was ihr thut, da frei ihr seyd,
Erwäget, eh' ihr schwört der Wlasta Eid.
Was seyd ihr noch? Was waret ihr bisher?
Was werdet nach dem Schwur ihr nimmermehr?
Den Ältern und den Brüdern unterthan,
Des Mannes Magd, so ihr des Mannes Weib,
Und segnet die Natur euch euern Leib:
Bricht erst die Bürde nach neun Monden los,
Ihr legt mit Schmerzen, eine lange Qual,
Ein schreiend Kind euch in den müden Schoos,
Und alle Jahre eins, wird's eine Zahl.
Kaum, daß ihr es, das in des Schooses Raum
Ihr trugt, und nähret, seiner Haft entlaßt,
So hängt auch gleich, der noch lebendig kaum,
Wie die Schmarotzerpflanze an dem Ast,
Als wäret ihr des Lebens voller Baum,
An eurer Brust der unverschämte Gast,
Und sauget euer Leben selbst im Traum,
Und schreit, und quäckt, zum Dank für alle Last
Beißt, kneipt es euch, läßt Allem freien Lauf,
Es thäte Noth, es fräße gar euch auf.
Dabei des Waschens, Fütterns gar kein End',
Und Murren, Schelten, Schlagen von dem Mann,
Der, will er nicht, das Kind als sein nicht kennt,
Und wär's ein Fremdes, was schiert ihn es dann?
Als sich's mit Pein von eurem Schoos getrennt,
Hat nur sein Finger ihm d'rum weh gethan?
Kaum ist er noch zur weisen Frau gerannt.
Genug, es lebt, und schreit die Sterne an,
Ihm leuchtet Bjelbog, donnert Peron auch,

Wie andern ihm den Mond Triglawa zeigt,
Und Siwa nährt wie alle ihm den Bauch,
Und Santowid, eh' er zu Rosse steigt,
Füllt ihm mit Meth wie Anderen den Schlauch,
Die finstern Götter sind ihm auch geneigt,
Ihm auch macht Tschart den Leib mit Haaren rauch;
Auch ihn der Tod, das hagre Weib, umschleicht.
Die Menschen wachsen gleich des Baumes Blättern,
Und gleich des Abgrunds Erzen und Gesteinen;
Daß Kinder kommen, das gefällt den Göttern;
Ob Slawojchs, Biwogs, Chirchs, das kümmert keinen.
Der Schleier gürtet mich der hohen Magd,
Ihr Mantel hier als Fahne vor euch ragt,
Ihr Handschuh ist's, auf den ihr schwörend schlagt,
Daß ihr der Männer Herrschaft nun entsagt.

Scharka.

Ich aber sag' euch, was ihr werdet seyn,
Schlagt schwörend ihr in diesen Handschuh ein.
Aus allem jenem Elend geht ihr aus,
Zu mehren dieser freien Mägde Chor,
Zu mauern hier der freien Mägde Haus,
Dem Männereingang ein verschloßnes Thor;
Und übt ihr kühnlich euch zu Kampf und Strauß,
Hebt bald Djewin der Mägde Haupt empor.
Von aller Männer Herrschaft schwört euch los,
Zu aller Waffenübung schwört euch fest;
Zu Lauf, Sprung, Wurf, zu Hieb und Stoß,
Schwert, Bögen, Beil und Speer euch nie verläßt.
Ihr gehet nie von Gurt und Panzer bloß,
Lockt zum Verrath die Männer nur in's Nest:
Denn ihre Schwachheit ist in Liebe groß,
Geheimniß wird mit Küssen leicht erpreßt.
Der Jungfrau Ehre blüh' in eurem Schoos,

Der Jungfrau Fahne stehe ewig fest,
Und würfe rings um sie der Tod sein Loos.
Fluch jeder', die das Siegspanier verläßt!
In Friedens Schlauheit oder Schlachtgetös
Der Dirnen Freiheit mit dem Leben meßt!
Thron, Leben, Ehr' der Magd schütz' euer Leben,
So ihr dieß schwört, mögt ihr den Handschlag geben.

Die Mägdlein
(gehen an ihr vorüber, und schlagen ein.)

Ich schwöre, ich schwöre,
Frei leben und sterben,
Der Fahne die Ehre,
Den Nachruhm den Erben,
Der Jungfrau den Schutz,
Den Männern den Trutz,
Den Göttern die Seele,
Der Erde den Leib,
So lang' als die Tage,
Die Nächte ich zähle,
So lang' als ich Jungfrau,
So lang' als ich Weib!

Stratka
(schwenkt die Fahne über sie.)

Die Fahne grüßend über euch geschwenket,
Hört an, was ihr nun seyd, daß ihr's bedenket.
Frei, wie die Enkel Stribogs auf der Heide,
Frei, frei von Dienst, von nied'rer Arbeit frei,
Nur eure Rosse führt ihr auf die Weide;
Ihr baut kein Feld, ihr hütet keinen Herd,
Kein Fuer, das nicht Opferfeuer sey;
Statt zu dem Rocken, greift ihr zu dem Schwert;
Wiegt nur das Kind, das noch im Leib' ihr tragt,
Wenn ihr zu Roß die weite Flur durchjagt;

Ihr schlachtet mehr kein Thier, als Männer nur,
Umarmet keinen Mann nach Pflicht und Schwur,
Ja welche, und wie viele ihr euch wählt,
Fangt ihr euch aus der Heerde ungezählt,
Ihr haltet sie, ihr jaget sie davon,
Nur freie Lust genügt der Last als Lohn.
Das Wild in allen Wäldern steht euch frei,
So Mann als Hirsch fällt eurer Jägerei;
Doch zahlen wir die Jungfrau nur mit Gold,
Und Silber ist den Liebenden der Sold,
Und Kupfer nur erhält, die ihren Leib
Dem Jüngling reicht; die aber, die als Weib
Dem Manne folgt, und so den Eidschwur bricht,
Die zieht des Schwertes Eisen in's Gericht.

Scharka.

Es ist der Eid gesprochen,
Und auf das Schild wir pochen,
Im Harnisch ist das Weib,
Der Mann seh', wo er bleib'!

Chor. Huihussa, huihussa!
Die Mägdlein der Libussa!

(Sie beginnen einen kriegerischen Tanz um den Siegsstein, werden aber in den ersten Takten durch das Kriegslied und das
Heerhorn der Männer unterbrochen.)

Wlasta.

Was ist dieß?

Scharka.
Still, Gesang!
Stratka.
Es ist das Heer,

Vorüber lassen wir sie nimmermehr.
Fällt vor den Hohlweg schnell den jungen Stamm,
Und hinter ihm steht wie ein Felsendamm!

(Die Mägdlein umgeben den Baum mit größter Geschäftigkeit, einige klettern hinan, und suchen ihn mit ihrer Last niederzuzie-
hen, andere hauen an seinem Fuße; während dieser Arbeit hört
man das Heerhorn der Männer und den Kriegsgesang immer
näher.)

Chor des Heers.

Jagababa, Jagababa,
Die mit dem knochichten
Fuße im eisernen
Mörser hoch stehet,
Und mit der erzenen
Keule ihn heulend
Treibet durch's Feld,
Jagababa, Jagababa
Zog vor uns her!

(Es bricht der Baum, wo die Beile eingeschnitten, und sinkt,
durch die Mägdlein beschwert, langsam wie ein Schlagbaum
nieder.)

Geschrei im Heer.

O Wunder, Wunder! seht, ein Baum voll Dirnen!
Auf's Stroh, auf's Stroh mit diesen reifen Birnen!

Werschowetzens Stimme.

Kein Wunder, daß den Stamm man niederschlug,
Der solche bitterböse Früchte trug.

Wlasta.

Die Fahne hoch! Wer redet mich hier an?

Domaslaus.

Weg mit dem Baume, öffnet uns die Bahn,
Wir kehren siegreich über die Avaren.

Stratka.

Links durch das Thal führt eure trunknen Schaaren.

Domaslaus.

Was sollen wir um euch den Umweg nehmen?

Werſchoweh.
Ein ſiegreich Heer ſoll Weibern ſich bequemen?

Stimmen aus dem Heer.
Voran, voran, es dränget ſich der Zug.

Domaslaus.
Siegtrunken iſt das Heer, thut auf, ſeyd klug!

Scharka.
Zäunt euren Wahlplaß ein, daß wir ihn meiden,
Der Mägdlein Siegsfeld ſoll kein Mann beſchreiten.

Werſchoweh.
Läg' nicht Libuſſens Seele an euch krank,
Es würde hier der Baum in blut'gem Zank
Mit allen ſeinen Früchten überſchritten,
Doch weiſer ſcheint es jeßt noch, euch zu bitten,
Denn, wenn die lange Schlucht zurück wir ziehn,
Gelangen wir zu ſpät nach Schloß Libin.

Wlaſta.
So harrt, ob ohne unſrer Ehre Schaden
Ihr ziehen könnt, will ich mich erſt berathen.

(Sie tritt mit Stratka und Scharka am Siegsſtein zuſammen,
indeß plaudern die Dirnen mit einzelnen Kriegern über den
Schlagbaum.)

Waſtil.
Beim Tſchart, ei, Hodka, wie kömmſt du hieher?
Zum Weibe nehm' ich dich nun nimmermehr,
Ich glaubte dich ſo fleißig und ſo ſtill.

Hodka.
Zum Weibe nimmſt du mich, wenn ich dich will,
Und weil ich dich nicht will, nimmſt du mich nicht.
Hier werf' ich deinen Ring dir in's Geſicht.

Waſtil.
Die Peitſche, treff' ich dich allein, ſoll knallen.

2

 68 90

Hodka.

He, hast du Lust, so prügl' ich dich vor allen,
Ich bin Libussens Magd.

Howor.

Nun, nun, Gottlob,
Libussens Magd ist aus der Weise grob.
Auch Nabka, du ließ'st zu der Schaar dich werben?

Nabka.

Als Jungfrau will ich leben nun und sterben.

Howor.

Dann lebst und stirbst du nie. Wo ist mein Kind?

Nabka.

Dein Kind? dein Kind? es liegt in seiner Wiege.

Howor.

Mein ist's so wahr nun nicht, als kein's ich kriege:
Dieß hätte seine Mutter nie gethan.

Nabka.

Ist es nicht dein, was geht es dich dann an?
Ist es nicht dein, so ist es auch nicht mein.
Frag' nicht um Kinder, die nicht mein, nicht dein.

Mikик.

Bei Svetowid, Milenka, meine Braut!
Du liefst hieher, wer kocht zu Haus mein Kraut?

Milenka.

Koch' dir es selbst, denn wiß', das Sprichwort lautet:
Wer ausgebrautet, hat auch ausgekrautet.

Stimmen aus dem Heer.

Hindurch, hindurch, schlagt all' die Dirnen todt!

Scharka.

Schild vor! legt euch in Schutz und Trutz zur Noth!

Werschowetz.

Ruhig, ihr Männer, laßt die Wespen summen!

M

Stratka.

Ruhig, ihr Jungfrau'n, laßt die Käfer brummen!

Wlasta.

Um euren Sieg, und weil ihr angesucht,
Und weil noch nicht verschüttet diese Schlucht,
Sei euch der Zug ohn' Sang und Klang gewährt,
Doch mit gesenktem Beil, bedecktem Schwert,
Wollt ihr dieß nicht, so fließt hier euer Blut.

Domaslaus.

Bist du zufrieden, Wrsch, so sei es gut.

Werschowetz.

Zufrieden? wer ist mit der Schmach zufrieden?
Kann solchen Vorschlag ich dem Heere bieten?
Kaum wag' ich es, wenn heil'gen Grund sie nennt.

Wlasta.

Libussens Fahne weht, ein Opfer brennt!

Werschowetz.

Voran, das Schwert bedeckt, das Beil gesenkt,
Das Opfer ehrend seid ihr ungekränkt.

(Die Mägdlein bilden eine Gasse; die Männer ziehen über den
Stamm schreitend durch.)

Werschowetz
(wirft Stratka Moribuds Haupt vor die Füße, und zieht weiter.)

Hier, Stratka, bring' ich dir dein Lösegeld.

Stratka
(wirft den Kopf in's Opferfeuer.)

Weh! besser warst du, als der dich gefällt!

Zastawa
(reißt einen Mann aus dem Zug.)

Halt, du bist mein.

Poplopek
(stößt sie zurück.)

Wenn ich des Gukuks wäre!

Doch noch bis jetzt dank' ich für diese Ehre.
Spräch' Nabka so wie du, ich wär' nicht faul.
(Zieht ab.)

Nabka.

Ich mag dich nicht, du hast ein schiefes Maul.
(Greift nach einem Andern.)
Ha, du gefällst mir gut, du bleibst nun mein!

Schriben.

Bei dieser Sache müssen zweie seyn.
(Er reißt sich los.)

Stimmen aus dem Heer.

Verfluchte Hexen, laßt uns.

Werschowetz

(tritt zurück.)
Welch Geschrei?

Stratka.

Die Mägdlein üben offne Freierei;
Sie buhlen falsch und heimlich nicht wie du.

Werschowetz.

Wählt beßre Zeit, und lasset uns in Ruh,
Sonst färben wir mit eurem Blut die Bahn.

Scharka.

Nicht gleich so oben aus, und nirgend an,
Den Göttern dankt, daß man noch einen will.
Ihr Dirnen, merkt sie euch und bleibet still,
Begehrt sie morgen vor Libussens Thron!

Mehrere Dirnen.

Vorbei, vorbei, die Wahl gereut uns schon!

Stiaßon

(mit rothen Hahnenfedern auf dem Helm, als er an den vorliegen=
den Baum kömmt, zieht er sein Schwert, und spricht zum Heer:)
Verfluchte Schmach! hier über meine Klinge
Spring' jeder, ehe er hinüber springe.

Hinweg, ihr Männer, mit dem Weiberbaum;
Raum für der Chechen siegreich Heer!

Stimmen

(sie heben den Baum weg, und dringen durch:)

Raum, Raum!

Wlasta

(hat Stiason mit Spannung angeschaut, und bricht plötzlich mit größter, Heftigkeit gegen ihn.)

Auf ihn, auf ihn! er ist's, der rothe Hahn,
Ich kenne ihn, zurück!

Stiason.

Bahn, Bahn!
Hindurch, an meinem Helmbusch klebt ihr Blut.
Die Waffen hoch!

Stratka.

Ha, nieder mit der Brut!

(Die Männer dringen mit Gewalt durch, die Dirnen drängen sie mit den Schilden über die Bühne, und kehren zurück.)

Scharka.

Was setzet, Wlasta, dich so sehr in Wuth?

Wlasta.

Hast du gesehn an seinem Busch mein Blut?
Er war's, der Nachts im Traume mich gestört,
Die blut'ge Feder hat mich so empört,
Ich kenn' ihn, Stiason aus Hassy's Stamm,
Dem rothen Hahn schwillt gegen mich der Kamm.
Doch eilet jetzt den kurzen Pfad durch's Holz,
Kommt ihnen vor, daß sie nicht unsren Stolz
Unvorbereitet vor Libussen klagen.
Ich gehe, Zwratka um den Traum zu fragen.

(Die Mägdlein eilen schnell mit der Fahne durch den Wald ab.)

Wlasta
(allein.)

In Zorn und kühnem Weiberübermuth
Wogt noch gleich stürm'schen Wellen mir das Blut,
Und schlägt an's Herz mir, wie die Meerfluth schlägt
An's Schiff, das einen Ungerechten trägt.
O ruhe, Sturm, o schwelle mir, Begier,
Die Segel auf nach ihm, den ich nur suche,
Nach einem Mann, der mir ein Abgott schier,
Zu dem ich bete und zu dem ich fluche.
Ich muß ihn wiedersehn, ich muß ihn sprechen;
Doch eher soll ihn dieses Schwert durchstechen,
Eh' will am Felsen ich mein Haupt zerschlagen,
Als meines Herzens Schmach ihm deutlich klagen.
Und würde er mit strengen zücht'gen Sitten
Um meine Gunst, um meine Liebe bitten,
Wie spräch ich dann? — Schaff' mir Libussens Ring!
Verfluchter Ring! da seh' ich ihn schon wieder,
Er tanzt' am dunklen Waldrand auf und nieder,
Wie er zur Nacht auf meinen Pfaden ging.
Ist es der Geist des Ring's, der mich umschwebt,
Daß schaudernd sich das Haar empor mir hebt,
Daß meine Seele wie ein Schilfrohr bebt?
Was ist's, das so in meinen Füßen strebt?
Ich muß, ich muß ihm folgen, dem Gesellen,
Und führte er zur tiefsten aller Höllen.
(Sie eilt durch den Wald.)

Die Hütte des Primislaus.

(Rings schöner Acker. Der Pflug Libussens steht vor der Hütte, an deren Seite ein Grabhügel. Primislaus tritt mit Slawosch aus der Thüre.)

Slawosch.
Du kamst zur Hochzeit nicht, nicht zum Gericht?

Primislaus.

Ich habe keinen Streit, auch tanz' ich nicht.
Leicht würde mir des Vaters Grab entsühnt,
Das ohne Blumen noch kaum spärlich grünt.
Nahm froh Libussa Theil an Kascha's Glück?

Slawosch.

Mit Tetka ernsthaft im Gespräch sie schien,
Von ihrer Wandrung kam die spät zurück.
Auf einem Berg wird sie nun bald Tetin,
Ihr Schloß, erbau'n, und Kascha baut Kaschin.
Auch soll ein neuer Gott gegossen werden.

Primislaus.

Ein Gott?

Slawosch.

Der Götter, Himmels und der Erden,
Der Morgen, Mittag, Abend, Mitternacht
Mit seines Leibes Stellung sichtbar macht,
Allgegenwärtig, ewig, unergründet.
Kascha hat ihn erfühlt, Tetka erdacht,
Libussa lebend bei der Wahl verkündet.

Primislaus.

Und welchem Meister wird man dieß vertrauen?

Slawosch.

Durch Gottes Willen, nicht von Ungefähr,
Kam unbekannt den herrlichen Jungfrauen
Ein Mann mit einem Mägdlein zu uns her
Aus fremdem Land, wo diesem Gott sie dienen.
Zuerst sind meinen Augen sie erschienen,
Als Nachts zur Wahl die Männer ich geweckt.
Ich fand bei Krokus Eiche sie erschreckt,
Denn Zwratka, dort in Zauberei versunken,
Verfluchte gräßlich sie im Traume trunken.
Ich aber führte, die ein Dach begehrt,

Die Fremdlinge zu meiner Hütte Herd.
O, theuer sind die Gäste mir geworden,
Mein Geist ist ganz entflammt von ihren Worten.
Ein Bildner ist er, jenes Pachta Sohn,
Der Psary baute. Als ein Knabe schon
Ward er dem Vaterland entführt, und kehrt
Mit einer Jungfrau schön und tief gelehrt
Zur Heimath, um zu bilden und zu bauen,
In Erz zu gießen und in Stein zu hauen.
Er zog auf meinen Rath der Tetka nach,
Der diese Jungfrau er wird anvertrauen.
Sie blieb bei mir, o wie sie göttlich sprach!
Trost, Weisheit, Lehre fließt von ihrem Munde,
Von Zucht und Schönheit strahlt ihr Angesicht.
Selig, da ich sie fand, die heil'ge Stunde!
Denn solche Lehre kömmt von Menschen nicht.
Ein wunderbar Geschick bewegt die Welt,
Bild, Silber, Meister, die zu gleicher Zeit
Sich hier getroffen, also unbestellt,
Verkünden, daß der ew'ge Gott nicht weit.

Primislaus.

Vor Vielen bist du, Slawosch, wohl gesegnet,
Daß dir die Fremdlinge zuerst begegnet.
Vergönne, Freund, mir, sie bey dir zu grüßen.

Slawosch.

Bei Krokus Hütte sie sich niederließen,
Wo sie zum Guß den Ofen schon erbaut.
Unheimisch sind sie noch und unvertraut,
Von Zwratka's bösem Blutfluch noch erschreckt,
Hält vor den Priestern er die Magd versteckt;
Auch fürchtet von den Dirnen er Gefahr.

Primislaus.

Zu sehr begünstigt ist die freche Schaar.

Slawosch.

Heut Nacht erst sah ich ihre tollen Silten.
Unsinnig sind im Brauttanz sie gesprungen,
Das Schloß erbebte ihren wilden Tritten;
Und wie ein Kriegsheer haben sie gesungen.
Es flog ihr Haar im Sturmgebrauß der Stimmen.
Und als im Tanz die Männer schon ermüdet,
Da höhnten sie und schienen zu ergrimmen,
Da haben sie entsetzlich erst gewüthet,
Der Saal mußt' in vergoßnem Methe schwimmen.
Dem lahmen Lapack nahmen sie die Bank,
Und drehen mußt' er, bis er niedersank
Im Wrtack, dem Tanz, den Raserei empfangen, [63])
Die mit dem Schwindel ehlich sich begangen.
Als nun die Schwestern schon den Saal verließen,
Da ließen sie erst alle Zügel schießen,
Sie ras'ten wie das wilde Heer zur Nacht.
Die Panzer rasselten gleich einer Schlacht,
Ja selbst die Eulen von des Schlosses Thürmen,
Vom Lärm und Schein der Fackeln scheu gemacht,
Begannen gen die Fenster anzustürmen.
Stratka soff aus den größten Trinkgeschirren
Und warf gen Kascha's Kammer sie mit Klirren.
Und als kein Krug, kein Glas mehr übrig war,
Da tranken sie den Meth aus Helmen gar;
Die Fackeln warfen sie im Hof zusammen,
Und sprangen schrecklich fluchend durch die Flammen.

Primislaus.

Aus diesen Dirnen ohne Scheu und Zucht
Erwächst noch einst dem Lande blut'ge Frucht,
Denn ihre Art erkenn' ich an der Blüthe.

Slawosch.

Vor allen laut war Stratka im Gewüthe.

Wlasta war still, doch schrecklich anzusehn;
Als ob sie über finstrem Schicksal brüte,
Sah wie ein Steinbild ich am Herd sie stehn,
Und plötzlich dann, wie aus dem Traum erwacht,
Mit ernstem Schritte um die Mitternacht
Ohn' Gruß und Lebewohl vom Saale gehn.
Auch Scharka saß allein, in sich gekehrt,
Man sagt, daß sie den Biwog selbst begehrt'

Primislaus.

Auf jeden Mann, der ihnen sorglos naht,
Schau'n sie mit frechen unverschämten Stirnen.

Slawosch.

Heut' Abend halten die Wladicken Rath
Aus Sorge um den übermuth der Dirnen.

Primislaus.

Ich komme.

Slawosch.

Lebe wohl, mein Primislaus!

Primislaus.

Zur Gränze, Freund, geleit' ich dich hinaus!

(Beide ab.)

Wlasta
(tritt erstaunt auf.)

Hierher führt mich der Ring — wo' ist er hin?
Verschwunden vor des Himmels vollem Glanz,
Als aus der Waldnacht ich getreten bin.
Umfriedet von des Zaunes blüh'ndem Kranz
In tiefer grader Furche liegt das Feld,
Zum Schutze sind rings Steine noch gestellt,
Wer wohnet hier? Vertraulich schmückt der Eppich
Der reinen Hütte Wand mit grünem Teppich.
Klar ist der Sinn, der so das Haus verziert,
Stark ist der Arm, der so den Pflug regiert!

Libussens Pflug! Weh mir, er selbst wohnt hier,
Und an dem Pflug, Libussens Ring! Heil mir!
Ich folgte einem doppelt heißen Triebe,
Mich trieb zum Mann, mich trieb zum Ring die Liebe.
Er hat ihn nicht geraubt, er kennt ihn nicht,
Dann wär' er nicht zu Jedermanns Gesicht.
Doch nimmer lasse ich ihm diesen Ring,
Mein müßt' er seyn, wenn er am Himmel hing;
Hat doch der Geist des Rings mich hergeführt,
Der Ring des Glücks nicht vor den Pflug gebührt,
Und führt das Glück den Pflug hier in dem Land,
So sey vor meinen Ring es nun gespannt;
Ich hänge meinen Ring ihm vor den Pflug,
Der jenem gleicht, er merket nicht Betrug.
(Sie vertauscht die Ringe.)
Und wird nun Wlasta durch den Glücksring groß,
Wirft sie dir, Primislaus, ein reiches Loos!
Ein Liebeszeichen ist der Ringe Tauschen.
Wer naht? ich höre die Gebüsche rauschen.
Er ist's! wie wandelt er mit sichren Tritten,
So kömmt ein edler Löwe hergeschritten!
Primislaus
(tritt auf.)
Ich grüße dich auf meiner stillen Flur,
Herrliche Magd, die die Avaren schlug.
Wlasta.
Ohn' andres Lob ist mir dein Gruß genug,
Denn Fleiß und Zierde blüht auf deiner Spur!
Primislaus.
Bringst du Befehle in des Pflügers Haus?
Wlasta.
Mit Recht befragest du mich, Primislaus.
Nie sieht der Pflüger durch des Zaunes Gränzen

Im Sonnenstrahl die Waffen Wlasta's glänzen,
Daß sie vom Thron nicht käme, ihn zu mahnen.
Doch komm' ich nicht zu dir, dem Unterthanen,
Heut bin ich Lapacks braune Tochter nur,
Und komm' aus eigner Lust zu deiner Flur!

Primislaus.

So lege dann den schweren Helm von dir.
Heiß ist der Tag.

Wlasta
(legt den Helm auf den Pflug, ihre schwarzen Locken wallen nieder.)

Wie ruhig ist es hier!
Auffinnend aus des Winters Stille liegen Friede
Und Segen, von der Grille Wiegenliede
Erwecket, in der Wiesen grünen Wiegen,
Wie Kinder spielend in den Wiegen liegen
Und beim Geschrill' der Silberklingeln lächeln.
Die Spinne schon der Siwa Seide webet,
Ein reges Leben über'm Saatfeld schwebet,
Der Sonne heißen Feuerschleier hebet
Ein kühles Lüftlein, an der Hütte fächeln
Die Eppichblätter, winken einzukehren,
Den Meth zu trinken zu des Wirthes Ehren.
Durch's Fenster wiegt der Wind die Frühlingsträume
In süßen Blüthenkeimen frischer Bäume,
Daß sie sich küssen müssen, und die Lüfte
Erfrischend würzen aus dem Kelch der Düfte.
Wohin mein Auge blickt, ist es erquicket,
Mir ist hier wohl, als sey ich auch ein Kind.

Primislaus.

Die Locken spielen freudig dir im Wind,
Die unter schwülem Helmdach dich gedrücket.

Wlasta.

Vergönnst du mir, o Freund, die volle Lust?
So leg' ich auch den Panzer von der Brust.

Primislaus.

Du bittest mich?

Wlasta.
Weil du mir helfen mußt.

Primislaus
(schnallt ihr den Panzer ab.)

Ich schnall' ihn auf, an meinem Pflug er liege,
Ein Friedensbild, der Pflüger, der dem Siege
Den Harnisch löf't — du blutest!

Wlasta.

Von dem Kriege.

Es ist die Wunde, die Libussen galt,
Nie ruhend strömt sie noch mein Leben aus,
Dreimal ergoß sie sich schon mit Gewalt.
Weg mit dem Schleier, hilf mir, Primislaus!
Libussens Schleier, der mich schlecht verband,
Erseh' ein Tüchlein mir aus deiner Hand.

Primislaus.

Ihr Himmlischen, o schenke mir den Schleier!

Wlasta.

Warum? was treibt dich? brünst'ger greift kein Freier
Zum Schleier seiner Braut.

Primislaus.

Er ist mir theuer.

Erinnernd hänge er am Hausaltar,
Daß ich der Arzt der kühnen Wlasta war.

Wlasta.

So nimm ihn hin, und denke, daß dieß Blut
Bei deinem Anblick wallend sich ergoß.
Seit mich verwundet Moribuds Geschoß,

Ist eine Angst in mir, die nimmer ruht,
Ja selbst zu dir trieb mich die inn're Glut.

Primislaus
(zerreißt ein buntes Tuch, womit er sie verbindet:)
Dieß bunte Tüchlein will ich mit dir theilen.

Wlasta.
Ich danke dir, du wirst die Wunde heilen,
Die nimmer ungeduldig sich ergießt,
Weil dieser edle Goldring fest sie schließt.
(Sie schiebt den Ring über den Verband.)
Mir ist so leicht, und schwerer doch ohn' Waffen!

Primislaus.
Gepanzert trotzest du dem schönen Ziel,
Zu dem Natur dich weislich hat erschaffen;
Entwaffnet bist du heil'ger Triebe Spiel,
In dir regt des Geschlechts Bestimmung sich.
Der Wind dein Haar durchspielend mahnet dich:
Du bist ein Mägdlein, Ehre sey dein Gut,
Und deine einz'ge Waffe fromme Zucht,
Der milde Mond regiere nur dein Blut,
Dein zücht'ger Leib trag' zücht'ger Liebe Frucht.
Dein Busen, der sich frei zu Tage hebt,
Zeigt, wie dein Herz in milder Fülle bebt,
Und fessellos jauchzt deiner Schönheit Welle:
Ich bin des Lebens Schwelle, Lebens Quelle.
Erschreckend fühlst du, daß das Weib im Mann,
Der Mann im Weib nur ganz sich fühlen kann.

Wlasta.
Ich fühle mich als Jungfrau, rathe mir!

Primislaus.
Der Quell des Raths springt in Libussa dir.

Wlasta.
Nicht trinke ich den Quell, ich hüt' ihn nur.

Primislaus.
Rath wächst dir in der weisen Mutter Spur.

Wlasta.
Geheime Kunst und Ehr' ist nur ihr Ziel!

Primislaus.
Der witz'gen Jungfrau'n Schaar bist du Gespiel.

Wlasta.
Der Stamm erholt sich Raths nie bey der Frucht,
Rathlos sind sie wie ich und selbst verlassen,
O nenne Jungfrau'n nicht, die Männer hassen.
Der ist kein Kind, der seinem Vater flucht.
Genug, ich kenne dich, ich hab' zu dir,
Zu dir allein Vertrau'n im Volke hier.

Primislaus.
Folg' deinem Trieb', so rein er dir entspringt,
Den hör' ich gern, der, weil er freudig, singt.

Wlasta.
Es singe, Primislaus, wer voll von Freude;
Ich, die voll Qual und tiefer Angst, ich leide.

Primislaus.
Dem Freunde, Wlasta, klage deinen Härm;
Dein Panzer lauschet nicht, dein Helm ist stumm.

Wlasta.
Sie schlummern tief in deines Pfluges Arm,
Ich wache, und die Schaam bringt mich noch um.
O daß ein Traum ich auf dein Lager schwebte,
Du träumtest, was zu sagen ich erbebte.

Primislaus.
Ich lieb' den Traum nicht, eines Kind's Gespenst,
Riß das Verfluchte aus der Mutter Schoos
Unreif der schwarze Gott im Zorne los.

Wlasta.
Es gleicht mein Leid dem Traum, wie du ihn kennst. *)

Ein Kind ist's, denn vom Mann hab' ich's empfangen,
Nur kurze Zeit bin ich mit ihm gegangen,
Daß ich es schon verfluchte tausendmal,
Denn es zerriß mein Herz mit bittrer Qual.
Dein Anblick aber ist der schwarze Gott,
Der unreif noch, eh' ich es konnt' verschmerzen,
Hervor mir es gerissen unter'm Herzen,
So ward es ein Gespenst, ein Traum, ein Spott!

Primislaus.

Das Eisen, das du handhabst, aus dir spricht.
Trügst du die Spindel, also sprächst du nicht.

Wlasta.

Dann spänn' ich endlos Weh am Faden nieder,
Und webte mit der Sorge Schiff, das wieder
Und ewig wieder kehrt, mein wachsend Leiden,
Und bleichte es mit bittrer Thränenfluth,
Um auf ein schlaflos Lager es zu breiten,
O! der Gedanke setzt mich schon in Wuth!
Ein langes Spinnen, Weben meiner Schuld,
Ein Dornenlager meiner Ungeduld!
Unwürd'ger Trost dem Leid der kühnen Magd!
Jetzt wird in Männerwunden, in der Schlacht
Mit Schwert und Beil zu Grabe es gebracht,
Ertränkt im Blut des Bären auf der Jagd;
Doch wie ein Zauberpfennig, wie ein Alrungeist
Steigt ewig mir, wälzt' ich auch Berge drauf,
Das Leidgespenst in meinem Herzen auf,
Daß mir der wilde Schmerz die Wunde reißt.
Gieb mir den Helm, gieb mir den Panzer wieder,
Ich sag' es nie im bloßen Haupt und Mieder!

Primislaus.

Entsetzlich Wesen eines wilden Weib's! [65]
Triebst du mit frecher Arbeit deines Leib's

Ein unreif Kind aus deines Schooſes Hut,
Haſt du geboren, und in toller Wuth
Die Hand getaucht in dein lebendig Blut?
So flieh' und ſtirb, denn das wird nie mehr gut!
Wlaſta.

Schweig! ſchweig! nie hätt' ich angehört,
Von einem Andern, was mich ſo empört.
(Sie waffnet ſich ſchnell.)

Primislaus.

Die Unnatur ward ſchon in dir Natur.
Wlaſta.

Im Panzer, nennſt du dieſen Unnatur,
Kann ſprechen ich von meiner Schwachheit nur?
Weh mir, ich ragte in der Dirnen Schaar
Wie überm Wald die Eiche, der im Wipfel
Der Adler thront, der Phönix den Altar
Der Auferſtehung baut, und nun im Gipfel
Girrt mir verbuhlt der Lado Taubenpaar.
Ich trieb die Feinde, bin vom Freund getrieben,
Ich haſſ' die Männer, muß den Mann doch lieben:
Ich, feſt ein Fels, wo Pfeile es geregnet,
Beb' wie ein Laub, ſeit mir ein Mann begegnet:
Es traf zur Wunde, die er mir geſegnet,
Des Liebesſchützen Lelio gift'ger Bolz.

Primislaus.

Verſchmähte dich ein Mann, den nennt' ich ſtolz.
Wlaſta
(aufbrauſend.)

Und ich? ich ſchlug' ihn todt, und nennt' ihn todt.
Primislaus.

So liebſt du glücklich! Klägeſt ohne Noth?
Wlaſta.

Nicht glücklich lieb' ich, eh' er mein begehrt.

Primislaus.

Hat ihm dein Stolz, vom Siegesruhm bethört,
Was deine Liebe ihm bescheert, verschwiegen,
So leide Noth, Stolz muß in Nöthen liegen.

Wlasta.

Ich habe Noth um meinen Stolz gelitten,
Ich habe gegen mein Gefühl gestritten,
Als Magd, als Kriegerinn mich ihm geneigt,
Die Krieges-, Liebeswunde ihm gezeigt.

Primislaus.

Und er, was sagte er?

Wlasta.

Er fragte!

Primislaus.

Vielleicht, daß ihm nach des Geschenkes Reichheit
Zu greifen, die Bescheidenheit versagte.
Nicht Liebe, doch Vertrau'n verlanget Gleichheit.
Er wagte nicht vor deiner Augen Blitz,
In deines Stolzes, deiner Liebe Kampf,
In nothgedrungener Erklärung Krampf,
Sein Glück zu lesen aus des Räthsels Witz,
Worin geschämig du dein Weh verhüllt,
Deß' Ahndung ihn mit Seligkeit erfüllt.
Hilf ihm empor, erhebe seinen Muth,
Lob' seinen Fleiß, so mehret sich sein Gut,
Lehr' ihn erwerben deiner Fürstinn Gunst,
Den Liebsten adeln ist der Liebe Kunst.
Vertraue mir, sieh, ich versteh' dein Leiden.

Wlasta.

Reich' mir die Hand, o du bist zu bescheiden!
Bald sollst du sehn, was Wlasta's Liebe kann.
Der fromm mich nicht beschämt, dem lieben Mann
Bereite ich ein Glück, das zu beneiden.

N

Bei dir geht Rath und That auf ebnen Wegen.
Wie grünt auf deiner Flur des Fleißes Segen,
Das Apfelstämmchen selbst am Pfahle schlank,
Sagt einst mit Früchten deiner Pflege Dank!

Primislaus.

Im letzten Jahr gab eine Frucht es mir,
Sie ist von schönster Art, ich zeig' sie dir!

(In die Hütte.)

Wlasta.

O sel'ge Stunde, da ich zu ihm ging,
Denn er verstand mich, und ich fand den Ring.

Primislaus
(mit einem Reinette=Apfel.)

Sieh, diesen Apfel nennt man Königinn,
Und einer Herzoginn ist er bestimmt.
Wenn gleich ich nur ein armer Pflüger bin,
Ist königlich doch meiner Gabe Sinn.

Wlasta.

Die Gabe ist, wie man sie gibt, sie nimmt,
Und keine Frucht zu hoch, die man erklimmt.

Primislaus.

Liebt wohl Libussa solche edle Frucht?

Wlasta.

Warum? O wohl, ich bin von ihrer Zucht,
So fällt der Apfel von dem Stamm nicht weit.

Primislaus.

Ja, ihre Weisheit wuchert weit und breit.
Den Apfel bring' ihr, doch sey sie ersucht,
Mir zu bewahren seine edlen Kerne,
Ein treuer Hauswirth denkt gern in die Ferne,
Den Stab und Pflug hat sie mir einst gegeben!

Wlasta
(stutzt bei der vorigen Rede, sie glaubte den Apfel für sich.)

Sie muß dich zum Wladicken auch erheben.

Primislaus.
Was mir gebührt, das werde ich erleben.

Wlasta.
Leb' wohl, mein Freund, es scheidet dein Gespiel.

Primislaus.
Ich geh' desselben Wegs!

Wlasta.
Dann naht das Ziel!

(Stiason tritt am Waldrand hervor.)
Weh' mir, Unseliger! hier ist es schon! [66])
Sein Bild verfolget mich.

(Sie flieht.)

Primislaus.
Sie ist entflohn!
Bist du es, den sie flieht, und den sie sucht?

Stiason.
Ich suche ewig sie, sie fliehet mich.

Primislaus.
O wunderbare Sucht, verkehrte Flucht!
Sie sucht dich nur allein, und fliehet dich!

Stiason.
Daß sie mich fliehet, ist mir wohl bekannt,
Doch bin ich auf die Ferse ihr gebannt.

Primislaus.
Sie liebet dich?

Stiason.
Mich?

Primislaus.
So verstand ich sie!

Stiason.
Was so mich zu ihr reißt, versteh' ich nie.
Die Liebe ist es nicht; daß sie ein Weib, —
Das hab' ich nie gedacht. Ihr stolzer Leib

N 2

Steht vor mir wie ein flüchtig Jägerziel;
Ich folge ihm, bis es dem Speere fiel.

(Ab.)

Primislaus.

Von Lel und Did sind sie zugleich getrieben, [67]
Sie lieben sich, und können sich nicht lieben.

(Er geht ab.)

(Offene Halle auf dem Schloſſe Libin. Durch die Bogen im Hintergrunde
sieht man über die Moldau in das Waldgebirge. Links und rechts
Thüren, an den Wänden Steinbänke und Teppiche.)

Libuſſa. Tetka. Biwog. Kaſcha.

Kaſcha
(zeigt durch einen Bogen.)

Dort auf dem Berg, der längs dem Fluſſe hin
Die Ausſicht ſchließt, erbau' ich mein Kaſchin.
Umſtaunet von der ſteilen Felſenwand
Reicht dort auf Raſenteppichen im Thal
Die Moldau ernſt im ſilbernen Gewand,
Wie eine Fürſtinn in dem Königsſaal, [68]
Der bundgenoſſenen Beraun die Hand.
Der Frühling ſchmückt dort ſchon am Uferrand
Mit ſeidner Wimper aller Weiden Augen,
Die träumeriſch ihr Haupt zum Spiegel tauchen.
So ziehn die Flüſſe, eine Augenweide,
Durch's Land in blühendem Geleite beide.

Tetka.

Den Bau ſollſt, Kaſcha, du dem Manh vertrauen,
Der mir mein Schloß Tetin auch wird erbauen,
Wohin er neulich mir gefolget iſt.
Den Plan hat er gar wunderbar vollendet,
Er iſt voll tiefer Kunſt und weiſer Liſt,
Hat auch des Zelu Formen ſchon beendet.
Dein Schloß wird er dir alſo herrlich bau'n,

Daß du mit Luft hinan, hinab wirst schau'n.

Kascha.

Er sey willkommen, sag', wie heißt der Mann?

Tetka

(hinabschauend.)

Pachta — und sieh', dort schreitet er heran.

Biwog.

Er schreitet senkrecht, setzt den Fuß vertraut,
Als hätte er die Treppen selbst erbaut.

Tetka.

Sein Vater baute dieses Schloß. Verwandt
Ist ihm das Werk im Bild und im Verstand.

Kascha.

Sein edles Antlitz ist voll Ernst und Ruh.

Tetka.

Nur wenig Stunden hörte ich ihm zu,
Und lernte doch von ihm unendlich viel,
Das in den dunklen Geist mir leuchtend fiel.

Libussa.

Woher ist dieser Mann, ich sah ihn nie,
Wann kam er in das Böhm'sche Land, wo, wie?

Tetka.

Er nahet, höre es aus seinem Munde,
Was bringst du, Meister, Gutes uns heran?

Pachta

(tritt ein.)

Ich bringe Euch von Besserem die Kunde,
Das Gute selbst, ein treuer Unterthan,
Der segnend seiner Fürstinn Antlitz schaut.
Das ganze Land spricht deine Weisheit aus.

Libussa.

Willkommen, Pachta, du bist hier zu Haus.
Es hat dein Vater dieses Schloß erbaut.

Pachta.

Die Mauern schau'n auf mich ernst und vertraut.

Libussa.

Wie lange bist du hier in diesem Land?

Pachta.

So lange Krokus Stab in deiner Hand!

Libussa.

Und wo, mein Meister, lebtest du bisher?

Pachta.

Ich lebte zu Byzanz.

Libussa.

Wo liegt Byzanz?

Pachta.

Am Hellespont.

Libussa.

Und dieses ist?

Pachta.

Ein Meer.

Tetka.

Zu bess'rer Zeit erkläre dieß uns ganz,
Jetzt sage erst, was führet dich hieher?

Pachta.

Gießt zu der Form selbst das Metall hinein,
Und schmelzt dem Bilde eure Wünsche ein.

Kascha.

Wann wird zum Fluß es kommen?

Pachta.

In der Nacht.

Libussa.

Es wird im Dunkel mir die glühe Pracht
Das Aug' ergötzen.

Pachta.

Gott is's, und kein Götze.

Verzeih', ohn' Grund ich nicht dein Wort verseße.

Biwog.

Welch Holz trägst du dreieckigt im Gewand,
Und welches schiefe Eisen in der Hand?

Pachta.

Dieß ist das Winkelmaas, dieß die Bleiwage.

Kascha.

Ich kenne beides, aber, Meister, sage,
Warum ist hier ein Auge hingemalt,
Das dreimal nach des Dreiecks Winkeln strahlt?
Erkläre dieß, denn ich versteh' es nicht.

Pachta.

Auch diese drei sind eines Auges Licht,
Die Kugel aber, die im Auge schwebt,
Ist die geschaffne Welt, die in dem Stern
Des Auges schweben muß, das sie belebt.
Sonst ist der Bau nicht recht, nicht in dem Herrn,
Dasselbe ist in anderem Gebrauch
Das Winkelmaas, ja alles Andre auch.

Biwog.

Hat solch Geräth dein Vater auch geführt?

Pachta.

Das Winkelmaas, die Bleiwage gebührt
Wohl jedem Maurer; Viel und Hohes denkt
Der Eine sich, der Andre nichts dabei;
Wie mehr, wie weniger das Aug' sich senkt,
Wird ihm die Aussicht enger, oder frei.
Allgegenwärtig bleibt die eine Wahrheit,
Doch wenige begreifen sie in Klarheit.

Biwog.

Das ist wohl herrlich, doch schwer einzusehen.

Pachta.

O wer ist würdig, dieses zu verstehn!

Libussa.

Doch du wohl selbst, da es dein Mund verkündet?

Pachta.

Ich glaube es, ich bin davon entzündet.
Und bleibt er gleich mir ewig unergründet,
Sterb' ich ihm doch.

Biwog.

Wem?

Pachta.

Dem Dreieinigen,
Dem einen ew'gen Gott, dem meinigen,
Den ihr als euren Zelu habt genannt,
Der unter tausend Namen wird bekannt.

Libussa.

Wer lehrte alles dieses, Pachta, dich?

Pachta.

Am Haus des Herrn, am Tempel, baute ich,
Da hört' ich fleißig weisen Meistern zu.

Libussa.

Sprachst mit Drzewoslaus, dem Priester, du?

Pachta.

Arm ist des Menschen Mund, und allzuschnell
Wird leicht das ausgesprochne Wort lebendig.

Kascha.

Und was heißt dieß?

Pachta.

Der Bildner, der verständig,
Erwärme erst die Form, eh' er den Quell
Des glühenden Metalles noch erschließt.
Sonst bricht sie, und die Feuerwelle schießt
Vernichtend auf den Meister und das Haus,

Es rinnt die Masse durch die Risse aus,
Des Gottes Bild erstarrt zur Mißgestalt.

Tetka.

Mißlang dir jemals so ein Werk?

Pachta.

Mir nicht;
Doch einem Meister im Herzynschen Wald [69])
Aus einer Schule, die man Corbey nannte.
Er zog auf Arbeit aus dem Vaterlande,
Goß zu Arkona auch ein heilig Bild.
Ihm ward zu früh lebendig da das Wort;
Kalt war die Form, der Glutstrom brach sie wild,
Kaum kam er mit dem Leben von dem Ort,
Weil gegen ihn die Feuerwelle schoß.
Aus einem Sancto Vito, den er goß,
Ward ungestaltet nur ein Swantowid.

Biwog.

Nur um ein O ist ja der erste größer,
Das scheinet doch kein großer Unterschied.

Pachta.

Und jenen gar gefiel er noch viel besser.
Doch mit dem Tage uns das Licht erwacht,
Und andre liegen während dem in Nacht.
So lebt dann wohl, ich rufe euch zur Zeit.

Tetka.

Auf Wiedersehn, wir halten uns bereit.

(Pachta ab.)

Biwog.

Ein seltner Mann, doch unverständlich spricht
Er nur in Redensarten seiner Kunst,
Und wer kein Maurer ist, versteht ihn nicht.
Mir, der ich Jäger bin, wär's eine Gunst,
Doch das lebend'ge Wort einmal zu sehn.

Kascha.

Du möchtest wie den Eber es bestehn;
Als Bildner spricht in Bildern er verhüllt,
Oft ahnd' den Sinn ich, der das Bild erfüllt.

Tetka.

Sein Wort, ein Blitzstrahl, mir in's Innre fällt,
Der mir geheimer Ahndung Bild erhellt,
Sein Licht beleuchtet eine andre Welt.

Libussa.

Er glaubt den Gott, deß Bild sein Werk uns schenkt,
So glaube ich ihm, wie er's meint und denkt.

Biwog.

Nur Maurer, wie gesagt, verstehen ihn,
Ihr alle baut, Libin, Kaschin, Tetin.

Libussa.

Du scherzest, doch mit Recht, denn unverständig
Hat in ihm selbst sein Meister sich entfaltet.
In ihm ward auch das Wort zu früh lebendig,
Und seiner Rede Bild ist mißgestaltet.

Tetka.

Das Ganze reinigt sich von unserm Tadel,
Denn jeder Theil zeigt von des Ganzen Adel!

Biwog.

Ich wüßte keinen, der an Ernst ihm gleicht,
Seht, wie er fest die Treppen niedersteigt.
Er sieht nicht auf, hört nicht die Waffen klingen
Der Dirnen, die am Fels dort niederspringen.
Gleich sind sie hier.

Kascha.

Hört ihr, das Heerhorn schallt.

Biwog.

Das Heer zieht auch heran, dort links am Wald.

Libuſſa.

So ſiegten ſie.

Biwog.

Durch ſie macht mit dem Schwert
Wlaſta ſich Bahn.

Libuſſa.

Sie kömmt, allein, zu Pferd?
Seit ihrer Wunde lenkt ſie aus der Bahn.

Biwog.

Schon holte ſie die Mägdlein ein, ſie nah'n!

(Trompetengetön, vor den Bogen füllet ſich die Durchſicht mit den
Dirnen, die drei Führerinnen treten herein. Wlaſta überreicht
Libuſſen den Apfel des Primislaus auf ihrem Schilde.)

Wlaſta.

Den Pflüger, dem ich heute früh begegnet,
Hat Siwa mit dem Apfel hier geſegnet.
Man nennet dieſen Apfel Königinn,
Und einer Herzoginn iſt er beſtimmt.

Libuſſa.

Die Gabe iſt, wie man ſie gibt, ſie nimmt,
Und königlich iſt ſeiner Gabe Sinn.

Wlaſta.

Doch bittet dich der Geber um die Kerne.

Libuſſa.

Ein guter Hauswirth denkt auch in die Ferne.

Wlaſta.

Libuſſa!

Libuſſa.

Nun?

Wlaſta.

Du macheſt mich erbeben.
Du ſprichſt wie er!

Libussa.
Der dir die Frucht gegeben!
Für mich? Man kann ja wohl bei'm Apfelbrechen,
Bei'm Geben, Nehmen, Anderes nicht sprechen.

Wlasta.
Du solltest zum Wladicken ihn erheben.

Libussa.
Was ihm gebührt, das wird er auch erleben!

Wlasta.
Auch dieß sein Wort!

Libussa.
So fällt vom Stamm nicht we
Die Frucht; ich lese dunkel in der Zeit.

Wlasta.
Von deinem Wesen ganz erschüttert steh' ich.

Libussa.
Habt ihr geworben? Viele Helme seh' ich.

Scharka.
In Eid hat sie dein Handschuh mir genommen.

Stratka.
Bei deiner Fahne schrieen sie Huihussa!

Libussa.
Seyd mir gegrüßt, ihr Dirnen, seyd willkommen!

Die Dirnen.
Huihussa, Heil der Herzoginn Libussa!

(Man hört die Hörner des Heeres.)

Stratka
(zu Wlasta, die tiefsinnig ist.)
Sie nahen schon, sprich nun, was sinnest du?

Wlasta
(vor Libussa tretend.)
Die Männer wollten, Fürstinn, durch Djewin,
Der Mägdlein Siegsfeld, ungebeten ziehn,
Nur mit gesenkten Waffen gab ich's zu.

Stratka.

Und mir warf Wrsch, mit Hohn den Hohn zu büßen,
Das blut'ge Haupt des Moribud zu Füßen,
Das sühnend ich dem Feuer übergeben.

Libussa.

So sterben alle, die uns feindlich leben!
Vergoßt im Zank' ihr mit den Männern Blut?

Scharka.

Mit flachen Klingen und mit scharfen Worten
Ist nur die leere Luft verwundet worden.

Libussa.

Wohlan! doch mäßigt euren Jugendmuth,
Traut nicht dem Wolfe, wenn er schlafend ruht.
Ich bin durch ihre Wahl das, was ich bin,
Der freien Böhmen freie Herzoginn.
Ihr seyd durch meine Wahl das, was ihr seyd,
Frei seyd ihr, meiner Freiheit frei zu dienen;
Doch solchem Ehrendienst folgt auch der Neid.
Ihr steht mir näher, doch nicht über ihnen.
Die dient mir schlecht, die mir den Löwen rauft,
Und aus dem Schlafe mir den Feind erweckt.
Neckt sie nicht mehr, als jedes Mägdlein neckt
Zum Scherz den Mann. O Freiheit hoch erkauft!
Ein fester Panzer bleibt mir, der mich schützt,
Ein Säulenchor, das meinen Thron mir stützt,
Libussens Sicherheit, Libussens Zier,
Doch werdet nimmer ein Gefängniß mir,
Daß, mich zu sehn, mein Volk euch nicht vernichtet.
So ihr zu sehr in Übermuth gewichtet,
Reißt mich des Helmes Last vom Throne nieder,
Und sichrer als mein Panzer wär' mein Mieder.
Nun ordnet euch, zur Seite sollt ihr stehn,
Das Heer begrüßet, laßt die Fahne wehn.

(Die Führerinnen treten hinaus, die Schaar der Dirnen öffnet sich;
das Heerhorn der Männer wird von den Trompeten begrüßt. Domaslaus und Werschowetz treten durch den Mittelbogen ein
und legen Libussen eroberte Fahnen zu Füßen.)

Domaslaus.

Libussa, nimm die Beute deines Glücks
Und würd'ge deine Sieger eines Blicks.

Werschowetz.

Der Feinde Wuth hat unsern Kampf verkürzt,

Nicht wie der Sturm sind wir auf sie gestürzt,
Nein, wie ein Fels von Schwertern untergraben.

Libussa.

Seyd mir vor allen Männern hochgeehrt,
Die Waffen theilet würd'gen Kriegern aus,
Die Fahnen schmücken eurer Fürstinn Haus.

(Sie tritt in die Halle.)

Heil dir, mein Volk, das siegreich mir gekehrt,
Zieht freudig heim, ich segne euren Herd.
Ihr Mägdlein, traget in's Gemach die Wunden,
Durch Kascha's Pflege sollen sie gesunden.

Das Heer.

Heil dir, Libussa!

Geschrei der Verwundeten.

Weg, laßt uns, ihr Dirnen.

Libussa.

Wer tobet so?

Domaslaus.

Die wunden Krieger zürnen!

Werschowetz.

Nicht lassen sie sich von den Weibern tragen,
Die kaum mit schnöden Worten sie geschlagen.

Libussa.

So tragt sie selbst, ich kenne deine Klagen.

Doch in des Tages siegerfülltem Lauf,
Gebt kleinen Streit um meinetwillen auf!

(Verwundete werden durch die Seitenthüren getragen; Kascha,
Tetka und Biwog folgen.)

Werschowetz.

Erlaube, Fürstinn, daß wir dich verlassen.

Domaslaus.

Wir müssen unsre Krieger nun entlassen.

Libussa.

Verweilet noch, seyd meines Mahles Zierde.

Werschowetz.

Der Meth, den du zutrinkst, mehrt die Begierde —
Nicht nach dem Honig, der den Trank versüßte,
Nein, nach der Lippe, die den Becher küßte.

Domaslaus.

Das Fleisch, das du uns vorlegst, mehrt den Reitz —
Nicht nach dem Fleisch, und doch —

Libussa.

O schweige, Geitz!

Selbst einen Scherz gönnst du ihm nicht allein,
Grob macht der eine, was der andre fein.
Die Worte ihr so glücklich nicht verschwendet,
Als eure Schwerter siegreich ihr entblößt.
Heil hast du, Wrsch, die Zunge ausgelöst,
Die Stratka dir an Moribud verpfändet;
Doch, daß ihr nicht so nüchtern geht von dannen,
Mach' ich um euren Sieg euch zu Zemannen,
Und geb' euch zu dem Meth, den ihr nicht trinkt,
Und zu dem Fleische, das ihr hier nicht esset,
Als Nachttisch hier der Apfel Königinn,
Die euch zu essen niemals auch gelingt.

(Sie reicht ihnen des Primislaus Apfel.)

Seht, sie ist roth, damit ihr nicht vergesset,

Daß ich vor eurem Scherz erröthet bin.
Theilt euch in sie, doch keiner sie zerschneide.
Lebt wohl! Zeigt euch so weis' als tapfer beide.

(Ab.)

Domaslaus.

Wie scherzhaft, und wie reißend war ihr Wesen!

Werschowetz.

O wäre sie zweydeutiger gewesen!

Domaslaus.

Der Apfel wäre dann in zwei gedeutet,

Werschowetz.

Zwei Nahmen und ein Apfel sind erbeutet!

Domaslaus.

Wir brechen auf, der Apfel ruh' im Schild.

Werschowetz.

Tragt ihn uns vor, ein kernhaft Siegesbild!

(Sie legen den Apfel auf einen Schild, und lassen ihn vor sich hin-
tragen, das Heer zieht mit ihnen ab. Die Dirnen gehen rechts
und links in die Thüren, Wlasta bleibt zuletzt allein.)

Wlasta.

Den theuren Apfel gab sie hin zum Hohn,
Ich hätte ihr um dieses Apfels Lohn
Den Bart geholet von des Etzels Kinn.
Ja, wärf sie diesen Apfel auf den Grund
Der Moldau, niedertaucht' ich in den Schlund.
Schlecht schätzt sie königlicher Gabe Sinn,
Und besser war die Gabe, als sie gab,
Und weit vom Stamme fiel der Apfel ab.
Wie er ihn liebte, als sein Liebstes ihn
Der Stolzen sendete, warum nicht mir?
Nicht als des Spottes Preis gäb' ich ihn hin.
Ich eifre mit den Lüften, die er trinkt,
Und mit dem Laub, das ihm am Fenster winkt.

Erhebe deinen Freund, sprach er zu mir,
Dann wagt er in die Augen dir zu schauen;
Dem böhm'schen Adler will das Nest ich bauen,
So hoch, so hoch, daß er mit Zuversicht
Mag blicken in der Sonne Augenlicht.
Ja höher, als Libussens Taube flog,
Und höher, als der Schwan am Wahltag zog,
Um Primislaus ist mir kein Preis zu hoch,
Libussa nicht, ja selbst die Götter nicht.
Sind ganz die Mägdlein erst mir zugethan,
So steige ich zum Stuhle Schechs hinan.
Sie wuchs am Herrscherstamm aus fremder Ruthe,
Ich bin unmittelbar aus Krokus Blute.
Sie darf sich nimmer einem Mann ergeben,
Ihn will ich an dem Herzen mir erheben.
Mir zieht der Ring mit Macht die Hand zur Krone,
Und reißt mit goldner Fessel mich zum Throne!

Libussa
(tritt auf.)

Die läst'gen Freier wichen schon, wohl mir!
Denn schwerer wird es diesen frechen Chechen,
Sich meiner, als des Diebstahls zu entbrechen.

Wlasta.

Du wirst zum Diebstahl ihnen, denn mit dir
Wird ungerechtes Gut durch sie geraubt.

Libussa.

Die Krone locket sie auf meinem Haupt.

Wlasta.

Elende Männer, eitel, ehrvergessen,
Durch ewigen Besitz seyd ihr besessen.
Entartet der Natur, Herrn ird'scher Güter,
Nicht kennend göttlicher Begierde Sporn,
Sind sie erkünstelten Besitzes Hüter;

O

Gestachelt von des Geizes nacktem Dorn
Erwuchert stets das fruchtlose Geschlecht,
Und wird um Geizes Sold des Reichthums Knecht.

Libussa.

Sie krönten mich als ihres Zieles Säule,
Und schießen nach der Krone ihre Pfeile.

Wlasta.

Und du, was wirst du thun?

Libussa.

Ich bin ein Weib,
Ich fühle, daß ich's bin: doch wird mein Leib
Es ewig diesen Elenden verschweigen,
Der Sterne Willen nur muß er sich neigen.
Sie krönten mich als Ziel, ich mein Geschlecht,
Es blühe seine Zier mir ungeschwächt.
Dem Mond folgt unsre Blüthe nicht vergebens,
Wie Sonnenblumen sich zur Sonne lenken.
Es steht das Weib am Born des ew'gen Lebens,
Den Staat aus Quellen der Natur zu tränken;
Die Götter geben gern mit unsern Händen.
Die linke, ruhend in des Lebens Schoos,
Spinnt, webt die rechte, Segen auszuspenden,
Und wirft die Liebe uns ein fruchtbar Loos,
Gehören nimmer wir doch ganz dem Mann,
Der allen Göttern bundesbrüchig thront,
Der freie Knecht, der knechtische Tyrann,
Der süße Lust mit bitterer Last belohnt,
Und in der selbstgeschaffnen Rechte Bahn
Fern der Natur im Eigensinne wohnt.
Dem Ew'gen fremd, dem Zeitwahn unterthän,
Füllt Streit und Neid des Widerwärt'gen Bahn.
An's Leben sind wir Darlehn der Natur,
Den Sternen nur gehört die Jungfrau an,

Und wenn ihr Schoos in Liebe hat empfangen,
Gehört die Mutter ihrem Kinde nur,
Ihr Stern ist in ihr selbst dann aufgegangen.

Wlasta.

Den äußern Sternen lasse uns verbleiben,
Verschließen vor den inn'ren unsre Demuth.

Libussa.

Die Reben weinen, eh' sie Blüthen treiben,
Es weint die Braut, die Liebe ist voll Wehmuth,
Es klagt Natur um heiligen Verlust.

Wlasta
(heftig.)

Sie klagt, sie klagt, ja sie zerreißt das Herz!

Libussa.

Was ist dieß, Wlasta, welcher schnelle Schmerz
Bewegt so plötzlich stürmend deine Brust?
Seit Tagen schon find' ich verwandelt dich.

Wlasta
(faßt sich.)

Die Hochzeit deiner Schwester quälte mich,
Ich fürchtete, sie könnte dich verführen.

Libussa.

Was wäre ich verführt, was nennst du so?

Wlasta.

Wer wäre so viel werth, dein Herz zu rühren?
Kein Würdiger kann deine Hand erwerben.
Verführt, erniedrigt nur wirst du zum Weib.

Libussa.

Beruh'ge dich, ich werd' es nimmer so,
Denn meine Ehre gönn' ich meinen Erben,
Und wie du selbst, behüt' ich meinen Leib!
Was hat dich zu dem Pflüger heut' geführt?

Wlasta.

Die Ehre, die der Herzoginn gebührt.
Ich bat ihn, weil ich sah, wie er dich ehre,
Daß er die Stimmen für dein Magdthum mehre!

Libussa.

Und er versprach's?

Wlasta.

Mit Freuden, denn er gleicht
An stillem Fleiße und an reiner Sitte
Mehr einer Jungfrau selbst, als einem Mann;
Die Gabe seiner Einfalt schon bezeugt,
Und mehr noch um die Kerne seine Bitte,
Die ihm Libussa nicht erfüllen kann,
Denn jenen Apfel —

Libussa
(geräth in Begeisterung.)

Ja, ich gab ihn hin,
Und wahrlich, ja, er muß ihn wieder haben,
Ihm wird sein Apfel, seine Königinn,
Und seine Kerne, ja ein ganzer Wald
Von seiner Zucht wird späte Zukunft laben.
O er wird stark, ihn hebet die Gewalt!

Wlasta
(die mit Erstaunen zugehört.)

Wie meinst du das?

Libussa
(unbefangen.)

Wie nennst du diesen Mann?

Wlasta
(lauernd.)

Ich weiß es nicht!

Libussa
(ernst.)

Der Nachruhm wird ihn nennen.

Wlaſta.

Wie meinſt du das?

Libuſſa.

— Libuſſa kann nicht meinen.
Ich fühle es, ich muß es ſo bekennen,
Ich ſage es, es iſt durch mich geſagt,
Man ſagt es mir, ich hab' nicht d'rum gefragt,
Den Göttern ſey mein Leid darum geklagt!
Frag' ihn, ob er den Apfel nicht erhielt.

Wlaſta.

Die Götter haben jetzt mit dir geſpielt.

Libuſſa.

Die Jungfrau iſt ein Spielwerk ſel'ger Götter.

Wlaſta.

Unſchuld'ges Spielwerk, ſel'ge kind'ſche Götter!

Libuſſa.

O frevle nicht, ſie möchten zornig werden!

Wlaſta.

Und würfen dann das Spielwerk an die Erden.

Libuſſa.

Und es zerbräche, und es wär' ein Weib!

Wlaſta.

Ihr Götter, zürnt Libuſſen nicht, zürnt mir!

Libuſſa.

Zerbrechlich iſt des Schickſals Zeitvertreib,
Es ſpielet ſo mit mir, gleich wie mit dir!
Doch ſchonen ſie wohl mein um deinetwegen.

Wlaſta.

Und mir, mir wird um dich des Himmels Segen.

Libuſſa.

Nun laß uns zu den wunden Kriegern gehn.

Wlaſta.

So liebe ich die Männer nur zu ſehn.

Platz im Hain.

Primislaus.

Noch herrschet auf dem Sammelplatz der Frieden,
(Man hört der Männer Heerhorn in der Ferne.)

Sie kommen spät, sie nah'n, ich hör' das Horn.
Wem wird der Ring? o, blieb es unentschieden!
Es treibe sie des gleichen Neides Sporn!
Daß jeder wieder nach dem Ringe greife,
Dann blieb ich Hüter von dem goldnen Reife.
Seh' ich ihn an, bin ich voll kühner Wonne
Der Zielstern meines Pfluges in der Sonne.
Ihr Pflug, ihr Stab, ihr Armring und ihr Schleier
Schmückt mir das Haus wie einem sel'gen Freier.
Der gleiche Ring an Wlasta's Arm allein
Verführte mich, ihr also mild zu seyn.
Wie hat des Jünglings Anblick sie erschreckt,
Zu dem sie heiße Liebe mir entdeckt.
Der, den sie sucht, hat sie hinweg getrieben.
O Unnatur! sie liebt, und möcht' nicht lieben.
Sie muß ein Weib seyn, wäre lieber keines,
Und wär' sie keines, würde sie gern eines.
Wie war sie waffenlos ein edles Bild,
Ihr Leib geschwungen, ihre Rede mild,
Erschienen in der Schönheit Sieg begeistert;
Ja siegreich wäre sie, blieb sie jungfräulich,
Doch von des Panzers Tyrannei gemeistert,
Ihr Leib gezwungen, ihre Rede wild,
Wird sie in fremdem Eigensinn abscheulich.
Es herrscht in ihrer Brust ein steter Kampf,
Und ihre Liebe wird ein böser Krampf.
Die Mutter zaubert, und der Vater hinkt,
Unruhe ist der Tochter eingehext,

Die aus so widerwärt'gem Stamme wächst,
Und nun an frecher Freiheit Quelle trinkt.
Des Leibes Schönheit zaubert, doch es muß
Die Seele ihr gleich einem lahmen Fuß
Die Weiblichkeit nachschleppen, um zu lieben.
Vom Stolze auf den hohen Fuß getrieben,
Zwingt Liebe auf dem kurzen sie zu hinken.
Schad' um des Leibes Zier, Wlasta wird sinken!

Werschowetz
(hinter der Scene.)

Ihr Männer, lagert friedlich euch umher!

Primislaus.

Die Stimme Wrsch's! er redet mit dem Heer!

Werschowetz.

Habt redlich ihr getheilt des Tages Beute,
Entlasse ich euch noch am Abend heute.

(Werschowetz und Domaslaus treten auf, in dem Schilde den
Apfel mit Laub bedeckt zwischen sich tragend.)

Primislaus.

Heil euch und Ruhm, ihr siegreichen Wladicken!

Werschowetz.

Wladicken? ist sonst nichts an uns zu blicken?

Domaslaus.

Erhole dich, laß dich den Glanz nicht blenden,
Und spreche das aus, was wir jetzt abbilden.

Primislaus.

Wie das? ich sehe Beulen in den Schilden,
Ich sehe Feindesblut in euren Händen.
Siegern gleicht ihr vom Kopf bis zu den Füßen,
Drum wollte ich als solche euch begrüßen.

Werschowetz.

Zur Stirne müssen wir den Nahmen schreiben.

Domaslaus.

Die Ehre uns in unsre Wunden reiben,
Dann kömmt sie uns in's Blut, und wird zur Art.

Werschowetz.

Sie tobt in allen Adern mir, beim Tschart!

Primislaus.

Wladicken, warum seyd thr mißvergnügt?

Domaslaus.

Wladicken waren wir so halb vergnügt.

Werschowetz.

Zemannen wurden wir, ganz mißvergnügt!

Primislaus.

Zemannen? saget mir, was sind Zemannen?

Domaslaus.

Zemannen sind, was wir im Sieg gewannen,
Zemannen werden so wie wir gemahlt.
Zemannen sind, die man Zemannen nennt.

Werschowetz.

Unwissender! der nicht die Münze kennt,
Mit der Libussa unser Blut bezahlt.

Domaslaus.

Drum gab noch andre Münze uns ihr Spott,
Das Volk kennt sie, doch theilet sie kein Gott!

Primislaus.

Sagt lieber mir, wem wird der Ring gebühren,
Wer von euch beiden trägt des Kampfes Preis?

Werschowetz.

Du weißt noch nicht, was wir im Schilde führen,
Wir tragen beide gleich des Sieges Preis,
Weil größer ich als Domaslaus nicht bin,
Ruht er in Mitten, neigt zu keinem hin.

Primislaus.

So ihr nicht sprecht, leg' ich den Ring hier nieder,
Und kehre ruhig zu der Hütte wieder.

Werschowetz.

Du mußt ihn noch zu halten dich bequemen,
Denn låg' er hier, wir wüßten nicht, wer nehmen.
So höre dann Libussens stolzen Hohn,
Sie nannte uns zu unsres Sieges Lohn
Zemannen.

Primislaus.

Hat sie euch dazu gemacht,
So seyd ihr's, dankt den Göttern, daß ihr's seyd.
Hat euch der Name Ehre nicht gebracht;
So möget ihr dem Namen Ehre bringen,
So ehrbar als ihr seyd, bei meinem Eid!
Wird euch verehrend das Zemann erklingen.

Werschowetz.

So klingt es dann so herrlich, als zwei Helden,
Die eines halben Apfels Werth nicht gelten;
Den Apfel gab sie uns, mit Ruhm zu melden,
Theilt ihn, sprach sie, doch theilt ihn nicht in zwei.

Domaslaus.

Selbst Zwratka kann dieß nicht mit Hexerei,
Mit Segensprechen und mit Geisterbannen.

Primislaus
(nachdem er den Apfel aufmerksam betrachtet.)

Noch schwerer wird das Räthsel, ihr Zemannen,
Denn wißt, daß mir die Kerne angehören.
Sie vorbehaltend mir zu neuer Zucht,
Schenkt' ich durch Wlasta heut' ihr diese Frucht,
Und seht, ich will sie euch zu theilen lehren.
Des Zankes Apfel ist's, gebt ihn der Erde,
Daß er in seiner Frucht euch theilbar werde.

Um Rosen pflanzt den Dorn, Zeit bringet Rosen.
Gras wächst euch über'm Frieden. Lang wird gut.
Wer pflanzt, dem blüht. Weil' haben will gut Ding.

Domaslaus.

Wir wollen kurz und gut.

Primislaus.

Wem wird der Ring?

Werschowetz.

Behalte ihn nur noch in deiner Hut.
Wer um die Braut, wird um den Ring nicht losen,
Und wird sie mein, gib ihn an Domaslaus.

Domaslaus.

Gib ihn dem Wrsch, führ' ich die Braut nach Haus.

Primislaus

(schiebt den Ring in den Busen.)

Wie ihr es wünscht.

Domaslaus.

Dort kommen unsre Männer!

Werschowetz.

Nun laßt uns sehn, ob sie Zemannenkenner.

(Rozhon, Chirch, Lapack, Druhan, Chobol und andere
Männer des Heeres.)

Rozhon.

Willkomm' Wladicken!

Domaslaus.

Nein, Zemannen sprich.

Rozhon.

Und spreche ich Zemann, was spreche ich?

Werschowetz.

Du sprichst, wozu nach blutersiegter Schlacht
Uns eine kecke Jungfer hat gemacht.

Rozhon.

Was ist es für ein Ding?

Werschowetz.

Was ich nicht weiß,
Beim schwarzen Tschart ein rechtes Jungferding,
Und darum macht es mir gewaltig heiß.

Domaslaus.

O wär' es das, dann wäre es doch das,
Ein Fingerhut, ein Nadelöhr, ein Ring!
Wir könnten leicht dem Namen uns bequemen,
Wir könnten uns ohn' vieles weit're Schämen
Die Ehre geben, uns die Ehr' zu nehmen.

Rozhon.

Dieß Adlen, Männer, ist ein Jägerstreich,
Den hohlen Kürbis wirft sie in den Teich
Als Spiel der Ente vor, doch in dem zweiten
Ist schon der list'gen Jäg'rinn Kopf versteckt,
Um unbemerkt dem Fange nachzuschreiten.
Vom Kürbis, der sich schwimmend mit ihm neckt,
Wird leicht das unvernünft'ge Thier betrogen,
Und von der list'gen Hand hinabgezogen,
Todt in der Jäg'rinn Gürtel fest gesteckt.

Domaslaus.

Sie meint wohl so, doch ich, ich mein' nicht so,
Ich kenne wohl die Falle, die sie stellte.

Werschowetz.

Gibt sie den Gürtel nicht als Lösegeld,
Wird der Zemannheit nimmermehr sie froh.

Lapack.

Nicht klagt, Wladicken, denn des Land's Geschick
Begehrt euch zäher, männlicher, als dick.

Domaslaus.

Sie macht mit diesem Apfel uns zu Knaben,
Den wir als Preis des Siegs erhalten haben.

Rozhon.

Mich jagt von Haus und Hof sie um die Eichel,
Die vor Jahrhunderten zur Erde fiel,
Weil Slawoschs heiligthuendes Geschmeichel
Ihr besser als mein freies Wort gefiel.
Bedenkt, ihr Männer, noch steht es bei euch,
Wollt ihr verderben in dem Weiberreich,
Laßt wurzeln länger auf dem Thron die Hexe;
Hegt ihrer Dirnen stachlichte Gewächse,
Umzäunt bricht sie vom Dornenzaun der Frauen
Den Zank, die Ruthen, um euch auszuhauen.
Dem Volke seine Waffe wegzunehmen,
Sucht mit dem Klang von leeren Ehrennamen
Sie sich die Starken, Mächtigen zu zähmen,
Und fälscht mit hohlem Dinkel edlen Samen.
Nichts Männliches sey mehr in Zukunft groß,
Des Vaters Ruhm wird nun kein Sohn mehr erben,
Denn in verkehrter Dirnen frechem Schoos
Trägt alle Männlichkeit sie ins Verderben.
Erkennt, ihr Blinden, euer schwächlich Loos,
In euren Kindern sollt ihr fort noch sterben.
Sie läßt allein die Männer nicht entmannen,
Daß ihr zu Unzucht, Nachzucht, Werkzeug bleibt.
Der Seele Mannheit will sie nur verbannen,
Indem sie alle Weiber uns entweibt.
Erträgt ihr dieß, so laßt die künft'gen Zeiten
Ohn' ihren eignen Schaden sie verschneiden.
Riecht nur ein Weib in dieser Hexe Spur,
So ist auch gleich verwechselt die Natur.
Mit allen Schwarzen stehet sie im Bunde.
Mein Weib zu prügeln war nur schlechte Freude,
Sie schmiegte sich gleich einem feigen Hunde,
Da lief sie von der Wiesenmahd mir heute,

Und bei den Dirnen kaum erst eine Stunde,
Heult sie mich an aus dieser Betzen Meute.
Es war die Kahle sonst gar leicht gemaußt,
Leicht stopfen hatt' ich ein kleinmündig Maul,
Im Roßschweif mausig jetzt, zeigt sie vom Gaul
Mir dick wie einen Pferdehuf die Faust.

Howor.

Ihr schuldlos Kind erkennet Nabka nicht?

Poplopeck.

Und lügt' dazu, ich hab' ein schiefes Maul.

Mastil.

Den Ring warf Hodka mir in's Angesicht.

Milick.

Milenka ließ mein Kraut zu Haus verbrennen.

Werschowetz.

Der frechen Dirnen Hohn wir alle kennen.

Rozhon.

So höhnt den Hohn zurück, und werdet klug.
Leicht wird die junge Schlange überwunden.
Ist mit dem Priesterdrachen sie verbunden,
Ziehn wir der Weiber und der Pfaffen Pflug.

Lapack.

Stets redest, Rozhon, mehr du als genug,
Ein ungeschickter Opfrer wirfst du ganz
Mit Haut und Haar das Thier in Zornes Feuer.
Ich öffne es; das Innere des Land's
Zeigt mir im Eingeweid' das Ungeheuer.
Nie wird sie mit den Priestern sich verbinden,
Denn falsche Lehre spuckt ihr im Gehirne.
Die Götter lassen sie im Stolz erblinden,
Und als des Himmels einziges Gestirne
Vergöttert sich wohl selbst die tolle Dirne.
Zwratka sah jüngst in göttlichen Gesichten [70]

Dem Jungfrausohn Altäre hier errichten.
Geflohen war das freudige Gewimmel
Der Götter, und im sternverlaßnen Himmel
Sah Zwratka eine Jungfrau traurig prangen,
Den Sohn, der rein geboren und empfangen,
Trug sie, und um des Mondes Sichel wand
Die Schlange sich, auf deren Haupt sie stand.
Handgreiflich ist der Traum; der schwarze Tschart
Hat meinem Weibe selbst ihn offenbart;
Und mit der Schlange ist er selbst gemeint,
Denn wie den Männern, ist dem Tschart sie feind.

Rozhon.

Den Himmel plündert sie, sich zu erheben,
Und nicht umsonst ist sie so sehr ergeben
Dem dreigeköpften wandelbaren Mond,
Den unter allen Göttern sie verschont.
Sie läßt im letzten Viertel ihn verdunklen,
Um einstens selbst als Gott herabzufunklen.

Lapack.

Doch wie erklärest du der Jungfrau Sohn,
Der jungfräulich empfangen und geboren?

Rozhon.

Ich glaube gar, du fragest mich zum Hohn?
Vielleicht hat heimlich sie ein Kind geboren,
Verdächtig ist mir längst die Keusche schon.

Primislaus.

Entsetzlich Wort! kaum trau' ich meinen Ohren,
Schweig, Frevler!

Domaslaus.
Rozhon, sprich!
Werschowetz.
Schweig, Primislaus!

Lapack.
.Sag' alles, was du weißt!
Volk.

Fort, fort, heraus!
Rozhon.
Umsonst hat sie in hundert Kammern nicht [7])
Getheilet zu Libin der Säle Licht.
Verlassen stehn des Krokus Eichenbänke:
Auf Polstern, Teppichen und Kissen pflegen
Die Mägdlein sich geharnischt nicht zu legen,
Den Teppich tritt man nicht mit Eisenschuhen.
Unzählig sind der Buhlerinnen Ränke.
Verrostet stehn des Vaters Eisentruhen:
Doch was verbergen uns die Zederschränke?
Schlupfwinkel, Fallen und geheime Thüren,
Schleichwege und verborgne Wendeltreppen.
Wohin soll alles dieß, ihr Männer, führen?
Was hat sie zu verstecken, zu verschleppen?
Es baut der Fuchs gar künstlich zwar sein Loch;
Ein guter Schliefer aber greift ihn doch.
Wer bürgt im Panzer für der Dirnen Art?
Vielleicht birgt manche im Visir den Bart.
Ein jedes Thier erkennt man in dem Bau,
Der Mann baut Thürme, Säulen, steil und fest,
In sich versteckt baut die verbuhlte Frau
Ein kraus verwirrtes buhlerisches Nest.
Da gibt's geheime Bäder, Wasserkünste,
Und fragen wir, so heißt's: für Feuersbrünste;
Doch wahrlich, Jeder sey auf seiner Hut,
Es heißt im Volk, dort fließe oft auch Blut,
Libussa lasse jeden dort ermorden,
Von dessen Liebe sie gesättigt worden.
Und unterirdisch unter'm Schloß durchwinden

Die ew'gen Gänge sich zu Labyrinthen,
Ist man den Buhler müd', mag er verschwinden.
Wo Biwog seinen Eber hingeschmissen,
Hat mancher schon die Jungfer küssen müssen.
Man nennt dieß so, wenn man aus warmem Nest
Den Buhler in den Abgrund fallen läßt.

Primislaus
(mit edler Erbitterung.)

Betrunken bist du, des Verstand's beraubt,
Denn nüchtern sprächest du dich um dein Haupt,
Der kann nicht leben, der den Unsinn glaubt.
Ich bleibe nicht, zu gehn sey mir erlaubt.

Werschowetz.

Nein, bleibe, bleibe!

Domaslaus.
Stets zu übertreiben

Pflegst, Rozhon, du.

Chirch.
O wolle hier noch bleiben,

Die gute Sache sollst du nicht verlassen.

Lapack.

Man kann es so, man kann es anders fassen.
Vielleicht merkt sie auch jetzo erst die Frucht
Im Schoos, und sagt aus falscher Schaam und Zucht,
Sie sey noch rein, es sey von einem Gotte,
Den Himmlischen, den Irdischen zum Spotte.

Chirch
(einfallend.)

Sagst du dieß selbst und deine gift'ge Rotte!
Wo sagte sie dieß je, wo, wie, und wann?
Schäm' dich in deinen Bart, du falscher Mann!

Lapack.

Ich kenne euch, ihr würdet mit Vergnügen
Selbst Götter, um mit ihrem Kalb zu pflügen.

Aus dem Volk.

Ja, ja, sie sind für sie so eingenommen,
Weil neue Pflüge sie von ihr bekommen.
Stört nicht den Lapack, Lapack spreche aus.

Lapack.

So reinigt dann von ihr der Götter Haus,
Vor der Geburt sterb' ihre tolle Brut,
Versühnt die Götter mit verfluchtem Blut!

Domaslaus.

Und dann?

Lapack.

Kehrt wählend euch zum Stamme Kroks.

Werschowetz

(höhnend.)

Und wählet mich, küßt mir den Saum des Rocks,
Nicht wahr? O Lapack, du begannst verdächtig,
Und schließest deine Rede niederträchtig.

Domaslaus.

Sein Wort schmeckt nach dem Dienst des schwarzen Bocks.
Wie bei der Wahl spricht er; es thäte Noth,
Daß er mit seinem bösen Weib noch droht.

Lapack.

Weißt du! verschoben ist nicht aufgehoben!
An deinem Heil mag sich mein Fluch erproben.

Rozhon.

Nicht streitet, Männer, Eintracht will die Sache!

Primislaus.

Schlange, Drache!

P

Rozhon
(verächtlich.)
Schwache Rache!
Primislaus.

Starke Wache!

Ziack
(läuft zerstört, blutrünstig und berußet in Lapacks Arme.)
O Lapack! Männer, nehmt euch meiner an!
Verstecket mich!

Lapack.

Was hat man dir gethan?
Du bebest wie ein Laub, was ist geschehn?

Rozhon.

Er hat vielleicht durch's Schlüsselloch gesehn,
Wie man die Jungfrau küßt, im Trüben fischt,
Und ward da über'm Lauschen wohl erwischt.

Lapack.

Geschwind erzähle, Ziack, sey wohlgemuth,
Du stehst in aller dieser Männer Schutz.
Wie siehst du aus, voll Beulen und voll Schmutz?

Ziack.

Nie werd' ich mehr den bösen Dirnen gut.
Sie liegen um den Herd mit Waffenputz
Beschäftigt, singen, und sind gar berauscht.
Im Rauchfang steckend habe ich gelauscht.

Primislaus.

Gelauscht? das macht dich schwarz, denn eigne Schand'
Hört überall der Lauscher an der Wand.

Chirch.

Ich dächte, wär' er nicht mit Ruß bedeckt,
In Rozhons Labyrinth hätt' er gesteckt.
Doch ist's ein Winkel auch, geheim ein Gang,
Ein Schleichweg, wo der Rauch den Schinken küßt,

Wo oft die Fledermaus vom Feuer bang,
Hat heimlich sie verbotne Lust gebüßt,
Den Speck hinab aus ihrem warmen Nest
Zum Abgrund in den Kessel fallen läßt.
Du Schreiber bist die Maus wohl selbst gewesen;
Was du im Rauchfang schriebst, wird niemand lesen.

Rozhon.

Unwürd'ge List, du unterbrichst das Kind.

Chirch.

Unwürd'ger Rauchfang, schrecklich Labyrinth!

Volk.

Still, still; kein Streit, den Knaben lasset sprechen.

Werschowetz.

Er bleibet uns sonst gar im Schlote stecken.

Volk.

Still, rede, Schreiber, ohne Unterbrechen.

Lapack.

Sag' an, mein Ziack, was hast du zu entdecken?

Ziack.

Bei jeder Waffe, die sie fegten, sangen
Rings alle einen Vers; es ging Reih' um,
Sie wußten's alle, keine blieb da stumm.
„Wir fegen an der Zeit," hat's angefangen.
Das Ärgste war Schild, Speer und Sattelzeug
Auf Eseln — nein, wart', ich besinn' mich gleich,
„Mit Hörnern ziert die Schelmen."
Beim Sattel war das nicht; nein, bei den Helmen.
„Rozhon soll drüber springen."

Rozhon.

Was, wo ward dieß gesungen?

Ziack.

Bei den Klingen.

Ihr macht mich irr'.

Werſchowetz.
Still, laſſet ihn vollbringen.
Ziack.
„Den Werſchowetz zu hetzen”
Domaslaus.
Auch du?

Ziack.
Das ſangen ſie beim Degenwetzen.
„Dem Domaslaus im Hirne”
Sang, als ein Sporn ihr fehlte, eine Dirne.
(Die Männer lachen.)
Domaslaus.
Ich will die Sängerinn dafür ſchon ſpornen.
Ziack.
Ihr machet mich verwirrt mit euren Worten,
Ich weiß nun nicht von hinten oder vornen.
Lapack.
Du warſt am Sporn, als du geſtöret worden.
Ziack.
„Das Heerhorn abgenutzet”
Fing's an, als die Trompeten ſie geputzet.
Jetzt fallen mir die ſchlimmen Reime ein,
Ich ſage ſie, doch müßt ihr ſtille ſeyn.

Bald kommen unſre Zeiten,
Der Mann darf ſitzlings reiten
Nur auf des Müllers Thier,
Das Roß beſchreiten wir.

Den rechten Daum abhauen
Dem Knaben die Jungfrauen,
Daß nie, wächst er zum Mann,
Ein Schwert er faſſen kann.

Daß sie nie zielen können,
Wird man mit Eisen brennen
Das linke Aug' dem Kind,
So kömmt der Schuß uns blind.

Rozhon.

Abscheulich! Männer, macht euch dieß kein Grauen?

Primislaus.

Schreckt euch ein witzig Lied berauschter Frauen?
Wär' schmutzig die Natur, wie Zoten sind,
Der Fuchs so listig, als die Fabel ist,
Mehr wäre dann nicht werth ein menschlich Kind,
Als eckles Luder, das den Fuchs sich frißt.
So lang' sie singen, singet ihnen wieder,
Doch wenn sie schweigend schleichen, schlagt sie nieder!

Lapack.

Die Wahrheit sprechen Kinder und Berauschte.

Chirch.

Die Narren auch — und doch wohl auch nicht immer,
Sie lügen in den eignen Sack viel schlimmer.
Sang man nicht auch vom Schreiber, der da lauschte?

Den Schreiber, der da lauschet,
Und in dem Rauchfang rauschet,
Zieh' aus dem Schlot herab,
Schneid' ihm die Ohren ab.

Ziack.

Das hört' ich nicht; sie machten großes Feuer,
Ich ward ganz dumm, der Qualm war ungeheuer.

Chirch.

Da haben wir ja Rozhons Feuersbrünste,
Gab's denn da oben keine Wasserkünste?

Ziack.

Ich fiel herab und mitten auf den Herd,
Sie flohen aus einander, glaubten schüchtern,
Ich sey der Tschart. Doch von dem Schreck bald nüchtern,
Schlug Stratka auf mich los mit flachem Schwert,
Da schrien ergrimmend auch die andern Frauen,
Man solle gleich den Daumen mir abhauen,
Und andre wollten mir die Augen blenden.

Lapack.

Entriß dich Wlasta nicht der Tollen Händen?

Ziack.

Behüt', sie brannte mich mit glühen Kohlen,
Bis ich ihr sagte, wer es mir befohlen.
Dann sangen sie: „Mit Hexen und mit Hinken
   Erzieht man solche Finken,
   Und macht dem Naseweis
   Erst recht die Hölle heiß."
Sie schlugen mich, bis daß Libussa rief,
Und ich, so wie ich bin, zu euch entlief.

Chirch.

Er schwärzt die Dirnen an, die nur gescherzt,
Und, ihm was weiß zu machen, ihn geschwärzt.

Lapack.

Ihr Männer, ohne Vortheil ist mein Zorn;
Aus meinem eignen Blute wächst ein Dorn,
Selbst Wlasta —

Primislaus.

   Nein, du irrst, sie ist die Rose.
Begehrst du, daß sie etwa den liebkose,
Der als dein Laurer in den Rauchfang kriecht.

Lapack.

Auf, auf, ihr Männer, seht, umschwirrend fliegt
Die Fledermaus.

Primislaus.

Die Schwalbe der Verräther.

Nach Haus gehn, die zu gutem Rathe kamen.

Lapack.

Nur schlechte Sache schimpfet ihren Thäter.

Primislaus.

D'rum nannte ich die Fledermaus beim Nahmen.
Mit ungewissem Flug, gleich dem Gewissen
Des neuen Diebs, ist in ihr die Natur
Zu guter und zu böser Art zerrissen.
Sie folgt der Nacht, sie folgt des Lichtes Spur,
Sie ist nicht Maus, sie ist nicht Vogel nur,
Mausvogel ist sie auch, und maußt im Dunkeln,
Und stürzet blind zum Tod, wo Schätze funkeln.
So schwanket zwischen bösem Rath und That,
Wie ein Gespenst gequälet, der Verrath,
Wie zwischen Licht und Nacht die Speckmaus schweift.
Wem mit den Krallen in das Haar sie greift,
Der glaube sich ermahnt auf bösem Pfad,
Und gehe heim, und lasse den Verrath.

Rozhon.

Nichts hör' ich mehr, ich gehe nach Libin.
Der trete her zu mir, der mit will ziehn.
Mit seinen Reden zeigte uns das Kind,
Daß des Besuchs sie nicht gewörtig sind.
Libussa spielt mit ihrem Frosche jetzt,
Des Ebers Last mit Biwog Kascha schätzt,
Und Tetka zählt am Weberzug der Spinne, [72]
Die in die Zahlenbüchse sie gesetzt,
In wie viel Zeit sie einen Mann gewinne;
Die Dirnen liegen prahlend um den Herd.
Wer noch den Daumen hat, und noch das Schwert,
Der folge mir in's stolze Frauenhaus.

Ein Jeder wähle, die er mag, sich aus,
Nehm' unter'n Daumen die, faß' die im Aug',
Den Daum und Aug' er nimmt zum Kriegsgebrauch.
Und geht die Sonne auf in diesem Lande,
Dann finde unsern Thron sie ohne Schande.
Wir wählen einen Fürsten, einen Mann,
Und treiben Krokus Töchter in den Bann.

Domaslaus.

Zu groß ist in dem Volke ihre Liebe.

Rozhon.

Die großen Häuser leeren feine Diebe.

Werschowetz.

Zu groß auch unter uns ist ihre Liebe.

Rozhon.

Gefangen schreit der Spatz im Herensiebe,
Viel Lieb, viel Lieb! Haß! Haß! ist auch ein Schrei.

Chirch.

Ein Rabenschrei, ihn schreit Verrätherei!

Rozhon
(mit tiefem Hohn.)

Jetzt kenn' ich euch, und jetzt kann ich euch sagen:
Mit Ehrennamen seyd ihr platt geschlagen.
Was ein Zemann ist, höret in der Kürze:
Leicht fällt aus engem Rock bei weiten Schritten
Gezähmt ein Mann aus einer Jungfernschürze,
Und drischt das leere Stroh mit feinen Sitten,
Und neigt sich, schleicht sich, schmiegt sich, biegt sich, dreht sich,
Dient nie den Göttern, Menschen dann und wann,
Des Weibes Edelmann gar wohl gelitten,
Gähnt sie, spuckt sie, nießt sie; spricht er, versteht sich,
Und das gesteh' ich, i da muß ich bitten:
Ein gar ein lieber Narr ist ein Zemann!

Werschowetz.

Und du, du bist ein Narr, doch nicht ein lieber.
Ein widerlicher und ein unverschämter,
Ein widerhaarichter und ungezähmter.

Rozhon.

Nicht zürn' ich dir, du sprichst im Liebesfieber.

Krieger.

Sie wähle einen Fürsten, einen Mann,
Der sie und ihre Dirnen bänd'gen kann.

Primislaus.

Laßt rathen euch, ihr Männer, zieht nach Haus,
Löscht nicht des Tages Ruhm am Abend aus.
Ihr habt die äußern Feinde schlecht besiegt,
Wenn ihr dem innern Feinde schlecht erliegt.
Vor Perons Thron die Frösche einst erschienen
Um eine Königinn; der Gott gab ihnen
Ein goldnes Fröschlein, das sie weis' regierte.
Da nahten Molche, die der Glanz verführte,
Im Gold der Herrscherinn sich zu vergolden.
Es hob sich Neid und Streit, denn alle wollten,
Und konnten nicht. Zum Donnrer sie nun schrieen:
Vor einem Weib ist schimpflich uns zu knien.
Er sendete den ernsten Storch zum Sumpfe;
Die Frösche, angelockt vom rothen Strumpfe,
Fraß schnell der neue König; unbeleidigt
Verblieb die Königinn, vom Gold vertheidigt.

Rozhon.

Sagt, wie gefällt euch diese Fabelwäsche?
So hört dann die Moral für euch, ihr Frösche.
Ein Frosch regiert euch: wollt ihr Frösche bleiben,
Laßt von dem Frosche euch Gesetze schreiben.
Es lüstet nach dem Frosche nur dem Storche,
Ein Storch ist, der der Fürstinn Hand begehrt.

Ist euer Herr ihr Mann, dann traget Sorge
Vor einem rothen Strumpf, der euch verzehrt.
Drum rathe ich, seyd lieber keine Frösche,
Werft den Regierungsfrosch von eurem Stuhl.
Wie er als Here auch das Wasser dresche,
Bald zieht das Gold hinab ihn in den Pfuhl.

Primislaus.

Du deutest schlecht. Sind Frösche wir, so ist
Auch deine Zunge nur ein rother Lappen,
Dem armen Volk mit schlechter Jägerlist
Des bösen Rathes Angel zu verkappen.
Ich sag' nochmals: verdienet ihre Huld,
Ihr habet selbst zum Throne sie gesetzt,
Nun haltet ihre Zucht auch unverletzt.
Neigt sie sich keinem Mann, ist's Männer Schuld.
O Götter! hütet uns vor einem Leid,
Das also schwer und drückend auf uns liegt,
Das also tief, daß der, der es besiegt,
Libussens Hand verdient. Lebt wohl für heut'!

(Ab.)

Domaslaus.
Ein kluger, stiller Mann.

Lapack.
Zemannen, wißt,
Ein Stillmann wird er, wenn Libussa will.

Werschowetz.
Still, klug, beredet, immer doch gelind.

Rozhon.
Ja, grad' so klug, als er beredet ist,
Und so beredt als still, und grad' so still,
Als Frösche es bei trübem Wetter sind,
Und so beredet, wie bei lauem Wetter
Die Frösche sind, und endlich grad' so klug,

Wie Frösche es bei jedem Wetter sind.
O strafet nicht, ihr unterird'schen Götter,
Der Chechen Einfalt, denn sie sind stockblind,
Was sie verstehn, ist ihnen klug genug!
Lebt wohl, ich schieße heut' mit gutem Pfeil
Dem Frosch die Krone ab, und mach' sie feil.

Ziack.

Schlecht wird dir deine Mühe heut' belohnt!

Rozhon.

Warum, du Knabe?

Ziack.

Harr' zum Sichelmond,
Dann wirft den Bocksschlauch Zwratka in den Teich,
Um ihn versammelt sich der Frösche Reich,
Und oben drauf sitzt wie auf einem Throne
Die Königinn mit schwarz und weißer Krone,
Den schießt sie dann mit einem Schneckenpfeil;
So wird die Krone ihr gar leicht zu Theil.
Man setzt sie auf, wenn man in Stürmen schifft,
Nach Schätzen gräbt, auch dient sie gegen Gift,
Als Brautkrönlein dient sie den weisen Frauen,
Wenn sie sich mit dem schwarzen Gotte trauen.

Lapack.

Du schwatzest dummes Zeug. Komm, komm nach Haus.

(Ziack geht mit Lapack.)

Werschowetz.

Er schwatzte seine Krönungsfeier aus.

Krieger.

Fort, fort! sie wähle selbst, sey's wer es sey,
Ein Mann nur mach' uns von den Dirnen frei.

Werschowetz.

Folgt mir, ich bin ein Mann.

Domaslaus.

Mir, mir steht bei!

Rozhon.

Ihr! Männer? o Zemannen! ihr Befreier?
Sie tanzt auf euch, ihr spielt die Freierleier.
O Honig, den man um das Giftglas streicht!
Die dumme Fliege ist bereits vergiftet.
O Schande, die ein Ehrenname stiftet,
Der jedem Unding, dem man ihn vergleicht,
So ähnlich ist, und dennoch unvergleichlich.
Mit euch ist's aus; das Ziel euch unerreichlich.
Die Listige warf in den Heldenlauf
Euch Äpfel, Räthsel und die leeren Namen.
Nun rast und gafft, und löst die Räthsel auf.
Gefangen seyd ihr in dem goldnen Rahmen,
Man kriegt bei Fürstinnen ihn in den Kauf!
Mehr thut bis morgen eines Mannes Sinn,
Als jemals zwei Zemannen heut' vollenden,
Ich trenne mich von euch.

(Ab.)

Werschowetz.

Das ist Gewinn.

Mit schlechter Farbe wollt' das Werk er schänden.

Krieger.

Wir sind bereit, nun führt uns nach Libin.

Werschowetz.

Wir müssen ruhig und geräuschlos ziehn.

Domaslaus.

Die Sonne sinkt, es weicht der Glanz vom Throne.

Werschowetz.

Im Abend blinkt ein Stern, wie eine Krone.

(Sie ziehen mit dem Heer ab.)

Vor dem Schloß Libin. Abendhimmel.

(Die Mägdlein umhängen auf der Terrasse Krokus Gruft gegenüber dem
Eingang von Libussens Badgrotte mit einem Teppichzelt, und breiten
Teppiche umher und Kissen.)

Scharka.

Des Frühlings Duft ist süß, die Lüfte labend.

Stratka.

Libussens erstes Bad, ein schöner Abend!

Zastawa.

Hier sind die Linnen.

Hodka.

Und hier sind die Schwämme.

Scharka.

Tragt sie hinein.

Dobrowka.

Hier sind die goldnen Kämme.

Milenka.

Ich bringe Balsam.

Nabka.

Ich den Salbenkrug.

Stratka.

Wem hat die Kräuter Kascha anvertraut?

Dobromila.

Uns Schülerinnen, sieh da Krauts genug.

Zastawa.

Ist krank Libussa?

Scharka.

Nein, doch ist von Schwermuth
Der Himmel ihrer Seele schwarz bedecket.

Dobromila.

Hier hab' ich Himmelskehr, der Jungfrau'n Wermuth, *)
Der stärkend in dem Bade Muth erwecket.

Liebstöckel, Herzenstrost, und Immenblatt
Zum Trost der theuren Immenköniginn.

Stratka.

Sieh', was Klimbogna in dem Strauße hat.

Dobromila.

Das weiß sie selbst, die Kräuterkennerinn.

Stratka.

So sage sie es, daß auch ich es wisse.

Klimbogna.

Sibillenwurz und Herzkraut, die Melisse, [74]
Dann hier noch Thimian, die edle Demuth.

Budeslawka.

Und rings um's Bad streu' ich den Farrensamen.

Stratka.

Und gegen was?

Budeslawka.
Gen ihrer Seele Wehmuth.

Stratka.

Hilft er dafür?

Budeslawka.
Kennst du nicht seine Nahmen?

Helmwurz, und Donnerwurz, und Frauenschuh
Heißt auch das Kraut, und viel gehört dazu,
Den geisterhaften Samen zu erringen;
Denn augenblicklich in geheimen Zeiten
Sieht man wie Feuer aus dem Kraut ihn springen,
Und mit den schwarzen Göttern muß man streiten,
Die ihn heißhungrig in den Abgrund schlingen,
Weil sie dem Menschen diesen Schatz beneiden.
Der stehet gut, der sich auf ihn verläßt.
In Kampf, in Glück und Liebe macht er fest.

Scharka.

O seltne Kunst! geschwind streu' ihn um's Bad.
Die Kräuter werft hinein, Libussa naht.

(Libussa, Wlasta treten auf.) —

Libussa.

Bjelbog der lichte Sonnenführer senket
Am Berg hinab das schimmernde Gefieder.
Zur Bahn Triglawa schon das Nachtroß lenket,
Die Schattenmähne wallt zum Thal hernieder.
Still ruh'n die Heerden, die der Fluß getränket,
Kein Roßgewieher hallt am Felsen wieder,
Es schweigt der Hain. Am Quell die Linde denket
Und träumt, die sie gehört, die Frühlingslieder.
Der Strom in einsamer Begeist'rung rauscht,
Entschlummernd sinnt der Wiederhall und lauscht.
Der Himmel an das Herz der Erde sinkt,
Ein Bräutigam, der küssend Thränen trinkt.

Wlasta.

Die Göttliche, die nur den Göttern gleicht,
Mit Bjelbog nun zugleich zum Bade steigt.
Den lichten Sonnenhelm nimmt ihr die Dirne,
Die Abendröthe, Wlasta, von der Stirne,
Und wie des dunklen Rosses Mähnen wallen,
Die schwarzen Locken dir zum Nacken fallen.

(Sie nimmt ihr den Helm ab.)

Libussa
(monoton warnend.)

Erröthe, Wlasta, nur, du Abendröthe,
Ganz anders als dein Herz spricht deine Rede.

Wlasta.

So lange ich dir traue, trau' auch mir!
Entwaffnend nehm' den Panzer ich von dir,

Und gleich dem Monde, der dem keuschen Weib
Auf's Lager sinket, leuchtet nur dein Leib.
Des Tages blanker Harnisch ist versunken,
In deinem spiegeln noch die Sternenfunken.

(Sie schnallt ihr den Panzer ab.)

Libussa
(zärtlich flehend.)

Ihr seyd die Sterne, Mägdlein, bleibt mir treu!

Die Mägdlein.

Treu, treu, so lang' dein Harnisch spiegelt, treu!

Wlasta.

Nun gehe ein in's Bad, du schöner Abend,
Von deines Tages Mühe dich erlabend.
Und gehe also leuchtend d'raus hervor,
Daß Triglawa, trägt sie den Mond empor,
Erstaunend anzieht ihres Rosses Zügel,
Als sähe sie ihr Bild im Moldauspiegel.

Libussa.

Erröthe, Wlasta, nur, du Abendröthe,
Ganz anders als dein Herz spricht deine Rede!

Wlasta.

Noch einmal sprich dieß nicht, du sprachst es zweimal,
Es würde wahr seyn, sprächest du es dreimal.
Ich liebe dich, ich möchte seyn wie du,
Und schau' ohnmächtig dir bewundernd zu.

Libussa
(auffahrend, als habe sie etwas gehört.)

Horch! was war dieß?

Wlasta.

Es seufzt der Wind im Rohr.

Libussa.

Ein banger Schrei aus meines Vaters Gruft.

Sharka.

Der brünstige Fasan im Walde ruft.

Libussa.

Nein, aus der Gruft Hwrotka schrie's hervor,
In allen Adern starret mir das Blut!
Still, horcht, hört ihr, es ist der Diw!

Stratka.

In der vom Abendwind bewegten Fluth
Seufzt so das Ruder an des Fährmanns Schiff.

Wlasta.

Schau auf, es war des böhm'schen Adlers Schrei,
Er ziehet nach dem Schlachtfeld dort vorbei.

Libussa.

Schwermüthig ist mein Herz; ich muß mich schämen.
Wie jetzt betret' ich nie mehr dieses Bad.
Mir ist, als sollte ich hier Abschied nehmen
Von mir, von euch, als drohe mir Verrath!

Stratka.

Verzeih', Libussa, mir die freie Rede,
Wenn ich dein Weh zu deuten mich entblöde.
Nicht stieg der Schrei aus deines Vaters Gruft,
Aus deinem Innern dein Geschick dir ruft.
Folgt erst geheimnißvoll wie Meeresfluth
Dem Kahn des bleichen Monds der Jungfrau Blut,
Dann schmilzt in Thränen vor dem Zauberspiegel
Der Dämmerung des tiefsten Lebens Siegel,
Und in dem Innern sehen schnelle Blicke,
Wie gute Geister wogen die Geschicke.
Es steht der Spiegel auf des Lebens Höhe,
O daß ich nicht mehr selig vor ihm stehe!
Denn eine Lüge nur, ein Trug —

Q

Libussa.
(plötzlich gestört.)

Es schwirren
Hier Fledermäuse, sie sind mir zuwider,
Verjaget sie, ihr Mägdlein, schlagt sie nieder.
(Die Mägdlein wehen mit Tüchern, sie faßt ruhig Stratka's
unterbrochene Rede auf.)
Nur eine Lüge?

Stratka.

Eine Fledermaus,
Die gen den Spiegel fliegt, bricht ihn mit Klirren,
Mit Scherben schmückt sich dann das Leben aus.
Sein ganzer Himmel brach vor ihm entzwei,
Und kälter, rauher wird's, doch frei, frei, frei!

Libussa.

So schreit aus dir die trunkne Tyrannei!
Ihr Mägdlein, schlagt die Harfen mir und singt,
Daß mir die öde Grotte wiederklingt!
(Sie geht in's Bad, und läßt den Teppich fallen)

Wlasta.

Die Harfen und die Flöten holt herbei,
Ich bleibe hier, daß sie nicht einsam sey.
(Die Mägdlein gehen hinauf; sie sitzt vor dem Bade und
spricht vor sich.)
Weh' dir, Libussa, Jungfrau, Seherinn,
Es neiget sich dein Stern zum Untergange.
Dein Blick wird finster, traurig wird dein Sinn,
Seit ich des Kampfs gen dich mich unterfange.
Es zehrt mein Licht, gleich jenen Zauberkerzen,
Die gegen Feindesleben Fluch bereitet,
An deinem stolzen nie besiegten Herzen;
Zu mir ist deines Glückes Strom geleitet,
Wie zieht ihr Ring an meinem Arme heftig,
Wie wird die ganze Seele mir geschäftig!

Du machst mich grausam, machst mich selig, Liebe!
Es trägt ihr Helm geflügelt eine Krone,
Ich setz' ihn auf, daß ich zum Flug mich übe,
O tragt, ihr Flügel, mich hinan zum Throne!

(Sie legt ihren Helm ab, und setzt den Libussens auf.)

Libussa
(aus der Grotte redend.)

Wlasta, bist du allein?

Wlasta.

Ja, Herzoginn!

Libussa.

O komm zu mir, weil ich so traurig bin.

Wlasta.

Vergönne mir, Libussa, hier die Wache.
Wie vor der Götter Haus ein Riese steht,
Der hundertäugig sie zu schützen späht.

Libussa.

Nein, wie zweizüngig vor dem Schatz ein Drache.

Wlasta.

Was sagtest du?

Libussa.

Erröthe, Abendröthe,
Denn anders als dein Herz spricht deine Rede.

Wlasta.

Libussa, du vernichtest meine Seele,
Zum drittenmal sprichst du dieß Wort.

Libussa.

Nicht zähle!

Wlasta
(vor sich.)

Was ist es, das sie quält, merkt sie Verrath?
Regt dunkel sich die Weissagung in ihr?
Nicht lang' mehr, Wlasta, frommet Zaudern dir.

Am neuen Morgen schreite ich zur That.
Die Mägdlein nehme ich in engern Eid.
Es reifet die Vollendung an der Zeit.

(Die Mägdlein kehren mit Huslien und Flöten und sitzen auf den Felsen
zerstreut, singend und spielend:)

Heil'ge Nacht, heil'ge Nacht!
Sterngeschloßner Himmelsfrieden!
Alles, was das Licht geschieden,
Ist verbunden,
Alle Wunden
Bluten süß im Abendroth!

Bjelbogs Speer, Bjelbogs Speer
Sinkt in's Herz der trunknen Erde,
Die mit seliger Geberde
Eine Rose
In dem Schoose
Dunkler Lüste niedertaucht.

Zücht'ge Braut, zücht'ge Braut!
Deine süße Schmach verhülle,
Wenn des Hochzeitbechers Fülle
Sich ergießet.
Also fließet
In die brünst'ge Nacht der Tag!

(Nachspiel der Instrumente; während dem Gesang zeigt sich Rozhon
mit seinen Knechten schon links im Gebüsch. Unter dem Nachspiel
spricht er:)

Rozhon.

Berauschet sind sie ganz in Buhlerei.
Gut ist die Jagd, es falzt der Auerhahn: [75])
Er hört und sieht nicht. Folgt mir leis' hinan!

(Sie ziehen sich zurück und erscheinen am Ende des folgenden
Liedes über den Mägdlein.)

Libussa
(im Bade.)

Könnt ihr das Lied nicht von Triglawa's Bad?

Scharka:

Wie ihr die Leshien, die Waldgötter, genaht, [76)]
Um in dem Bad die Keusche zu ermorden?
Und, wie der Hirte Kotar sie befreit,
Der dann ihr Freund, der stille Mond, geworden.

Libussa.

Ja, dieses singet, es ist an der Zeit.

Chor.

Mond, Mond!
Wie die Wellen kühlen,
Wie die Winde wühlen
In den dunklen Mähnen der Nacht!

Scharka.

In dem Bade spielt die Keusche,
Und die Woge wühlt berauschet,
Ringsum schweigt des Waldgeräusche,
Weil es lüstern niederlauschet.

Chor.

Mond, Mond!
Wie die Wellen kühlen,
Wie die Winde wühlen
In den dunklen Mähnen der Nacht!

Scharka.

Und die schlauen Leshien schleichen
Klein wie Gräser durch die Wiesen,
Durch die Haine hoher Eichen
Hoch wie ungeheure Riesen.

Chor.

Mond, Mond!
Wie die Wellen kühlen,

Wie die Winde wühlen
In den duntlen Mähnen der Nacht!

Scharka.

Mit Geläut der Heerdenglocken,
Mit der Turteltaube Lachen
Müde Wandrer sie verlocken,
Kitzlen dann zu todt die schwachen.

Chor.

Mond, Mond!
Wie die Wellen kühlen,
Wie die Winde wühlen
In den dunklen Mähnen der Nacht.

Scharka.

Und schon nahen sie dem Bade
Auf den Wald = und Wiesenpfaden,
Doch ein Hirte am Gestade
Ruft —

Primislaus
(tritt mit dem Schwerte rechts aus dem Vorgrund.)

Triglawa ist verrathen!

(Man sieht Rozhon und seine Knechte die Dirnen ergreifen und sie
mit Geschrei vom Fels reissen, sie vertheidigen sich aber so tapfer,
daß sie die Knechte aus der Scene treiben.)

Wlasta.

Verrath, Verrath!

Rozhon.

Hinab mit dir, du Dirne!
(Er springt mit ihr nieder.)

Libussa
(springt aus dem Bade, setzt Wlasta's Helm auf.)

O Waffen, Waffen! kämpfe, mein Gestirne!

Biwog
(mit einer Fackel durch's Fenster, zieht sich zurück und kömmt herab.)

Verrätherei! Libussa ficht umringt

Wlasta
(ihr Schwert sinkt.)

Verfluchte Wunde, die den Arm mir zwingt.

Rozhon
(ringt mit ihr und will sie fortreissen.)

In's Wasser mit dem Frosch, es ist schlecht Wetter;
Laß sehn, ob, wer das Ruder führt, auch schwimme!

Primislaus
(ersticht ihn.)

Nur einen guten Schwertstreich mir, ihr Götter!

Wlasta
(sinkt verblutend.)

Ihr Himmlischen, ich hörte seine Stimme!

Rozhon
(sinkt.)

Weh mir, mich reissen dunkle Hände nieder!

Libussa
(springt halb bewaffnet herab.)

Ein Schwert! ein Schwert! ganz Böheim für ein Schwert![77]

Primislaus
(gibt ihr das seine und zieht sich zurück.)

Ich nähme dich beim Wort, wär' Böheim dein!
Libussa sinkt!

Libussa
(erstaunt.)

Wer ist's? das Nachtgefieder
Bedeckt ihn. Wessen Schwert ist Böheim werth?
Er halte mich beim Wort, Böheim ist mein,
Ich habe es verkauft um Schwertes Dank.

Die Dirnen
(kehren zurück.)

Sieg! Sieg! die wilde Moldau trank
Das Leben und das Blut der feigen Knechte.

(Tetka, Kaſcha, Biwog bewaffnet mit einer Fackel.)

Tetka.

Libuſſa, o Libuſſa!

Kaſcha.

Biſt du heil?

Libuſſa.

Es deckte unſer Heer mich im Gefechte.
Kotar gab mir ſein Schwert!

Stratka
(ſieht Wlaſta.)

Weh! weh!

Wlaſta erſchlagen, von des Rozhons Beil!

Biwog.

Und Rozhon hier in ſeinem Blute todt!

Libuſſa.

O Wlaſta, hebt ſie auf, daß ich ſie ſehe,
Die Fackel her!

(Stratka und Scharka nehmen ſie in den Arm und beleuchten ſie.)

Wlaſta
(erwacht.)

Weh mir, weh mir!

Libuſſa.

Sie lebt!

Bringt ſie hinauf, zu ruhn.

Wlaſta

Laßt mich, es ſchwebt
Ein Ring vor mir!

Kaſcha.

Es reitzet ſie das Licht.

Wlaſta
(erholt ſich.)

Bringt mich hinan, die Wunde brach im Streit.

Libuſſa.

Du haſt mit meinem Helme mich befreit,

Zum zweitenmal floß so dein Blut für mich,
Wie dank' ich, Wlasta, dir?

Wlasta

(wankt.)

Weh! fürchterlich
Dreht sich die Welt um mich, ich kann nicht stehn!

Kascha.

Sie schwindelt, führet sie.

Tetka.

Auch uns laßt gehn.

Libussa.

Wer rief von euch: Triglawa ist verrathen?

Klimbogna.

Es war ein Wunder.

Stratka.

Ja, wir hörten's alle.

Dobromila.

Es war als ob es aus dem Himmel schalle.

Scharka.

Dich rettete Kotar.

Tetka.

Auf deinen Pfaden

Gehn gute Geister.

Budeslawka.

Sieh, den Farrensaamen
Streut' ich um's Bad. Auf Helmwurz standest du,
Und tratest auf den mächt'gen Frauenschuh,
Die starken Geister dir zu Hülfe kamen.

Libussa.

Dem Monde dank' ich lieber. Scharka, singe
Des Liedes End', daß ihm mein Dank erklinge.

(Sie gehen hinan, am Ende des folgenden Verses tritt der Mond
über dem Schlosse hervor und sie hinein.)

Scharka.

Und den Hirten, der sie rettet,
Nun Triglawa hoch belohnt,
Treu in ihren Arm gebettet
Trägt sie ihn, den keuschen Mond.

Chor.

Mond, Mond!
Wie die Wellen kühlen,
Wie die Winde wühlen
In den dunklen Mähnen der Nacht!

(Alle ab.)

Primislaus

(tritt mit einer Fackel zu Rozhons Leiche.)

Wahrhafter als dein Leben ist dein Tod,
Er straft dich Lügen. Wohl war dir vonnöthen
Um deine schnöde Rede blutig Roth.
Erbleichen mußtest du, um zu erröthen;
Du Lügner wolltest auch die Jungfrau küssen,
Du hast statt ihr die Erde küssen müssen;
Und aus dem Labyrinth, das du erlogen,
Wirst du von keinem Gott an's Licht gezogen.
Ich opf're dir, Marzana, seinen Bart,

(Er schneidet ihm eine Locke aus dem Bart und verbrennt sie.)

Halt', dunkle Göttinn, fest ihn dran und wehre,
Wie ihn zurück auch treibt der schwarze Tschart,
Daß nicht sein finst'rer Geist zur Erde kehre.
Schwebt, eh' sein Leib der Glut gegeben ward,
Sein Geist noch wachend um sein Haus, er höre:
Vom Schwerte keines Weibes sankst du nieder,
Doch war jungfräulich deines Todes Schwert,
Die trage auch dein Blut, die es begehrt!
Du warst der Erste, Keinen tödt' ich wieder;
Ein doppelt Antlitz hast du grimmer Tod,

Du schauest den auch an, der dich gesendet.
Zur Überfahrt sey dir der Sold gespendet,

(er wirft Geld auf ihn)

Was willst du noch? Nichts thut dir nun mehr Noth!

Rozhon

(bewegt sich.)

Weh mir!

Primislaus

(kniet zu ihm nieder.)

Er lebt! o Rozhon, zu beklagen!

Rozhon.

Bist du's, Dobrowka? ehre meinen Leib.

Primislaus.

O Unnatur, sein Weib sah ihn erschlagen!

Rozhon.

Beklage mich, nicht bei den Dirnen bleib'!

Primislaus.

Die bin ich nicht, die deine Lippe nennt.

Rozhon.

Wer bist du, der die böse Zeit erkennt?

Primislaus.

Primislaus, dessen Schwert dich rächend traf.

Rozhon.

Den Göttern Dank! Rozhon fiel keinem Weib,
Und riß Libussen in den ew'gen Schlaf.

Primislaus.

Libussa lebt, kein Mord drückt deinen Geist.

Rozhon.

O weh mir dann! so sterbe ich vergebens!
Stumpf ist das Schwert, das boshaft mir zerreißt
Den Eisenfaden meines starken Lebens.—
Den Hügel gönn' bei Slawosch's Eiche mir!

Primislaus.

Dort feire ich die Todtenfeier dir.

Rozhon.

Die Wurzeln mich umflechten, o ihr Schmerzen!
Sie senken sich in meine Wunde ein,
Wie Schlangen dringen sie nach meinem Herzen.
O Slawosch, Slawosch soll versöhnet seyn!

Primislaus.

Der Eiche Nagel, Armer, trifft dich wieder.

Rozhon.

Vom Räuber Katzei spreche mir die Lieder, [78])
Auf ihren dunkeln Sprossen steig' ich nieder.

Katzei! Katzei!
O wem sollen die Myrthen reifen,
An des Mondes goldnem Bronnen?
Knöcherne Hände nach mir greifen.
Was gesponnen, kömmt zur Sonnen.
Weh! es rufet mir Diw aus dem Baum,
Drinnen nistet Kikimora, der schreckliche Traum.

Primislaus.

Katzei, Katzei!
O du nie sterbender,
Mägdlein verderbender
Räuber, wohin?

Rozhon.

Ach, wem sollen die Myrthen reifen?

Primislaus.

Mägdlein, Mägdlein!
Traut nicht der kühlenden,
Sorgen aufwühlenden
Woge des Lichts.

Rozhon.

An des Mondes goldnem Bronnen!

Primislaus.
Hirte, Hirte!
Führer der flockigten
Silberweißlockigten
Heerde, schau' auf!

Rozhon.
Knöcherne Hände nach mir greifen!

Primislaus.
Mägdlein, Mägdlein!
Flechtet dem Wagenden,
Räubererschlagenden
Myrthen um's Schwert!

Rozhon.
Was gesponnen, kömmt zur Sonnen!

Primislaus.
Katzei, Katzei!
Fürchtet den Hirten nicht,
Unter den Myrthen sticht
Tödtlich der Stahl.

Rozhon.
Weh! es rufet mir Diw aus dem Baum.

Primislaus.
Katzei, Katzei!
Nimmer verschließest du,
Nimmer genießest du
Bräute im Schloß.

Rozhon.
Da nistet Kikimora, der schreckliche Traum.

Primislaus.
Mägdlein, Mägdlein!
Singet des Hirten Preis,
Krönet mit Myrthenreis
Kotar, den Freund!

Rozhon.

Weh mir, sie krönen ihn, das Lied ist aus,
Weh mir!

Primislaus
(hebt ihn auf.)

Er stirbt, ich trage ihn nach Haus.
Die letzte Schande hab' ich ihm gestört,
Die letzte Ehre gebe ich ihm nu.

Dobrowka
(mit einer Fackel und bloßem Schwert. Man sieht Domaslaus,
Wrsch und Chirch an der Spitze des Volks aus der Scene
treten.)

Zurück von diesem Leib, der mir gehört!

Primislaus.

Entsetzlich Weib, drück' ihm die Augen zu,
Sie flehn zu dir, du mögst ihn nicht beleid'gen,
Und mit dem Schwerte trittst du ihm entgegen.

Dobrowka
(faßt nach dem Leichnam.)

Ich will sein Haupt hin vor Libussa legen.

Primislaus
(ausrufend.)

Ein Schwert, ein Schwert, die Todten zu vertheid'gen!

Domaslaus
(durchbohrt sie rücklings.)

Ich mahne dich zur Pflicht, folg' deinem Manne!

Dobrowka
(sinkt.)

Fluch dir! du fallest durch der Jungfrau Schwert!

Werschowetz.

Die Leichen tragt nun aus dem Friedensbann.
Du hast dich herrlich, Primislaus, bewährt.
Die Knechte Rozhons, die geflüchtet sind,
Erzählten uns, wie kühn du ihn erschlagen.

Primislaus.

Entlaſſet aus dem Heer mir mein Geſind,
Nach Haus die Ewigſchweigenden zu tragen!

(Sechs Knechte treten aus der Menge, zwei nehmen R o z h o n, zwei
Dobrowka auf Lanzen, zwei gehn mit Fackeln vorher.)

Lebt wohl, ihr Männer, haltet euch beſcheiden,
Ich ſühne jetzt das Blut, das mich befleckt.

(Ab.)

Chirch.

Die Götter mögen, Frommer, dich geleiten.

Domaslaus.

Wir kommen recht, von Rozhon noch erſchreckt
Gibt ſie uns nach.

Werſchowetz.

Still, ſehet Lichter ziehen
Noch in dem Schloß. Stellt euch zur Mauer hin,
Und laſſet eure Hörner ſanft ertönen,
Daß wir die Ungebühr der Zeit verſöhnen.

(Sie treten vor den Thurm, und ſpielen eine Melodie.)

Biwog

(mit einer Fackel aus dem Schloß.)

Was wollt ihr Männer von der Mitternacht?

Werſchowetz.

Wir wollen unſers Himmels Mond jetzt ſehen.

(Libuſſa, Tetka, Kaſcha, Biwog, von den Fackeltragenden Dirnen begleitet, treten alle bewaffnet zum Schloſſe heraus, ziehen die
Treppen nieder, erſcheinen dann auf dem Thurm, deſſen Thor verſchloſſen bleibt.)

Domaslaus.

O ſieh den Mond in glanzumſternter Pracht!

Werſchowetz.

Die Sterne mögen immer untergehen!

Libussa.

Wer bricht den Bann der Nacht, der Friedensbraut,
Wer wecket jetzt Libussen also laut?

Domaslaus.

Wir wissen, du entkamest der Gefahr,
Und bringen unsre Segenswünsche dar.

Werschowetz.

Es drang zu uns, was kaum dir noch geschehn,
Da wollte dich dein Heer gerettet sehn,
Es sieht dich so, und —

Libussa
(heftig unterbrechend.)
Und? und was denn und?

Und Lüge spricht dein gleisnerischer Mund!
Der Dirnen Schwert half mir gen Männer Spott.

Domaslaus.

Dir half ein Mann!

Libussa.
(mit tiefem Ernst.)
So war ein Mann ein Gott,

Ihr seyd nicht Götter, trotzige Zemannen.

Werschowetz.

Ja, trotzig sind wir, doch was sind Zemannen?

Libussa.

Es sind die edlen Männer in dem Land.
Die Männer, die Zemannen ich genannt,
Und die ich schimpfe, die sind nicht Zemannen.

Werschowetz.

So schimpfe uns, denn wir ziehn nicht von dannen,
Bis einen Mann du für das Land erwählt.

Das Heer.

Wähl' einen Herrn, ein Herr sey dir vermählt!

Libussa.

Mir' einen Herrn, Libussen einen Herrn?
Er fiele nieder, spräche dieß ein Stern!

(Eine Sternschnuppe fällt.)

Volk.

Libussa, benge dich, o Wunder! Wunder!
Ein Stern sprach es, es fiel ein Stern herunter!

Libussa.

Und weil er's sagte, mußt' er niederfallen.
Ihr Meisterlosen könnt zu stehen wagen!
O jubelt nicht, die Nachreu kommt euch allen;
Der Himmel warf ihn weg, ihr müßt ihn tragen.
Bedenkt, als eure Krone ich erlanget,
Sprach ich, ich nehme, die ich nicht verlanget;
Doch geb' ich sie den Göttern nur zurück!
Was klaget ihr, genügt zu eurem Glück
Die Jungfrau nicht, die eure Krone trug?

Domaslaus.

Zu viel die Jungfrau!

Werschowetz.

Nur genug zum Weibe!

Libussa.

Zu viel für Alle, Einem doch genug,
Doch ewig ich für zwei zu wenig bleibe!
Weil ich euch nicht mit Eisenruthen schlug,
Glaubt ihr, ich sey ein Weib, und wisse wenig,
Und weil ihr furchtlos lebt, ehrt ihr mich nicht,
Denn wo die Furcht, ist Ehrfurcht im Gericht.
Den Tauben gleichet ihr, die sich zum König
Den Taubenfreund, den Rüttelweih gesetzt, [79)]
Und dann der Ruhe satt und sonst verhetzt,
Ob seiner Kraft den Geier sich erwählet.
Doch alle unverurtheilt, ungezählet

R

Zerriß er sie in feines Grimmes Wuth,
Und trinket noch bis heut' der Tauben Blut.
Verzeiht, ihr Götter, daß ich Tauben nannte
Die, die als böse Raben ich erkannte!

Chirch.

O schmäh' uns nicht, weil einen Herrn wir wollen,
Befehle deinen Dienern, was sie sollen.

Libussa
(in schmerzlicher Leidenschaft.)

Geht, opfert, schlafet, thuet, was ihr wollt,
Libussa wacht. O schwere, bange Nacht!
Verderben mußt du, klar jungfräulich Gold!
Das schnöde Kupfer hat dich angelacht.
O Ehrendienst! dir wird ein niedrer Sold,
Ein Slavenrock wird freie Jugendpracht.
Die Thoren kennen sich, ja, sie verdienen,
Was ihnen ähnlich ist, ich geb' es ihnen!
Sink hin, sink hin, du jungfräuliche Eiche,
Und spreng' das erzne Thor von Krokus Gruft.
Die Elenden, sie fällen deine Zweige,
Doch deine Wurzeln schießen in die Luft,
Wie wilde Schlangen aus des Abgrunds Reiche,
Aus der Tofani dunkler Rächerkluft.
Tofani, Furien, woher, wohin?
Wie raset ihr, was peitschet euren Sinn?
Weh dir! weh dir! mein Volk, dein Haar entflammet,
Die Brände schwingen Dirnen in den Händen,
Ich war unschuldig, ihr habt mich verdammet.
Der Rache Feuerstrom kann ich nicht wenden.
Die Götter, deren Schoos ich rein entstammet,
Sie wollen so, was ihr beginnt, vollenden.
Entwurzelnd mich, bracht ihr des Abgrunds Thor,
Entsetzlich steigt die Zukunft draus hervor!

(Sie sinkt in den Arm ihrer Schwestern.)

Kascha.

Ihr Himmlischen, Libussa!

Tetka.

Komm zu dir!

Libussa

(sammelt sich, nach einer Pause.)

Was wollen diese Männer hier von mir?

Werschowetz.

Nur Heil und Segen auf dich niederflehn!

Domaslaus.

Hab', Gut, Blut, Ehre dir zu Füßen legen!

Libussa.

Heißt Hab', Gut, Blut und Ehr' und Heil und Segen
Gemahl, o dann laßt lieber arm mich gehn!
Wohlan, kehrt morgen, daß der, den ihr wählet,
Als solch ein reicher Mann mir sey vermählet!

Vierter Act.

Nach Mitternacht. Scene bei Krofs Eiche. Im Hintergrund ein Schmelz=
ofen, unter welchem starkes Feuer. Es laufen drei Rinnen aus dem
Ofen in eben so viele Gruben, in welchen die Bildformen versenkt
sind. Pachta wirft Holz in den Ofen, Trinitas sieht hinein.

Trinitas.

Zum Guß neigt das Metall, es naht die Zeit.

Pachta.

Die Form steht fest. Glaubst du uns schon so weit?

Trinitas.

Ich glaube. Sprich, wie heißt die hohe Dirne,
Die ich zuerst zum Quell des Lichtes führe.

Pachta.

Tetka; indeß ich auf des Felsens Stirne
Ihr Schloß, erbaue du ihr Herz, und rühre
Gleich Moses quellenweckend an den Stein.

Trinitas.

Wie! Pachta, und die andern bleiben blind?

Pachta.

Hat Tetka erst des Heiles einen Schein,
Der Lichtquell still auch zu den andern rinnt.

Trinitas.

Weis' ist dein Wort. Was schnell die Nacht durchbricht,
Das ist kein Tag, kein steter Sonnenspiegel;
Nur Blitzerleuchten, glüh'nder Drachen Licht
Zerbricht das mitternächt'ge Zaubersiegel,
Ein Lichtgespenst, dem über'm Haupt sich schnelle

Des Nachtmeers wild zerrißne Wöge schließt.

Glaub', Hoffnung, Liebe gleichen einer Quelle,

Die still im Kern des Lebens sich ergießt;

Sehnsüchtig ringend nach des Tages Helle

Quillt sie im Grund, und schwillt, und steigt empor,

Und pocht an eines frommen Herzens Thor:

Es thut sich auf, die freud'ge grüßt das Licht,

Und jauchzet in die Thäler selig nieder.

Sie wächst und bildet Ströme, Seen und Meere.

Den Kern, der sie umschloß, umarmt sie wieder

Im sel'gen Spiegel aller Himmelsheere.

Fern ist das Ziel, ich dringe nicht empor,

Selbst nicht zum Herzen, das des Lichtes Thor!

Pachta.

Zagst du, o Trinitas, sinkt schon dein Muth?

Trinitas.

Gern kaufte ich ihr Heil mit meinem Blut,

Doch seh' ich, wie mit ängstlichem Verdacht

Du mich verbirgst in dieser Wälder Nacht,

Wo mir zuerst der Hexe Fluch begegnet,

Wo Jesus Nahme nie die Zeit gesegnet,

Und höre von Jungfrauen dich erzählen,

Die ganz verwildet in unsinn'gen Rechten

Mit Männerwaffen gegen Männer fechten,

Dann bebe ich; wie kann in diesen Seelen,

Die eigener Natur sich selbst verschließen,

Des Glaubens heil'ger Lichtquell sich ergießen?

Pachta.

Wenn gleich das Land in dumpfer Dürre lebt,

Hier keine Rebe rankend sich erhebt, [80])

Sind doch die Gipfel von dem Geist umschwebt,

Und stehn die Höhn des Lands im Glanz der Sonnen,

Versiegelte und weinerfüllte Bronnen,

Entsiegle, segne du den Wein; und Wahrheit
Durchdringet meiner Heimath Nacht mit Klarheit!

Trinitas.

Woran soll Tetka ich heut' unterscheiden?

Pachta.

Die goldne Spinne trägt sie auf dem Stab,
Die Schlange und den Frosch die andren beiden.

Trinitas.

Die Satansbilder breche ich herab,
Die Talismane finstrer Zauberei,
Das Lamm, den Kelch, die Taube geb' ich ihnen,
Die Erstlinge aus meiner Bildnerei,
Sie mögen als ein heilig Spielwerk dienen.
Ein Freund des Vaters hat vor langer Zeit
Am Grab des Herrn anrührend sie geweiht.
Nun rufe sie, es sehnet sich mein Herz
Nach ihnen, wie zur Form das glüh'nde Erz.

Pachta.

Verberge dich, des Feuers helles Brennen
Läßt durch der Thüre Spalt dich sie erkennen.

(Ab.)

Trinitas.

Der fromme Mann, er ist der Hoffnung voll,
Und führt mich schwaches Mägdlein in die Wildniß,
Daß ich des Herren Weinberg bauen soll.
Vergieb, o Herr, hier ist kein heilig Bildniß,
Kein Kirchlein, kein Altar, als dieses Herz,
Kein Priester, dir zu dienen, als mein Schmerz
Um deine Leiden, um dein bittres Sterben.
O laß mich einst ein christlich Grab erwerben!
Niemals seh' ich dich wieder, o Byzanz,
Und deiner Thürme Gold im Sonnenglanz!
Sie nahn, sie nahn, und ich, die für sie leide,

Soll mich verbergen, nein, ich muß sie sehn,
Geschmückt in meinem besten Feierkleide
Tret' ich hervor, um ihren Schutz zu flehn.

(Ab in die Hütte.)

(Libussa, Tetka, Kascha, Pachta treten auf.)

Tetka.
Die Werkstatt bautest du in Krokus Hain?

Pachta.
Das gute Werk hat Statt an guter Stätte.

Kascha.
Wer führte dich in Krokus Hütte ein?

Pachta.
Zuerst mir hier der Heimath Odem wehte,
Als ich zur Mitternacht hier angelangt;
Hab knieend ich dem Herrn hier im Gebete
Zuerst für meiner Reise Ziel gedankt.
Da grüßte Zwratka mich mit bösem Fluche,
Und Slawosch, der in mitternächt'ger Wache
Gehöret, daß ich fremd ein Obdach suche,
Hat gastfrei mich geführt zu seinem Dache,
Und hieher später zu des Krokus Hütte,
Die Wandrern offen steht durch milde Sitte.

Libussa.
Warum hast du drei Formen in der Erde?

Pachta.
Daß Wille, Werk und Sinn geformet werde. [81]

Tetka.
Sprich deutlicher, denn wir verstehn dich nicht.

Pachta.
Aufgang und Sieg und Bild bring' ich an's Licht.

Kascha.
Gieb unsrer Neugier bessere Gewährung.

Pachta.
Die Liebe, das Erbarmen, die Erklärung.

Libussa.
So dunkles Wort bringt nimmer uns zur Kenntniß.

Pachta.
Das Leben und den Tod und ihr Verständniß.
Das Werden, Seyn, das Handeln und das Leiden,
Das Gleichniß und das ewige Bedeuten,
Der Mutter heil'ge Lust, des Sohnes Tod,
Das freud'ge Morgen=, blut'ge Abendroth,
Des Mittags Kampf, den Friedenssieg der Nacht,
Was Gott im Menschen, Mensch im Gott vollbracht.

Libussa.
Und alles dieses soll ein Zelu werden?

Pachta.
Der ew'ge Gott des Himmels und der Erden.
O fraget nicht, er sprach ja auch zu euch:
Selig, die glauben, ihrer ist das Reich.
Nun wähle jede sich hier eine Quelle.

Tetka.
Zur Form der Deutung leite ich die Welle.

Kascha.
Zur Mutterfreude führe ich den Fluß.

Libussa.
So bleibet mir des Sohnes Tod zum Guß.
Schür' deine Glut, ich muß mich niedersetzen,
Ermüdet bin ich ganz, und voller Angst,
Noch fühle ich das nächtliche Entsetzen.

(Sie setzen sich an die Erde.)

Kascha.
So nach dem Licht des Traumes du verlangst,
Sey's nicht des Schlummerapfels böser Geist,
Der dich mit Zauberei zum Abgrund reißt,

Nimm diesen Trank, der dich mit Ruhe deckt,
Und heilige Gesichte dir erweckt.

(Sie reicht ihr ein Trinkhorn.)

Libussa.

O möchte einen Liebestrank ich trinken!

Tetka.

Des Mannes Bild soll dir zur Seele sinken,
Ich trinke auch.

Kascha.

Ich wache nicht allein,
Wir wollen selbst im Traum vereinet seyn.

Libussa.

Ihr Götter, zeigt Libussen den Gemahl,
Gebt mich nicht preis der wilden Männer Wahl,
O lasset lieber mich jungfräulich sterben,
Als in verhaßter Liebe Arm verderben.
Ich sah wohl einen, einmal, es war hier,
Ein stiller Mann, ein Hirt, er sprach zu mir:
Libussa, Herzoginn —

(Sie entschläft.)

Tetka.

Sie schläft. Ein Schleier
Sinkt auch vor mir, o Mond, o Sternenfeier!

(Entschläft.)

Kascha.

Wie tief — o Erde — tief ist deine Nacht!

(Entschläft.)

Pachta.

Sie schlummern, Trinitas, nimm dich in Acht,
Daß keine du erweckst, komm still heran,
Tritt knirschend nicht auf die zerstreuten Kohlen,
Behutsam schreite her auf leisen Sohlen,
Schau dir des Krokus ernste Töchter an.

Trinitas

(tritt im himmelblauen Mantel und rothen Gewand aus der Hütte,
sie trägt drei kleine goldene Figuren in der Hand.)

In bösen Zauberschlaf sind sie versenkt,
Und ihre Seelen spielen mit Gesichten.
Tetka! die hohe Stirne, strahlt und denkt,
Als müßte sie mit Engeln Psalmen dichten;
Das fromme Herz seh' ich in Liebe pochen,
Die nie der ernste Mund noch ausgesprochen.
Kascha! tiefsinnig senket sie die Brauen,
Als wollte sie der Blumen Hauch belauschen,
Der Steine Wachsthum in dem Abgrund schauen,
Als höre sie lichtfremde Quellen rauschen.
Libussa! leuchtend Antlitz voller Klarheit!
Im Lebensspiegel lachet so die Wahrheit,
Aus Augen, die der Schlummer zugethan,
Schaut offen mich die helle Seele an!

Pachta.

Warum so festlich, Trinitas, geziert?

Trinitas.

Weil Zierde sich vor Fürstinnen gebührt.
O selig bin ich, daß ich Menschen finde!
So lange ist's, daß Menschen ich erblickte,
Daß einem Bettler, einem blinden Kinde
Zu Ehren selbst ich mich so festlich schmückte,
Als zu Byzanz am freud'gen Pfingsttagfeste.
Im hochzeitlichen Kleid gehn Hochzeitsgäste,
Und stellen die Geschenke schimmernd aus.
Gereinigt sey des Festes Ehrenhaus,
Die Spinne sängt, ausstrahlend vor dem Lichten
Das sonnenförm'ge Netz, dem Tod, der Nacht,
Die lichtberauscht den Flug zum Lichte richten:
Ich breche ihre antichrist'sche Macht.

Tetka! glorreich geh' einst von deiner Hand
Der Kelch des Heiles aus in dieses Land.

   (Sie vertauscht ihr die Spinne mit dem Kelch.)

Die Schuld, die von der Schlange ist gekommen,
Hat, Kascha, auch das Lamm von dir genommen!

   (vertauscht ihr die Schlange mit dem Lamm.)

Nicht war's der Frosch, der, als die Flut zerronnen,
Verkündete die Ruh der zorn'gen Wogen,
Die Taube brach im Glanz versöhnter Sonnen
Des Friedens Ölzweig; unter'm Farbenbogen
Der Sühnung ist sie schimmernd hingezogen.

   (Sie vertauscht ihr den Frosch mit der Taube.)

Zu Gott bet' ich für euch, indeß ihr ruht,
Die Götzenbilder werf' ich in die Gluth!

   (Sie wirft die Bilder in den Ofen.)

Pachta.

Es schmilzt, es schmilzt, der Blick des Silbers lacht,
Auf, auf, zum Guß! ihr Töchter Kroks erwacht!—

(Er schlägt mit dem Hammer gen den Ofen. Die Jungfrauen erwachen
und springen auf, sie erblicken Trinitas mit schlaftrunkenem
Erstaunen, welche durch die hohle Eiche des Krokus entweicht.)

Tetka.

Ihr Götter! sie verschwindet in dem Baum!

Kascha.

Sahst du? ich traue meinen Sinnen kaum!

Libussa.

War's Lado, war's die Mutter, war es Traum!

Tetka.

Erschüttert bin ich ganz!

Kascha.

   Wie war sie schön!

Libussa.

Ich habe solche Jungfrau nie gesehn!

Pachta.

O schlagt die Pfropfen aus! am Augenblick
Hängt meines Werkes Glück und Mißgeschick.

Tetka.

Verzeih, o Meister, sahst du nicht die Frau?
Blau war ihr Mantel, wie des Himmels Blau!

Kascha.

Wie Morgenröthe rosig ihr Gewand.

Libussa.

Ihr Antlitz war ein Mond, so hell, so mild,
Gleich einer Lilie glänzte ihre Hand.

Pachta.

Gießt, gießt, verderbet zögernd nicht das Bild.

Tetka.

O möchten alle Bilder ihr nur gleichen!

(Sie öffnet einen Ausfluß des Metalls.)

Kascha.

Ja alle schön, wie sie der Form entsteigen!

(schlägt einen Pfropf aus.)

Libussa.

Wir sahen sie, es ist ein gutes Zeichen.

(erschließt eine der Quellen, das glühende Metall stür
in die drei Formen.)

Es rinnt der Guß, o welche glühe Pracht!

Tetka.

Wie strahlt der Strom des Lichtes durch die Nacht!

Kascha.

Wie freudig uns der Blick des Silbers lacht!
O Pachta, sahst du sie?

Pachta.

Ich kenne sie.

Tetka.

Und staunest nicht, wer ist sie? nenne sie!

Libussa.

Wo kam sie her? denn sie ist nicht von hier,
Sie ist nicht dieses Volks, nicht so wie wir!

Pachta.

Ihr saht sie kaum, und staunt sie anzusehn,
Ich seh' sie täglich und kann sie verstehn,
Nicht so wie ihr, nicht dieses Volkes hier
Ist sie; doch wessen ist dieß Volk und ihr?

Tetka.

Wir sind der guten Götter!

Pachta.

Gottes sie!
Ich sah sie allen euch Geschenke geben,
Und daß Unheiligem das Heil'ge nutze,
Brach sie die Götzen euch von euren Stäben.

(Sie sehen ihre Stäbe mit Verwunderung an.)

Libussa.

Sieh, eine Taube!

Tetka.

Einen Kelch!

Kascha.

Ein Lamm!
Doch wo, wo ist sie nun?

Pachta.

In Gottes Schutze.
Geduldet euch, bald bricht das Licht den Damm,
Bald ruhet lauschend ihr zu ihren Füßen,
Wie hier die Formen harrten auf den Guß.
Zu euch wird ihre fromme Rede fließen,
Wie in die Nacht des glühen Silbers Fluß,
Dann wird nach Weisheit euer Durst gestillt,
Und Gottes Bild erfüllt sein Ebenbild.

Libussa.

Mir, Kascha, Tetka, wird der Traum nun klar
Und das Gesicht der Wahlnacht auch. Mir war,
Als ob im Mondlicht wir am Brunnen säßen,
Gleich Mägdlein, die das zauberische Bild
Des Bräutigams im Wasserspiegel lesen;
Und bald ward meine Sehnsucht mir gestillt.
Der goldne Frosch sprang zu dem Brunnen nieder,
Und über mir schwang schimmernd ihr Gefieder
Die Taube jenes Traums, ihr folgt ich wieder,
Aus früherem Gesicht kannt' ich den Weg.
Ja, jeden Berg, jed' Thal, den Fluß, den Steg;
Ich sah sie so wie damals vor mir schweben,
Und niedersenken ihren sichren Flug
An jener Hütte auf denselben Pflug,
Den ich zur Wahl dem Jüngling einst gegeben,
In dem ich jetzt den Freund zu sehen glaube;
Und so ist heilig mir und lieb die Taube!

Tetka.

Mir spielte auch bedeutsam jener Traum
In diesem wieder. Ich saß auch am Saum
Des Brunnens, nach der Liebe Glück zu spähn;
Die Jungfrau, die ich damals auch gesehn,
Sah ich zur Quelle mit dem Kelch sich neigen,
Dieselbe, die hier unsrem Blick entwich,
Und als sie mir den vollen Kelch will reichen,
Trifft wieder sie der gift'gen Spinne Stich,
Die sich herabläßt von der Eiche Zweigen;
Zum Brunnen sank die Magd, der Kelch schwebt oben,
Und als ich rettend ihn empor gehoben,
Seh' ich den Helden mir zur Seite stehn,
Den schon als ihren Rächer ich gesehn,
Den, dem zur Wahl die Scheiben ich gegeben.

Die blut'ge Hand seh' ich ihn flehend heben,
Und meine Thränen zu den seinen fließen.
Den Kelch laß ich nun Sühnung ihm ergießen,
Des Wassers Neige mit ihm trinkend theil' ich,
Drum sey der Kelch mir fortan lieb und heilig!

Kascha.

Auch ich sah frühern Traum in diesem wieder.
Am Brunnen saß ich, und die Zauberschlange
Schoß aus dem Schoos mir in das Wasser nieder,
Als ob sie vor dem weißen Lamm erbange,
Das aus dem Busche trat, mit stummen Grüßen
Das Kräutlein Keuschlamm legend mir zu Füßen.
Den Bildern ist der gleiche Traum gedeihlich,
Wie Kelch und Taube dir, das Lamm mir heilig!

Tetka.

Der Jungfrau Gabe sey uns hoch verehrt.

Kascha.

Der zwiefach gleiche Traum hat sie bewährt.

Libussa.

'Ich seh, was mir der junge Tag beschert,
Er wandelt blumenpflückend durch die Au
Zum Brautkranz, den er bald der Jungfrau reichet,
Die weinend mit der Thränen kühlem Thau
Den keuschen Schleier noch im Mondlicht bleichet.
Folgt mir nach Haus, die graue Schwalbe singt
Ein Morgenlied, das mir hochzeitlich klingt.
Der Taube folg' ich, weil sie für mich freite.

Tetka.

Den Kelch hier trink' ich, weil das Blut er weihte.

Kascha.

Das Lämmlein lehrt mich, wie ich Heil verbreite.
Leb' wohl!

Tetka.

Leb' wohl!

Libussa.

Leb' wohl!

(Alle ab.)

Pachta.

Gott helfe euch!
Zu gründen hier im wilden Land sein Reich,
Kehrt wieder her; ist erst der Kern erkaltet,
Brech' ich die Form und stelle rein gestaltet
Die Bilder alles Trostes an den Tag,
Daß jeder glauben, hoffen, lieben mag.
Herr, segne meine frommen Wünsche,

Trinitas
(hervortretend.)

Amen!
Spes, Fides, Charitas sey'n ihre Namen [82]
In heil'ger Taufe. Möchten auf die Frommen
Die Kronen von Sophia's Töchtern kommen!
Sie gleichen Linden süßer Blüthe voll,
Ich bin die Biene, die den Honig baut,
Der dieses wilde Volk erquicken soll.
Sieh, Pachta, wie der Tag dort leis' ergraut,
Es krümmt sich einer Schlange gleich die Nacht.
O Morgenröthe, süße Himmelsbraut!
Herauf, herauf, in deiner Heldenpracht.
O hör' begeistert meine frühen Grüße,
Auf, tritt die Schlange unter deine Füße!

Pachta.

Still, still, mein Kind! o mäß'ge deine Glut!

Trinitas.

O sel'ge Marter! Himmel voller Blut!

Pachta.

Du weckeſt die Gefahr, ſprich nicht ſo laut!

Trinitas.

Voll Freuden bin ich, ich bin eine Braut!

Pachta.

Ihr Tagwerk ſoll des Himmels Braut vollbringen.

Trinitas.

Und Gloria! Gloria! dann die Nacht durchſingen!

Pachta.

Ich rufe Slawoſch, mir am Werk zu helfen,
Hüt' dich, mein Lamm, vor Menſchen und vor Wölfen.

Trinitas.

Wie lang noch halte ich mein Licht verborgen?

Pachta.

Noch dieſen Tag, vor Tetka leuchte morgen.

(Ab.)

Trinitas.

Ein Tag, ein Tag umfaſſet alle Zeit,
Ein Tag, ein Tag iſt eine Ewigkeit!
Denn zwiſchen Morgenroth und Morgenroth
Liegt tauſendfältig ja Geburt und Tod.
Ich ſterbe gern, doch möcht' ich erſt vollenden,
Mit vollen Händen mich zum Urquell wenden.
Zum Fluſſe geh' ich, daß mein Aug' ich waſche,
Ich war einſt Aſche, werde wieder Aſche!

(Sie zeichnet ſich die Stirn mit einem Aſchenkreuß und geht ab.)

Scene vor Libuſſens Schloß.

Wlaſta

(tritt aus dem Thor.)

Du bang durchwachte Nacht, ſoll ich dir fluchen?
Soll ich mit Bitten dich zu halten ſuchen?
Bjelbog dem glanzumwogten Lichtgenoß

S

Weicht Triglawa auf ihrem dunklen Roß.
Ermüde, bleicher Buhler, Mond, nicht ganz,
Faß' kräftiger dem Nachtroß in die Mähne,
Vergeh in Scham nicht vor der Sonne Glanz,
Weil seliger ich in der Nacht mich wähne.
Weh! unbekümmert um der Wlasta Qual
Sinkt Triglawa mit ihm in's Nebelthal,
Und Bielbog, unbekümmert um mein Leid,
Krönt alle Gipfel rings mit Heiterkeit!

(Sie reibt an ihrem Armring.)

Noch immer der verfluchte Ring nicht funkelt,
Wie ich auch reibe, will kein Glanz heraus,
Seit gestern ihn mein schwarzes Blut verdunkelt!
Ein Mann soll herrschen hier! — o Primislaus! —
Und Wlasta lebte, könnte es ertragen?
Wohl mir! wohl mir! der Ring gewinnet Schein!
O Primislaus, nur du sollst oben ragen,
Durch mich, durch mich, die kühne Magd allein;
Es steige auf, wer mag, er sey die Schwelle,
Auf der ich steige, Heil! der Ring ist helle!

Zwratka
(im Zorne auftretend.)

Du hättest, Stolze, meinen Zorn gefühlt,
Hätt' Rozhons Schwert nicht deinen Stolz gekühlt,
Für deinen Frevel floß dein dunkles Blut,
Das allzusehr sich hebt in Übermuth.

Wlasta.

Nicht kenn' ich deiner harten Worte Ziele.

Zwratka.

Klimbogna, Budeslawka, Dobromile!
Verstehst du nun? du hast sie mir verführt.

Wlasta.

Es hat sie mein Ermahnen nicht gerührt,

Konnt' ich sie zwingen? die heran sich drängten,
Sich jubelnd mit der Dirnen Schaar vermengten;
Die Werbung darf nicht lange wählend schweben,
Gefährlich wird ein Mann das Haupt erheben.

Zwratka.

Gefahr! Gefahr! was weißt du von Gefahr?
Du mehrst, der Freiheit Wollust zu erhalten,
Der Götter Rüsthaus plündernd deine Schaar;
Doch mich umschleichen feindliche Gewalten.
O Wlasta, näher, stärker ist die Noth,
Die mich, als jene, die dich selbst bedroht.
Sag' an, gedenkst du jener dunklen Nacht,
Die ich im Haine Kroks im Traum durchwacht?
Da störte frech ein Feind mir meine Ruh.
Sahst keinen Mann, sahst keinen Jüngling du,
Ein Mägdlein oder Kind? sey's wer es sey,
Die schrecklich mir mit fremdem Zauberschrei
Den tiefsten, seligsten der Träume brachen,
Mich quälten, peinigten, mit Nadeln stachen;
Sprich, sahst du sie?

Wlasta.

Nein, niemand sah ich dort,
Du warst allein, und Fluch dein jedes Wort!

Zwratka.

O du warst blind, es ist ein Mann im Land,
Von bösen falschen Künsten ist er voll,
Des Krokus Töchter bieten ihm die Hand,
Daß er der Götter Haus erschüttern soll,
Er hat ihr thöricht Herz so fein umsponnen,
Doch Zwratka bringt es blutig an die Sonnen.

Wlasta.

Fremd ist nur Pachta hier, der stille Maurer.

Zwratka.

Still ist der graue Wolf, der list'ge Laurer:
Doch würgt die Hirtinn er, die in dem Duft
Der Blumen sorglos an dem Quell entschlafen,
Und treibt ein blutig Spiel mit ihren Schafen.
Still schwebt der Adler bläulich in der Luft,
Wie eine Locke aus des Donnrers Bart,
Nicht schreit er, so die Tauben er gewahrt,
Die auf dem dunklen Saatfeld schimmernd spielen,
Nicht stummer kann der Pfeil vom Bogen zielen.
Still sind die tiefen Wasser, hohe Noth
Holt leisen Odem, und es schweigt der Tod.
Bleib', Wlasta, nur den Unterird'schen treu,
Die Sorge näht. Wenn die Gefahr vorbei,
Will ich den Ring Libussens dir schon finden,
Wir werden streiten, werden überwinden!

(Ab.)

Wlasta.

Bjelbog, der blinden Mutter dich erbarme,
Sie sucht, und sieht ihn nicht an meinem Arme,
Eh sie ihn findet, wird so hoch er steigen,
Daß ihre Künste nie mehr ihn erreichen.
Den Göttern ist sie eine alte Magd,
Die täglich ihre finstre Kammer fegt,
Und nur den Unterird'schen, deß sie pflegt,
Mit allen Falten ihrer Laune plagt.
Wie bange ihr um ihre Götter ist,
Die nichts ihr geben, als ein wüst Genist
Verwirrter Künste und unsel'ger List,
Unsichre Formeln, tausendfach bedingt,
Daß selten ihr der Zauber ganz gelingt.

(Sie stößt in die Trompete, als sie der Männer Hornruf in der Gegend schallen hört. Stratka, Scharka mit den Mägdlein
steigen während ihrer letzten Rede von der Burg nieder.)

Der Unterirdischen, Unwilligen,
Der Zänker Dienst will sie nur billigen.
Fremd ist ihr Lado, die nur freundlich blickt,
Und Lel, der süße, der die Pfeile spickt,
Doch ich folg' ewig treu der Göttinn Winken;
Und wenn auch rings die Tempel alle sinken,
Im heil'gen Hain ein Sturm aus andrer Welt
Die Säulen tausendjähr'ger Eichen fällt,
Bleibt, Krasnipani, dir des Menschen Brust
Zu offnem Dienste und geheimer Lust
Ein ewiges geschmücktes Opferzelt.

Stratka
(Scharka, und die Dirnen.)

Die Nacht war stürmisch und voll bösen Wettern;
Kaum schüchtern schlummernd auf des Morgens Flügel
Löst Kikimora seiner Träume Zügel,
So raufet weckend der Trompete Schmettern
Dem Gott die thaubeträuften Locken aus.
Was treibet, Wlasta, uns so früh heraus?

Scharka
(man hört in der Ferne Hornrufe.)

Still! hört der Wächter Hornruf rings im Thal,
Die in dem Nebel um die Hütten schleichen,
Den Traum vom Haupt der Männer zu verscheuchen,
Sie wecken sich zu der verfluchten Wahl.

Wlasta.

Euch, meine Heerde, sammle ich als Hirt,
Ich hörte, wie der Wolf im Walde heult,
Der kalt vom Thau der Nacht zur Flur nun eilt,
Und bald sich frech vor uns hier sonnen wird.
Was fragt ihr? Soll ich Katzen euch vergleichen,
Die siebenmal auf Mord am Tage sinnen, **)
Und drauf vergessen siebenmal beim Spinnen?

Schnell wußte Wrſch Dobrowka zu erreichen.
O tretet her, ſeht dieſes blut'ge Zeichen,
   (Sie zeigt ihnen die Stelle, wo Dobrowka erschlagen würde.)
Es iſt Dobrowka's, unſrer Schweſter, Blut,
Die jetzt gebändiget bei Rozhon ruht.
Erſchreckt euch nicht, was dieſe Nacht empfangen,
Was dieſen Morgen wird zum Licht gelangen.

Stratka.

Sprich es nicht aus, was hilft hülfloſes Nennen?
Wir alle hier ſind dieſes Blutes Zeugen.

Scharka.

Mag ſich Libuſſa einem Manne beugen,
Wir bleiben frei, wir wollen nie uns trennen.

Wlaſta.

Wir bleiben frei, wir wollen nie uns trennen!
Leicht iſt's geſagt, und ſchwer iſt es geblieben,
Leicht iſt's zu wollen, ſchwer iſt es zu können.
Der Wille, der zuſammen uns getrieben,
Beugt ſchmählich ſich heut' eines Mannes Willen,
Der wird, mit uns den ſeinen zu erfüllen,
Das freie Schwert, das Silber, Gold und Eiſen
Der Dirnen Hand, der Dirnen Leib entreiſſen.
Ihr mögt entblößt euch vor den Männern ſchämen,
Und zu der zücht'gen Spindel euch bequemen.

Hodka.

Da wird nichts draus, ich käm' vor Scham von Sinnen,
Denn niemals ſchäme ich mich, als beim Spinnen.

Wlaſta.

Er ſchickt zur Moldau uns, die mit den Helmen
Wir trinkend jetzt in ſtolzer Freiheit ſchöpfen,
Der Männer Hemd zu waſchen!

Nabka.

Fluch den Schelmen!

Ich wasche es zugleich mit ihren Köpfen,
Den Fleck, der nicht von mir, will ich nicht löschen,
Nicht ihnen, nein, sie selbst schwur ich zu dreschen.

Wlasta.

O klagt, ihr Dirnen, bald bricht eure Kraft.
Ihr, die das Feld auf flücht'gen Rossen meßt,
Singt bald wie Finken in des Käsigs Haft,
Bis ihr der freien Dirnen Lied vergeßt,
Nur Spinnerlieder hinter hölzner Wand.
Ihr, deren Roßschweif stolz im Winde weht,
Nun bald dem Manne mit gezähmter Hand
Des Elends Zwirn aus ew'gem Rocken dreht.

Zastawa.

Deß Brod ich esse, dessen Lied ich singe,
Daß Huihussa Libussa hoch stets klinge,
Daß aus Libussa's Brod kein Mann mich bringe,
Hier diese gute Klinge mir erschwinge.

Wlasta.

Es nahet euch die Zeit des niedern Dienstes,
Befleißet euch des schmutzigen Gewinnstes,
Eilt, eh' euch noch der Männer Oberhand
Vom Sattel setzet in den blanken Sand,
Vertauschet schnell das Roß um eine Kuh, [84]
Und führt dem Mann sie, der euch wählet, zu.

Milenka.

Da haben wir's, hab' ich's doch gleich gedacht,
Da ist auch die verwünschte Kuh schon wieder,
Nun hab' ich einen dummen Streich gemacht,
Reißt ihr den Harnisch mir vom Leibe nieder,
So bin ich, wie man mich zur Welt gebracht.
Im Zorn brannt' ich ein Loch mir in das Mieder,
Das wird mir eine Pracht seyn bei der Nacht! [85]
Der Guckguk gebe was auf eure Lieder,

So ihr nicht halten wollt, was ihr versprecht.
Ach, hätt' ich nicht gehöhnt Milič den Knecht,
So wüßt' Milenka nun, wo unterkommen,
Er hätte mich auch ohne Kuh genommen.

(Die Dirnen lachen sie aus.)

Jetzt werd ich obendrein noch ausgelacht.

Stratka
(unwillig.)

Weil dir ein Loch im Mieder bange macht,
Durch das ich jetzt zu deiner Schande sehe,
Wie es mit deinem Männerhasse stehe.
Doch wahrlich, Wlasta, du sprichst hier nicht gut,
Statt ihn zu stärken, schwächst du ihren Muth.
Die Rede, die ich von dir angehört,
Hat mir das Herz so in der Brust empört,
Daß mir das Blut in allen Adern siedet.
Eh' meinem Leib ein Schelm von Mann gebietet,
Treib' mit dem eignen Schwert ich Buhlerei,
Frei sind die Mägdlein, und sie bleiben frei!

Alle Mägdlein.

Frei sind die Mägdlein, und sie bleiben frei!

Scharka.

Unmöglich, Wlasta, sind mir deine Reden.
Weil Rozhon gestern meuchlings dich bezwungen,
Wähnst allen Dirnen du auf's Haupt getreten.

Wlasta.

Ich habe waffenlos mit ihm gerungen,
Libussens Helm hat mich, wird euch verrathen,
Legt erst ein Mann den Hochzeitskranz ihm auf.
Weh! gaben wir, in Schmach nur zu gerathen,
Den ew'gen Frieden des Geschlechtes auf,
Und lernten wir zu streiten und zu bluten,
Daß ruhig wir der frechen Männer Ruthen

Rings wachsen sehn, die uns zu geisseln grünen?
Nein, nimmermehr, sie können uns auch dienen.
Der Jungfrau haben wir allein geschworen;
Gibt in der Ehe ekler Sklaverei
Sie nur ein Stäubchen unsres Rechts verloren,
So machen wir vom Männerjoch uns frei;
Schmiegt sich Libussa, stehen wir doch fest,
Die Eiche bebet nicht, und trotzt dem Sturm,
Schwankt gleich im Gipfel buhlerisch ein Nest.
Dreht gleich sich nach dem Wind die Fahn' am Thurm,
Und spielen Brautspiel in des Schiffes Flaggen
Die Enkel Stribogs, daß die Masten krachen,
Nicht wankt der Thurm, die Masten schadlos bleiben,
Die Winde nur das Schiff zum Ziele treiben.
Libussa sprach, als sie die Kron' erlanget:
Ich nehme sie, ich hab' sie nie verlanget,
Doch nur den Göttern geb' ich sie zurück!
So laßt uns sprechen dann mit beßrem Glück:
Die Freiheit haben wir durch sie erlanget,
Und sie verdient, und nicht von ihr verlanget,
Wir geben sie den Göttern nur zurück!
Es bricht, der uns verband, der fremde Willen,
Ein eigner halte uns, den wir erfüllen.
Vertraut ihr mir, und ehrt ihr meinen Stamm,
Der rein're Wurzeln als Libussa zählt,
So schließet euch um mich zu einem Damm
Gen dessen Einfluß, dem sie sich vermählt.
Nicht schmälert dieß den Eid, den ihr geschworen,
Ein eigner ist's, geht jener uns verloren.
Wir wollen, ohn' sie wen'ger d'rum zu stützen,
Uns selbst, daß nicht ihr Sturz uns treffe, schützen.
So sprechet dann: Wollt ferner frei ihr seyn,
So bleibt Libussen, aber seyd auch mein,

So bleibe ich auch, wie das Licht beim Feuer,
Du Hitze, Stratka, Flamme, Scharka, euer.

Stratka.

So wahr die Hitze heiß, ich laß dich nicht!

Scharka.

Ich laß dich nicht, so wahr die Flamme sticht!

Die Dirnen.

Und glüh'nde Brände sind wir all' dabei!

Wlasta.

O kühne Treue, glorreiches Geschrei!
O Hitze, Flamme, Licht, allmächtig Feuer!
Dich löscht kein Mann, ja, du bist ungeheuer. —
Nun schwört, ihr Mägdlein, hier bei diesem Ring,
Der siegreich in dem Traume vor mir ging,
Den Männern Trutz, Libussen Schutz und Freiheit,
Und ew'ge Freiheit diesem Dirnenbunde!

(Wlasta, Stratka und Scharka legen ihre rechte Hand an
den Ring und geben ihre linke den Dirnen, die sich weiter
fassen.)

Alle.

Den Männern Trutz, Libussen Schutz und Freiheit,
Und ew'ge Freiheit diesem Frauenbunde!

Scharka.

Ich hör' Geräusch hier in dem nahen Grunde.

Wlasta.

Schnell schwingen wir am Ring uns in die Runde,
Denn was wir an dem Rand der Nacht geschworen,
Verhehlet sey's, bis es zu Tag geboren!

(Die Mägdlein schwingen sich wie ein Rad um den Ring.)

Libussa, Kascha, Tetka treten auf.

Tetka.

Welch Spiel?

Kascha.
Ein Wirbel!

Libussa.

Haltet, Dirnen, steht!

(Die Mägdlein fahren aus einander, indem sie den Ring loslassen, Wlasta behält ihn allein, taumelt aber schwindelnd in Libussens Arme, welche sie einigemal nach der entgegengesetzten Seite dreht.)

Wlasta.

Ihr Unterird'schen, wie die Welt sich dreht!

Libussa.

Du schwindelst, Rasende, und hast kein Ziel,
Für deine Wunde tauget nicht das Spiel.

Wlasta
(steckt den Ring an den Arm.)

Die Nabe eines Rads ist dieser Ring,
Das durch der Jungfrau Hand den Schwung empfing,
Und den verletzt, der in die Speichen greift.

Libussa.

Doch Vorsicht kettet fest das Rad und schleift
Den Wagen an dem Abhang sicher nieder.
Ich sage euch, treibt dieses Rad nie wieder,
Leicht wird der Kinder Spiel ein Bild der Zeit,
Wenn Krieg sie spielen, ist der Krieg nicht weit.

Wlasta.

Ich glaubte in dem Arm des Schlummers dich,
Und fühl' von frühem Gang dein Haar bethaut.

Libussa.

Der Männer Toben trieb vom Lager mich,
Ich habe spähend in die Zeit geschaut.

Wlasta.

Und war die künft'ge Zeit der Jungfrau günstig?

Libussa.

Braut ist die Jungfrau, denn die Zeit ist brünstig.

Kommt, Kascha, Tetka, sitzen wir hier nieder,
Ein solcher Morgen kömmt mir nimmer wieder!

Tetka.

Ihr Mägdlein, singet nun ein ernstes Lied,
Indeß Libussa in den Morgen sieht.

(Sie setzen sich vor die Badegrotte, die Mägdlein umgeben sie.)

Scharka.

Singet nun, singet nun das neue neue Chor, [86])
Wie als Braut Triglawa trat an's hohe Himmelsthor,
Wie die Sternlein, sie zu sehn,
Singend vor der Kammer stehn.

Chor.

Dein Schleierlein weht, dein Schleierlein weht,
Die Thränen des Thaues, die weinest du zu spät.

*

Komm heraus, komm heraus, du schöne schöne Braut,
Deine guten Tage sind nun alle, alle aus.
Deine Jungfrau'n läßt du stehn,
Willst nun zu den Weibern gehn.

Chor.

Dein Schleierlein weht, dein Schleierlein weht,
Die Thränen des Thaues, die weinest du zu spät.

*

Lege ab, lege ab auf ew'ge, ew'ge Zeit
Schild und Schwert und Panzer, deine Waffen, dein Ge-
schmeid.
Aus dem Helm ins Haubelein
Schließest du die Locken ein.

Chor.

Dein Schleierlein weht, dein Schleierlein weht,
Die Thränen des Thaues, die weinest du zu spät.

*

Lache nur, lache nur, die rothen, rothen Schuh
Werden dich einst drücken, sie sind eng genug dazu,

Wenn wir zu dem Tanze gehn,
Wirst du bei der Wiege stehn.

Chor.

Dein Schleierlein weht, dein Schleierlein weht,
Die Thränen des Thaues, die weinest du zu spät.

*

Winke nur, winke nur, sind nur leichte leichte Wink',
Bis du an dem Finger trägst den goldnen Sklavenring,
Goldne Ketten legst du an,
Und beschwerlich wird die Bahn!

Chor.

Dein Schleierlein weht, dein Schleierlein weht,
Die Thränen des Thaues, die weinest du zu spät.

*

Tanze nur, tanze nur deinen letzten letzten Tanz,
In der Sonne welket bald dein schöner Hochzeitskranz.
Lasse nur die Blumen stehn,
Auf den Acker mußt du gehn.

Chor.

Dein Schleierlein weht, dein Schleierlein weht,
Die Thränen des Thaues, die weinest du zu spät.

Libussa.

Wer hat dieß Lied gedichtet? Scharka, du?

Scharka.

Zur Nacht, als ausgetobt der Männer Sturm,
Sank auf den Bann der Burg die tiefe Ruh.
Die Wache hatt' ich einsam auf dem Thurm,
Triglawa sah ich auf dem dunklen Roß
Den Mond, den Bräutigam, zur Kammer tragen,
Die Sterne sahen traurig auf dein Schloß,
Da dichtete ich so der Jungfrau'n Klagen.

Libussa.

Weißt du nicht auch der Göttinn ernste Worte
Zu ihren Jungfrau'n an der Hochzeitspforte?

Scharka.

Nicht weiß ich sie. O du, die alles sieht,
Die alles weiß, sing uns der Göttinn Lied.

Libussa
(verhüllt ihr Antlitz.)

Sie sang nicht, denn sie weint!

Kascha.

O weine nicht!

Libussa.

Des Thaues Thränen weine ich zu spät.

Tetka.

Frei bist du noch, so frei dein Schleier weht!

Scharka.

Frei, wie die Wolke in dem Morgenlicht!

Stratka.

Frei, wie des hohen blauen Adlers Schrei!

Wlasta.

Wie auf der Eb'ne Stribogs Enkel frei!
O bleibe uns, wir schließen deine Burg;
Erstürmt der Männer Woge sie, hindurch
Trägt Wlasta dich, wir wollen mit den Schilden
Dir einen Thurm von Lieb' und Eisen bilden.

Libussa.

Nicht ist der Wind der Enkel Stribogs frei,
Die Bahn, die er betritt, er stürmt sie aus;
Nicht frei ist in der Luft des Adlers Schrei,
Der Sonne Glanz reißt ihm den Gruß heraus;
Frei ist die Wolke nicht im Morgenlicht,
Der Nebel steigt, die helle Sonne sticht,
In Tropfen träuft die schwache Wolke nieder,

Des Regenbog'ns Pfauenrad zu ründen,
Der gleich dem Phönix nun sein bunt Gefieder
Verjüngend will im Sonnenstrahl entzünden.
So freudelos, als Freude ohne Schmerz,
So unerschöpflich grausam Schmerz ohn' Freude,
Ist, was ihr Freiheit nennt; sie hat kein Herz,
Ihr Leben ist des inn'ren Todes Beute.
Nun hört, ihr Jungfrau'n, vor der Hochzeitspforte
Der bräutlich schüchternen Nachtgöttinn Worte:
Mein schwarzes Roß zog ohne Zaum und Zügel
Umirrend auf pfadlosem Himmelsplan,
Und sengte sich an Bjelbogs Glut die Flügel,
Ablenkend stets in ungewisser Bahn.
Nun aber tret' ich meisternd in den Bügel,
Und treib' es mit des Willens Sporn hinan
Zum Friedensquell, dem lichtumkrönten Hügel,
Wo mir der Freund, der ernste Denker wohnt,
Ich faß' und trag' im Arm den milden Mond,
Er muß mir folgen, er ist mein allein,
Ich mach' ihn groß, ich mach' ihn wieder klein,
Den Namen trage er und auch die Schuld,
Ich trag' ihn selbst, und heiße die Geduld.
Er sey das Schild, das Bild, ich bin die Sache,
Der Ritter bin ich, er ist nur der Drache,
Den wie ein Lamm ich im Triumphe führe.
O! klagt, ihr Sterne, nicht vor meiner Thüre,
Denn will er mir nicht leben nach Gefallen,
Laß ich zerschmetternd ihn zur Erde fallen,
Die nur zu ihm beschuldigend mag schauen.
Ihr bleibet mir, ihr Sterne, ihr Jungfrauen,
Auf irrer Wechselbahn treuloses Glückes
Die wandellosen Ziele des Geschickes.

Ihr bleibet frei, wie ihr es seyd und wär't,
Nun leuchtet treu, so läßt nicht Art von Art.

Die Dirnen.

Huihussa, Huihussa!
Frei sind die Jungfrau'n der Libussa!

(In diesen Ausruf tönt schon der Marsch der heranziehenden Männer,
welche die Bühne füllen. Libussa begibt sich unter das Thor auf
ihren Sitz.)

Libussa
(richtet sich auf.)

Seyd mir gegrüßt, ihr Männer, die ich leite,
Noch seyd ihr frei gleich Rössen, die zur Weide
Die Sternennacht durchwandeln auf der Au,
Ihr eilet frei, die Mähne, feucht vom Thau,
Zu trocknen in der jungen Sonne Strahl,
Zum Hügel aus der Wiese Nebelthal,
Und wiehert frei hinaus in's Morgenfeld:
Ein Mägdlein hütet uns, uns Herrn der Welt!
Da seht ihr andre Rosse goldgeschirrt,
Sie springen, wenn des Reiters Sporn erklirrt,
Ihr Haupt steht hoch, vom Zügel angezogen
Stolzirt ihr Hals in einem kühnen Bogen,
Die Nase dampft, und schäumend wie der Muth
Knirrscht am Gebiß ohnmächt'ge Sklavenwuth.
Die Mähn', den Schweif, die Fliegen sonst zu scheuchen,
Durchflicht ein feßlend Band, ein Ehrenzeichen,
Den starken Rücken zwingt ein goldner Sitz,
Ein Waffenheld stürzt, in der Sonn' ein Blitz,
Im Sattel an dem dunklen Waldrand her,
So frei als bändigend, so leicht als schwer:
O, rufet ihr, wer solchen Reiter trüge!
Zur Seite wandelnd uns die schwache Magd
Mit schlechtem Eichenzweig die läst'ge Fliege

Vom nackten zierdelosen Rücken jagt;
Gemeine Rosse sind wir, Götter jene,
Die herrlichen, sie scheinen Polkans Söhne, [87])
Vom Nabel aufwärts Menschen, abwärts Rosse,
Verschönet Stärke sich, erstärket Schöne
Im Wunder ihres Leib's auf steter Sprosse,
Und blind schreit ihr in thörichtem Entzücken:
Wir wollen nicht geringer seyn, als jene,
Setz' einen Mann uns auf den starken Rücken,
Gürt' uns den Leib und flechte uns die Mähne,
Es spiel' im Maule uns der goldne Zügel,
Am dunklen Leibe gaukle hell der Bügel!
Da mahnet euch die Jungfrau: bleibet frei,
Der goldne Schmuck bringt euch zur Sklaverei,
Wollt ihr dem Reiter euch gezügelt stellen,
Ihr kennt noch nicht den eisernen Gesellen,
Was ihr nicht wollt, zwingt er euch hinzutragen
Wohin ihr auch nicht wollt; er wird euch schlagen,
Sein Sporn wird euch die Hüften blutig reissen,
Den leichten Fuß beschwert er euch mit Eisen;
Euch Elende, die sich der Jungfrau schämen,
Zu bänd'gen, wird er euch die Mannheit nehmen,
Daß euch kein Weib, wie ihr kein Weib begehrt,
Habt ihr gehört? Ist noch ein Herr euch werth?

Geschrei der Männer.

Ein Herr! ein Herzog! gieb uns einen Herzog!

Libussa
(heftig.)

Ein Herr, ein Herzog, ihr wollt einen Herzog!
So macht euch einen Herzog! Schreit ihr doch,
Als trüg' im Mantel einen ich versteckt,
Schaut her, habt einen Herzog ihr entdeckt?

(Sie öffnet ihren Mantel.)

T

Iſt denn ein Herzog ein ſo ſeltſam Thier,
Daß euer keiner es getraut zu ſeyn?
Es thäte Noth, ihr wärt es alle gern,
Um Knecht zu werden, würdet ihr zu Herr'n,
Iſt einer auch berufen, ruft ihn aus!

Erſte Hälfte des Heeres.

Der kühne Wrſch!

Zweite Hälfte des Heeres.

Der reiche Domaslaus!

Libuſſa.

Erſchöpfen dieſe euren Vorrath ſchon?
Ihr wollet doch die beiden nicht zugleich?
Wer von den beiden gab den beſten Lohn?
Ich ſeh', die neuen Reiter ſtimmten euch;
Ein Mäslein Hafer und ein Bündlein Heu
Frißt wohl ein Roß ſo leicht, als ihr getreu
Bezahlte Namen durch die Lüfte ſchreit.
So einer dieſer Männer um mich freit,
Will einen Fürſprech ich ihm erſt erwählen: 28)
Des Freiers Gaben vor mir aufzuzählen,
Wirb für den Werſchowetz nun, Domaslaus!

Domaslaus.

So du befiehlſt, ſtreich' ich ihn hier heraus.

Werſchowetz.

Heraus, heraus? er ſtrich mich eher aus.

Libuſſa.

Warum, Zemann? du thuſt ihm auch desgleichen,
Was er dir reicht, wirſt du ihm wieder reichen.
Wer ſein nicht mächtig, wird nie Andrer mächtig,
D'rum ſeyd in gegenſeit'gem Lob bedächtig;
Dem Jeglichen bewahre ich ſein Recht:
Wer um ein Haar des Andern Preis erhöht,
Ein Stäubchen nur vom Werth des Andern ſchmäht,

Den macht Libussa zu des Andern Knecht.
Nun Domaslaus, treulich beschreibend schätz',
Den mir das Volk erwählt, den Werschowetz.

Domaslaus.

Der Helden Neid, das Selbstvertrau'n der Krieger,
Leicht wie dem Leib die Seel' ist ihm der Panzer,
Am Ziel der Ruhmbahn nie gebeugter Sieger
Ist er der Schicksalsmächte Lanzenpflanzer.
Seht, wie gestirnt das bunte Fell dem Tieger! [89]
Der Sterne Will' ist nicht am Himmel ganzer,
Als an dem Kriegsschmuck seines Leib's zu lesen.
Wem er gezürnt hat, der wird nie genesen,
Sein hartes Haupt ist eines Helmes Glanz,
Und sein Gedanke flicht am Siegeskranz.
Die Stirn ist Fels, das tiefe Aug' ein Fluch,
Die Nase Stolz, der Mund ein Widerspruch,
Das Kinn ein Trotz, die Brust ein Lanzenbruch!
Vor allem aber reget Eins das Grauen:
Seht, ungeheuer raget ihm zum Kauen
Vom Ohr zum Munde hin des Kinnes Lade;
Geschrieben steht auf diesem Todsgestade,
Selbst, wenn er schweigt, Zermalmen ohne Gnade!
Und würde in die Welt er sich verbeißen,
Kein Stahl, kein Feuer könnt' sie ihm entreißen,
Gieß glüh'nden Sand, ein Eismeer ihm zum Nacken,
Er rührt nicht das Gebiß, fest muß er packen.
Entsetzlich Freßwerkzeug, wie breit und eckig!
Wie kurz und starr der Hals, er ist hartnäckig.
Sein Antlitz gelbbraun spiegelt nur die Farben
Verzweifelter, die ohn' sein Mitleid starben,
Und wären's Ähren, hätten nicht die Garben,
Die mähend er gefällt dem ew'gen Traum,
In allen weiten Scheunen Böheims Raum;

Denn unbarmherzig wird sein Schwert, sein Arm,
Sein Eisenhandschuh wohl im Blute warm,
Doch nie sein Herz bei einem: Herr, erbarm!
Hätt' Jagababa einen Sohn getragen,
Und ihn in blut'gen Fahnen eingeschlagen,
In ihres Eisenmörsers Bauch geschaukelt,
Als Rassel mit der Keule ihn umgaukelt,
Und hätte ihn, statt an der Amme Zitzen,
Gesäugt an Pfeilen und an Lanzenspitzen,
Hätt' auf dem Schlachtfeld ihn mit blut'gen Zungen
Erschlagner Wehgeschrei in Schlaf gesungen,
Und wüchs der Riesenpilz im Leichenfeld, [90])
Nicht größer wär', als dieser, er ein Held,
Der auch nicht groß, doch stämmig und gedrungen,
Als hätt' am Kleinen er sich groß gerungen.
So ist er selbst, so ist sein Sinn, sein Stand;
Sein Hab' und Gut ist nichts als Waffenzierde,
Und weiter hat er nichts, als die Begierde
Nach Böheims Thron und nach Libussens Hand.

Libussa.

Ist er so hoch, als du ihn hast gebrüstet,
So ziemt sich, daß nach Hohem ihm gelüstet.
Du hast ihn ganz in blanken Stahl gerüstet,
Und wird so künstlich Werk mit Gold bezahlet;
Vergolde er dich, wie du ihn verstahlet.
Sprich, Werschowetz, den Werth des Manns mir aus,
Den mir das Volk erwählt, des Domaslaus.

Werschowetz.

Vergönnt, ihr Götter, daß mit seinem Lobe
Ich seinen Riesenpilz ihm niedertobe!
Hörst du, Libussa, rings der Stiere Brüllen,
Der Schweine Grunzen und das Schafgeblöke,
Das Wiehern der Rosse und der Füllen,

Der Esel Schrei, das Meckern der Böcke?
Sie wiehern, grunzen, meckern im Vereine:
Schau auf uns, Domaslaus, wir sind die deine!
Doch hörten sie sich nie im weiten Feld.
Den Pflug, den früh er zu der Furche stellt,
Hing gleich sein Sonnenroß ihm Bjelbog vor,
Braucht dieser Bauer nimmermehr zu wenden,
Und ging das Roß nicht in das Abendthor,
Ohn' diese ew'ge Furche zu vollenden,
Nie stieg Triglawa mit dem Mond empor;
Der helle Tag, er würde nie sich enden.
Und doch ist nur so groß des Mannes Feld,
Daß sein Gesind es dicht zur Jagd umstellt:
Denn wären Garben alle seine Mägde,
Und seine Ähren wären alle Knechte,
So viel der Knechte Schaar doch nie vermöchte,
Daß sie der Mägde Garben unterbrächte.
Und hing sein Flachs auf seiner Knechte Köpfen,
Und diese Rocken schlössen seine Dirnen
Mit Knieen fest und singen an den Zöpfen
Und Schöpfen an zu spinnen und zu zwirnen,
Eh' würde Spuhl' und Spindel ab sich drehen,
Als wir den halben Flachs gesponnen sehen.
So vielen Honig bauen seine Bienen,
Daß selbst die Priester seinem Honigkuchen, [9]
Der als Geschenk vor Suetowid erschienen,
Als einem Lichtdieb in dem Tempel fluchen;
Er füllte ganz den Raum mit nächt'gem Grauen,
Man mußte Fenster durch das Nachtstück hauen.
Versiegte je einmal des Gottes Horn,
Mit Meth und Früchten füllt es Domaslaus;
Denn Siwa borgt von ihm der Aussaat Korn.
Doch alles dieß füllt nicht den Kessel aus,

In dem er seines Methes Woge braut:
Die hundert Schmiede, die daran geschmiedet,
Sie haben nie gehört sich, nie erschaut.
Und all' der Meth, der in dem Kessel siedet,
Füllt nicht des Bauernstolzes weite Haut;
Denn wär' der Kessel fester noch vernietet,
Der einz'ge Wunsch nach dir, du hohe Braut,
Zersprengte ihn, und dieses Landes Wunder,
Sie gingen all' in seinem Methe unter.
So sehr verlangt er nach des Krokus Sessel,
O ungeheurer Wunsch, o kleiner Kessel!
Und wäre all' mein Lob so eitel Gold,
Daß außer zu des Riesenpilzes Sold,
Es zu beschaaren alle seine Pflüge,
Und zu beschlagen alle seine Karren,
Ja zu vergolden seinen Werth genüge,
Ein Stäubchen wär' es gen des Goldes Barren,
Die ihm zu Haus in seinem Kasten rasten.
O schweres Gold, o ungeheurer Kasten!

Libussa.

Ein Kasten kaum so groß als deine Lüge,
Ein Kasten schier zu klein für große Narren,
Ein leichtes Gold gen alle Waffenlasten,
Die seine Lügen deinem Leib anpaßten,
Doch groß und schwer genug, uns zu erheitern.
Nun sagt, was jeder von den Freierkleidern,
Die ihm sein Freund geborgt, sich selbst zuspricht.
Was übrig bleibt, verfalle dem Gericht.

Domaslaus.

Ich sende, Fürstinn, dir ein Hundert Stiere,
Die Farbe schwarz, dem Roß Triglawa's gleich,
Und Hunderte milchreicher Kühe viere,
An Farbe weiß, dem Rosse Bjelbogs gleich,

Sechs hundert Rosse, alle gut geschirret,
Das Schafvieh aber, das mir zahllos irret,
Treib' her ein Hirt, deß Alter also hoch,
Daß er aus einem Paar die Heerde zog.
Und jeden Stier führ' an dem Horn ein Mann,
Der Hütte, Feld und Pflug sein nennen kann,
Und jede Kuh führ' an dem Horn ein Weib,
Die Kinder zwei gebar mit zücht'gem Leib,
Die sollen sitzen auf der Thiere Rücken,
Mit Band und Blumen ihre Hörner schmücken,
Und auf drei hundert Rossen sollen sitzen
Geziert mit Ringen ihre spitzen Mützen,
Drei hundert Dirnen, welche dir, Libussa,
Laut jubelnd singen deinen Hochzeitreigen,
Und auf drei hundert Rossen sollen sitzen,
Mit Federn ausgeschmückt die hohen Mützen,
Drei hundert Knechte schreiend dir Huihussa!
Willst du dem Wunsch des Domaslaus dich neigen.

Erste Hälfte des Heeres.

Huihussa Domaslaus und Libussa!

Libussa.

Biet', Werschowetz, kannst du mich theurer kaufen?

Werschowetz.

Eh' all sein Vieh vorüber ist gezogen,
Werf' ich den Bauernstaat ihm über'n Haufen,
Und wär' er reicher, als ich ihn gelogen,
Jag' ich den Brautzug ihm durch seine Saat,
Eh' noch er deines Schlosses Bann genaht.
Ich werfe Knecht und Magd von seinem Roß,
Und führe sie als Sklaven in dein Schloß,
Knecht, Magd, Ochs, Esel, alles das, was sein,
Es werde dein, wirst du, Libussa, mein.
Ein reicher Filz ist er, so weit er warm,

Arm bin ich nur, doch hier durch diesen Arm
Bin ich so reich, als weit ich reichen kann,
Ein Apfel ist die Welt, zu deinen Füßen
Wird dir mein gutes Schwert ihn treiben müssen,
Ich liebe dich, Libussa, bin ein Mann!

Zweite Hälfte des Heeres.
Huihussa Werschowetz und Libussa!

Libussa.
Nein um die Welt nicht, um den Apfel nur,
Den gestern ich als Preis der Werbung setzte.
Wer ihn getheilt ohn' einer Trennung Spur,
Wer ihn erwarb, ohn' daß er ihn verletzte,
Der gebe mir den Apfel jetzt zurück,
Ich theil' ihm meine Hand, mein Herz, mein Glück!

Domaslaus.
Weh mir! Was in dem Mund zahnloser Greisen
Die Nuß, sind Thoren Räthsel eines Weisen.

Werschowetz.
Ja, was für eines Blinden Aug' die Leuchte,
Der enge Krughals für des Fuchses List,
Was für den Schnabelstorch des Tellers Seichte,
Was für ein hungernd Huhn die Perle ist,
Das ist des Apfels Räthsel uns gewesen;
In zwei ihn spaltend, war es nicht zu lösen,
So gaben wir des Zwiespalts Apfel hin.
Und nochmals Apfel nenne ich die Erde,
Verheiße nochmals hier mit diesem Schwerte,
Willst du, treib' ich zu deinen Füßen ihn.

Domaslaus.
Ich breche Äpfel dir von meinen Bäumen,
So viel als Sterne in des Himmels Räumen.

Libussa.
Ihr Männer wollt hier eine Krone theilen,

Ihr Männer wollet hier Libussen theilen,
Ihr Männer könnt ja keinen Apfel theilen,
Der wie die Kron' und ich untheilbar ist;
So ward ich eurer frei durch weise List.
Die Sitten dieses Lands sind mir bekannt,
Auf andre Weise freiet jeder Stand. 92)
Ein größrer Methkrug, eine beßre Kuh
Schlägt einem Bauer leicht die Jungfrau zu;
So, Domaslaus, warbst um Libussa du,
Und wahrlich, wär' ich eine solche Braut,
Du triebest mich mit deinen Heerden ein.
Geh, kaufe dir um eine Ochsenhaut
Ein fruchtbar Weib, die deiner werth mag seyn.
Du, Werschowetz, wirbst nach der Krieger Sitten:
Bewaffnet kommen sie zur Braut geritten,
Sie greifen zu, und lieben nicht zu bitten,
Und wär' Libussa eine Reiterbeute,
Du führtest vor dir auf dem Roß mich heute,
Und würdest das gemeine Lied anheben:
Auf's Roß, auf's Roß, wir schwingen sie,
Umschlingen sie und bringen sie,
Um keinem Andern sie heraus zu geben. —
So wirbt man nicht um herzogliches Blut,
Nicht um den Stuhl des Chechs, des Krokus Hut.
Nun weicht, ihr Freier, tretet ab von hier,
Und bleibt ihr ruhig, bleiben Freunde wir!

Domaslaus.

Verfluchte Stunde!

Werschowetz.

Wir gehorchen dir.

(Beide ab.)

Libussa.

Wenn Männerherrschaft euch nur würdig scheint,

Iſt euch nicht Manns genug der Würd'gen Rath,
Den um den Thron die Jungfrau ſich vereint?
Keuſch wandelt Recht auf jungfräulichem Pfad.
Bedenkt, ihr Männer, wo ein Mann regiert,
Wird meiſt das Ruder doch vom Weib geführt.
Des Königs Willen trägt die freche Dirne,
Die ihm zu Willen ward, auf frecher Stirne.
Erwäget euer Heil, nicht von mir wanket,
Ich ſehe vor, daß einſtens ihr mir danket.

Das Volk
(ſchreit ungeſtüm durch einander.)

Du ſollſt den Herrn, den Herzog uns ernennen!
Wen du erwählſt, den wollen wir erkennen!
Wir weichen ohne Herzog nicht von hier!
Wir laſſen ohne Herren nicht von dir!

Libuſſa.

Bedaurenswerthes armes Volk der Chechen! [93])
Du haſt noch nicht erlernet, frei zu leben.
Selbſt willſt du nun den Stab der Freiheit brechen,
Die edle Männer ſterbend hin nur geben.
Die Hand willſt willig du zur Feſſel ſtrecken,
Zum Joch den ungewohnten Nacken recken.
An dir wird ſpäte Nachreu' einſt bewährt,
Wie an den Fröſchen, die den Storch begehrt.
Ihr mögt wohl nicht des Herzogs Rechte kennen,
Erſchrecket nun, ich will ſie kürzlich nennen.
Leicht iſt es, einen Herzog aufzuſtellen,
Schwer iſt es, einen Herzog abzuſtellen.
Vor ſeiner Macht, deß Macht noch bei euch ſteht,
Vor ſeinem Anblick, iſt er erſt erhöht,
Wird wie im Fieber euer Knie erbeben,
Die Zunge euch vor Schreck am Gaumen kleben.
Kaum ſpricht er, ſo ſeufzt Furcht auch aus dem Knecht:

Ja Herr, versteht sich! Küß' die Hand, ganz recht!
Sein Wink wird euch, ohn' einmal nur zu fragen,
Verdammen, fesseln, an den Galgen schlagen.
Euch selbst, und aus euch, wer ihm nur gefällt,
Zu Knechten, Bauern, Söldnern er bestellt;
Ihm müssen Vögte, Büttel, Henker werden,
Koch, Bäcker, Müller, die es nie begehrten.
Amtleute, Zöllner, Zehndner wird er suchen
Aus solchen, die den Plackereien fluchen.
Zu Pflügern, Schnittern, Schmieden wird er machen
Ohn' weitre Wahl die Faulen und die Schwachen;
Und will er, müssen Fell und Leder nähen
Die Augenkranken, die den Stich nicht sehen.
Zur Frohn' wird er euch Sohn und Tochter zwingen,
Von Stieren, Kühen, Rossen, allem Vieh
Müßt ihr das Beste in den Stall ihm bringen,
Was euer war, wird sein, ihr wißt nie, wie.
An Hütten, Höfen, Wiesen und an Feldern,
An Früchten, Hausrath, Werkzeug und an Geldern
Bleibt sicher nichts vor eines Herzogs Augen,
Als sein wird er das Eure alles brauchen.
Was zögre ich, wozu die Worte doch,
Gelüstet euch nach einem Fürsten noch?
So will ich, eurer Thorheit mich zu neigen,
Den Herzog euch und seine Heimath zeigen!

Volk.

Ein Mann soll zu dem Stuhl des Krokus steigen!

Libussa

(scheint eine Zeitlang nachzusinnen, dann hebt sie, ihren Stab aus-
streckend, ihre Rede an, während welcher Wlasta's Spannung bis
zum lebhaftesten Ausbruche steigt.)

Zieh hin meine Taube
Auf Pfaden des Traumes,

Und lasse dich nieder
Dort jenseits der Berge:
Am Ufer der Bila
Bei Stadiz dem Dorfe
Ist einsam ein Brachfeld,
In Länge und Breite
Zwölf Schritte nur messend,
Gar seltsam gelegen,
Von Äckern umgeben,
Gehört es zu keinem;
Dort pflügt euer Herzog
Mit scheckigen Stieren,
Der eine gegürtet
Mit schneeweißem Streife,
Und weiß an dem Haupte;
Der andere weißlich
Die Stirne gebläßet,
Hat weiß auch die hintern
Zwei Füße gefärbet.
So gut es euch dünket,
Nehmt hin meinen Mantel,
Den Gürtel, die Schuhe,
Den Fürsten gebührend,
Und eilt, zu verkünden
Dem Manne den Willen
Des Volks und Libussa's,
Und führt euch den Fürsten,
Den Gatten mir her,
Der Primislaus heißet —

Wlasta

(stürzt heftig hervor.)

Um aller Götter Willen, halte ein!

Libuſſa.

Weh dir! du Raſende, was fällt dir ein,
Wie brichſt du mir das Wort mit wilder Wuth?

Volk.

Weg mit der tollen Magd, Wlaſta, zurück!

Wlaſta.

Libuſſa, nimm mein Leben, nimm mein Blut,
Nur breche nicht der freien Wlaſta Glück,
Ermorde mich, eh' ich mit ihm dich ſehe,
O wähl' ihn nicht, beug' nicht dem Joch der Ehe
Dein freies Haupt, von deinem Throne treiben
Will ich dieß Volk, du mußt jungfräulich bleiben.
Fluch euch, ihr finſtern Götter, ich vergehe,
Daß ſolche Schmach ich an Libuſſa ſehe!

Volk.

Weg, mit der Dirne weg, ſie muß hier weichen,
Schlagt nieder ſie, will nicht die Tolle ſchweigen.

Stratka, Scharka
(treten zu ihr.)

Wer richtet hier, wer iſt hier ſchon der Mann?
Wer iſt des Tod's, wer rühret ſie uns an?

Libuſſa.

Laßt ſie, ihr Dirnen, tretet her zu mir,
Dich, Wlaſta, weiß' ich ſchmerzlich jetzt von hier,
Beſinne dich, die dunkle Erde trank
Viel deines Bluts um mich, und du biſt krank.

Wlaſta.

Fluch dir, mein Blut, du biſt für die gefloſſen,
Die Gift in alle Adern mir gegoſſen.

Libuſſa.

O Schreckenswort des Traums! flieh, Wlaſta, flieh! 94)
Daß ich das Schwert des Chechs nicht gen dich zieh.

Wlasta.

Weh mir! des Schicksals finstre Wolken brechen,
Weh dir, Libussa, weh dem Herrn der Chechen!

(Sie eilt hinweg.)

(Eine Pause).

Libussa.

Der Primislaus heißet,
Das heißt ein Ersinner,
Denn mancherlei Rechte
Auf euere Köpfe
Wird schnell er ersinnen,
Und über das Land hier
Erhebt sein Geschlecht sich,
Fünfhundert und achtzig
Und mehrere Jahre!
Auf, Druhan und Chobol,
Ihr brachtet das Silber,
Nun zieht nach dem Acker,
Und hebt mir den Schatz!

Chobol.

Wir wissen nicht den Weg, um hin zu gehn.

Druhan.

Wir haben niemals diesen Mann gesehn.

Libussa.

Laßt zaumlos den Zelter,
Das Leibroß Libussa's,
Nur laufen, und folgt ihm;
Es wird seinen Herren
Mit freudigem Wiehern
Und Springen begrüßen,
Und knieend ihn ehren,
Der gastfrei euch bietet
Am eisernen Tische

Das mäßige Mahl.
Nun ziehet in Frieden
Und laßt euch nicht irren,
Denn wißt, dieser Tag ist
Die Wiege der Zukunft.
Um Zank dieses Tages
Verblutet die Nachwelt
In grimmigem Streit.
Euch hüten die Götter!
Ihr aber, ihr armen,
Unseligen Chechen,
Kehrt morgen mir wieder
Zur nämlichen Stunde,
Und beuget den Nacken
Dem Joche des Herrn.

Chor der Bergleute.

Glück auf! Glück auf!
Wir folgen dem Lauf,
Wir führen den Fürsten,
Die Sonne des Landes,
Wir führen den Gatten,
Den Vollmond des Hauses,
Den Weisen, den Helden,
Den Glücksstern des Reichs,
Zum Stuhle des Chechs
Aus der Tiefe herauf,
Glück auf! Glück auf!
(Sie ziehen mit dem ganzen Volk ab.)

Tetka.

Libussa, nimm den Glückwunsch Tetka's an,
Didilia sieht gern, was du gethan.

Kascha.

Sie segue deinen Schoos mit reicher Frucht,
Die späte Nachwelt blüh' aus deiner Zucht.

Libussa.

Ich that allein, was mir der Traum befahl,
Die Wahl der Götter war auch meine Wahl:
Selbst Wlasta's Zorn lag in der Götter Rath,
Was sonst wohl trieb sie zu so rascher That?

Stratka.

Das Mitleid und die Treue selbst für dich,
Die Treue für uns all', Mitleid für sich.

Libussa.

So? glaubst du so? dann fühlt sie, wie mein Herz,
Dann schrie aus Wlasta's Brust Libussa's Schmerz!
Ich kann nicht gen die finstern Götter streiten,
Der Zorn des Tags verheisset blut'ge Zeiten.
O Hochzeit! hohe Zeit! du bist voll Tücken,
Im Antlitz trägst du Huld und Kampf im Rucken,
Die Jungfrau tanzt, es geht das Weib auf Krücken;
Du armes Völklein Chechs, du mußt dich bücken,
Die Liebe schlägt dem Leide Rosenbrücken,
Des Eifers Eisgang reisset sie zu Stücken,
Im Blut ertrinkt das irdische Entzücken:
Kommt, folget mir, den schönen Tod zu schmücken!

(Sie wird von den Dirnen unter dem Gesange hinan geleitet:)

Traure nur, traure nur, du schöne schöne Braut,
Deine guten Tage sind nun alle alle aus,
Geh' geschmücket in die Noth,
Wie das Lamm zum Opfertod.

Chor.

Dein Schleierlein weht, dein Schleierlein weht,
Die Thränen des Thaues, die weinest du zu spät.

Djewin, das Stegsfeld.

An einer Eiche steht auf einem slavischen Altar Zwratka's Gott Tschart, ein kleines häßliches Bild; er hat einen Fächer in Händen. Zwratka tritt heftig auf, und schlägt mit einem Beile dreimal gegen den Felsen. Entawopa, Moriwescha, Meneljuba eilen heraus und vollbringen alle Befehle Zwratka's sehr hastig, wie auch alle Reden sehr schnell sind. [95]

Zwratka.

Den Kessel, die Kohlen,
Den Dreifuß heraus!

Entawopa.

Hier ist, was befohlen.

Moriwescha.

Was wird nun daraus?

Zwratka.

Macht Feuer, seyd fleißig,
Sucht Dornen und Reisig,
Den Dreifuß nun setzt.

Meneljuba.

Der Kessel steht gut.

Moriwescha.

Was gibt es nun jetzt?

Zwratka.

Ich fächle zur Glut
Die weckenden Winde,
Gebt her mir geschwinde
Den Fächer, den Tschart
Der Gott mir bewahrt.
Was steht ihr, wo bleibet
Vom Bocke das Blut?
Die Geisel nur treibet
Dich langsame Brut!

(Die Dirnen eilen ab.)

Es drängen die Zeiten,
Ich muß mir bereiten

Den treibenden Trank,
Das Herz ist mir krank,
Mein Göttchen, mein Tschart,
Nach nächtlicher Fahrt
Dich wiederzusehen,
Im Tanze zu drehen,
Zu küssen, zu lieben,
Und was wir all' trieben,
Du wirst mir verzeihen,
Die Waffen mir weihen,
Ich werde dir schlachten,
Die deiner nicht achten,
Die gegen dich sind;
Ja selbst in der Mutter
Das lichtlose Kind.
Du wirst mir es zeigen,
Denn ich bin dein eigen,
O seliger Reigen!
O Wunder der Mainacht,
Die Böheim mir frei macht!

Entawopa
(aus der Höhle mit Gefäßen.)

Hier hast du das Blut.

Meneljuba.

Wir setzen's zur Glut.

Moriwescha.

Was gibt es nun weiter?

Zwratka.

Wo bleiben die Kräuter?

Entawopa.

Was kümmern uns Kräuter?

Meneljuba.

Den Kessel wir holen.

Moriwefcha.

Die Reifer, die Kohlen.

Entawopa.

Wir setzen zur Glut
Den Dreifuß, das Blut.

Zwratka.

Wie wird euch zu Müthe?
Ich will euch bekehren,
Die Geisel, die Ruthe,
Die werden euch lehren.
Euch sticht wohl der Haber,
Das freche Huihussa,
Der Schrei der Libussa;
Doch ich weiß ein Aber,
Das soll euch bald zwingen;
Die Kräuter, die Kräuter!
Wollt ihr sie gleich bringen?
(schlägt sie mit der Geisel.)
Ihr spracht mir zum Hohne.

Moriwefcha.

Weh, weh mir, verschone!

Meneljuba.

Weh, schlage nicht weiter!

Entawopa.

Wir haben nicht Kräuter!

Zwratka.

Wo ist Hubaljuta,
Die klügste von Allen?
Wo ist Ziack der Knabe?
Ruft sie aus den Hallen,
Nach Kräutern ja habe
Geschickt ich die beiden.

Entawopa.

Sie ist zu beneiden!

Moriweschanz

Sie hat überwunden!

Meneljuba.

Sie sind nicht gekehret,
Schon sind es vier Stunden!

Zwratka.

Ich hab' sie gelehret,
Zu finden die Stelle
Der Kräuter bei Nacht.
Wie lang ist's schon helle,
Mir ahndet nichts Gutes,
Ihr wißt drum, gesteht!

(Sie erhebt die Geisel.)

Moriwescha.

O schon' unsres Blutes!

Entawopa

(in die Scene zeigend.)

Sie kommen, seht, seht!

Meneljuba.

Ziack steht dort und fleht!

(Ziack erscheint in der Ferne in einer flehenden, ängstlichen
Stellung.)

Zwratka
(faßt ihn drohend in's Auge.)

Den Fächer nehmt, weht
Zur Flamme die Kohlen.
Ihr zweie schnell geht,
Die Huslien zu holen, 96)
Die zaubrischen Harfen;
Auch bringt mir die scharfen
Noch grünenden Ruthen,
Der Schelm soll mir bluten.

Ziack.

Leb' wohl dann, Frau Zwratka,
Ich gehe zu Stratka,
Der Jungfrau zurück.

Zwratka.

Du trotzest noch, Bube?
Geh, suche dein Glück,
Geh hin nach der Stube,
Sie werden dich blenden,
Und dir von den Händen
Die Daumen abhauen.

Ziack.

Ach, könnt' ich dir trauen!
Willst du mich nicht schlagen?
O weh mir, sie tragen
Die Ruthen herbei!

(Die Mägdlein kommen mit den Huslien und Ruthen.)

Zwratka.

Bekenn', ich verzeih!
Wo ist Hubaljuta?
Wo ließt du sie gehn?

Ziack.

Wir haben die Lado,
Den Zelu gesehn,
Dort ließ ich sie stehn.
Frau Lado war heiter,
Sie gab mir die Kräuter,
Und schickte mich weiter.

Zwratka.

Was Lado, was Zelu!
Gieb her diese Kräuter.
Wie! Keuschlamm und Myrrhen,
Und mich zu verwirren,

Ist hier statt dem Mairauch
Der indische Weihrauch!
Wer gab dieß?

Ziack.

Frau Lado!

Zwratka.

Verdammt, wer ist Lado?
Wer ist sie? sprich, sprich!
(Sie faßt ihn bei den Haaren.)

Ziack
(in der Angst seines Herzens.)

Die Mutter der Liebe,
Des Lel und des Did,
Sie geben und rauben
Die zärtlichen Triebe,
Lel führet die Tauben,
Did führet die Schwanen
Auf himmlischen Bahnen,
Mit züchtigem Schritt
Gehn bei ihr drei Jungfrau'n,
Die werfen im Umschau'n
Drei goldene Früchte.

Zwratka.

Verwünschte Geschichte,
Er schwatzt aus der Lehre!
(schmeichelnd.)
Mein Ziacku, nun höre,
Ich will dich nicht schlagen,
Willst alles du sagen?

Ziack.

Nun wohl, ich will's wagen.

Zwratka
(zu den Schülerinnen.)

Was steht ihr zu horchen,

Habt nichts ihr zu sorgen!
Fort, fort in die Halle,
Die Kräuter bringt alle,
Sie stecken im Sessel,
Zerschneidet das Kissen,
Und werft sie zum Kessel,
Daß sieden sie müssen,
Noch Reiser zuträget,
Die Glut sinkt zusammen,
Die Harfen dann schlaget
Und tanzt um die Flammen,
Fort, fort in die Höhle!
Mein Ziack mir erzähle!
(Die Mägdlein gehen ab.)

Ziack.

Wir suchten die Kräuter,
Da hörten wir singen
Und Harfen erklingen,
Das lockte uns weiter
Zur Eiche des Kroks;
Da sah ich beim Feuer
Den Schimmer des Rocks
Von Lado der süßen.
Sie sang in die Leier
Am Fuße der Eiche,
Weg bog ich die Zweige,
Da sah ich sie ganz,
Von Kopf bis zu Füßen
War himmlisch ihr Glanz.
Es lauschten die Blätter,
Rings standen die Götter,
Sie spielte zum Tanz.
Ihr Leib war umflossen

Von rothem Gewand,
Der Gürtel geschloffen
Mit goldenem Band.

Am Mantel, dem blauen,
War schimmernd zu schauen
Von Sternen ein Rand.
Die goldenen Locken
Ihr Maiblumenglocken
Und Veilchen umflochten.

Die Herzen uns pochten,
Die Göttinn zu sehen;
Da hob sich ein Wehen,
Und warf aus den Kohlen
Ein Fünklein auf mich,
Da schrie ich und hab' mich
Der Göttinn empfohlen,
Die nun uns erblickte
Und freundlich uns nickte.

Wir sanken zur Erde;
Mit holder Geberde
Erhob sie und drückte
Uns beide an's Herz,
Sie weinte vor Freuden,
Ich weinte vor Schmerz;
Und weil wir uns scheuten,
Gab sie Hubaljuten,
Um uns zu ermuthen,
Viel freundliche Küsse,
Und mir gab sie Nüsse.
Am Feuer wir ruhten
Der Göttinn zur Seite,
Sie liebte uns beide.
Zu Füßen ihr saß ich,

Die Nüsse still aß ich,
Die sie mir gebrochen,
Da hat sie gesprochen
Von dreien, die einig,
Von Triglawa mein' ich,
Von zeitlichem Streben,
Von ewigem Leben,
Von ewigem Tod,
Von Wein und von Brod,
Vom Aufgang der Sünde,
Von Mutter und Kinde,
Vom Vater und Sohne,
Vom heiligen Geiste
Sprach sie noch das Meiste,
Von himmlischem Lohne,
Von höllischen Strafen,
Da bin ich entschlafen.
Mir hatte vor Allem
Das Kind wohl gefallen;
Und als ich erwachte,
Der Tag rings schon lachte,
Ich hörte das Tuten
Der Hörner im Thal,
Sie zogen zur Wahl.
Ich sah Hubaljuten
Die Hände so falten

(Er faltet die Hände.)

Und vor den Gestalten
Der Götter sich neigen,
Der blumenumkränzten,
Die rings an den Eichen
So silbern erglänzten.
Ich mahnt' sie, zu kehren,

Da mußte ich hören:
Geh, Ziack, nur alleine,
Ich kehre nie wieder
Zum finsteren Haine;
Dann kniete sie nieder
Und warf deine Kräuter
Zur glimmenden Glut,
Da bracht' von der Wiese
Die Göttinn mir diese,
Und sprach: sie sind gut,
Und schickte mich weiter.

Zwratka
(hat ihn mit mannichfaltigen Zeichen des Unwillens angehört
und bricht nun zürnend aus:)

Verflucht ist dein Wort,
Zur Höhle, fort, fort!
Fluch, Fluch-Hubaljuten,
Und Fluch deiner Lado!
Sie müssen mir bluten.
Sie war's, die mich weckte,
Den Gott von mir schreckte,
Als ich bei der Eiche
Im Traume geruht.
Ich schwöre, ich reiche
Dem Tschart nun ihr Blut.
O Diw, senke nieder
Dein Schreckensgefieder,
Umrausche die Brut.
Weich! Bube, dein Blick,
Er füllt mich mit Wuth!

(Sie schlägt ihn.)

Ziack
(entflieht.)

O könnt' ich zu Lado,
Der süßen, zurück!

Zwratka
(zu den Dirnen.)

Wo sind aus dem Sessel
Die Kräuter?

Entawopa.

Wir warfen
Sie längst in den Kessel.

Zwratka.

So tanzt um den Rand,
Und schlägt in die Harfen,
Ich muß über Land,
Ich muß über Meer,
Den Quirl gebt mir her!

Die Mägdlein
(gehen um den Kessel, und sprechen zum Harfenschlage.)

Kikimora, ungeboren,
Ohne Zunge, ohne Ohren,
Aus dem mütterlichen Schoos
Fluch entrissen,
Weil du ihr in's Herz gebissen,
Lasse deine Wunder los!

Zwratka
(in dem Kessel rührend.)

Kessel, brau 97)
Der schönen Frau
Knabenkraut und Schierling,
Ackerwurz zum Brautring,
Teufelsaug' zum Kranze,
Tollkraut zum Tanze,

Spiele die Geige
Dem Pappelzweige,
Daß er merk',
Wie Wasserwerk
Mit Feuerwerk
Die Wolfswurz stärk'.
Eppich, Eppich, Eppich!
Alrun breit' den Teppich,
Nachtschatten und Fünffingerkraut
Macht gatten die Maienbraut.

Die Schülerinnen.

Kikimora, tiefverfluchter,
Hochversuchter und verruchter,
Mutterquäler, Traumerzähler,
Tauche alle deine Wunder
In's Gebräu des Maitranks unter!

Entawopa.

Es kochet,

Moriwescha.

Es wallet.

Meneljuba.

Ein Hornruf erschallet.

Zwratka.

Den Kessel vom Feuer,
Er kühl' in der Halle,
Hier ist's nicht geheuer,
Fort, fort nun ihr alle!

(Die Mägdlein eilen mit dem Kessel und allem Geräthe ab.)

Wlasta

(tritt wild und zerstört auf.)

O Zwratka, Mutter, hilf, ich bin verloren!
Libussa hat zum Manne sich erkohren
Ihn, ihn, der meines Ruhmes Himmel trüg!

Sie nannte ihn, und schrecklich niederschlug
Auf mich der Zukunft hochgewölbte Gruft,
O Mutter, ich ersticke, Luft, Luft, Luft!
(Sie sinkt an dem Siegstein nieder.)

Zwratka.

Weh! ist des Jammers nimmer denn genug?
Wlasta, mein Kind, wer ist es, der dich schlug?
Fluch deinen Feinden, Fluch, wer dich betrübt,
O hättest nie die Waffen du geübt!
(Sie löst ihr den Panzer, und benetzt sie mit der Quelle.)

Wlasta.

Wie ist mir, o ein Feind vor diese Brust!
Daß ich ersäufe in der Rache Lust.
Ach, könnt' ich fluchen, könnt' ich lieben, hassen!
Es haben alle Götter mich verlassen,
Nichts kann ich mehr, der Stab ist mir gebrochen,
Sie hat den theuren Namen ausgesprochen.
Genommen, was allein mir heilig war,
Verflucht bin ich, und aller Hülfe bar.
Hilf, Mutter, Künstlerinn, o überteufle
Den Jammer mir, an dem ich bös verzweifle!
Hast du nicht Salben, hast du keinen Trank,
Der rasend macht? ich bin an Sanftmuth krank.
Wie elend hast du mich zur Welt gebracht,
O sende wieder mich zur ew'gen Nacht!
Zur Höhle geh, und bringe mir ein Gift:
Glückselig, wer auf dunklem Flusse schifft!

Zwratka.

Nicht spreche so, du machest mich erbeben,
Nein, leben sollst du, für die Götter leben!
Sieh her, mein Kind, auf deinem Siegesfeld
Hat Tschart, der mächtige, sich eingestellt.

Vertraue, einen Trank will ich dir geben,
Er wird dich über alles Leid erheben.

(Ab in die Höhle.)

Wlasta.

Wie kalt, wie heiß! bin ich der Siegesstein,
Bin ich der Fluch, den Stratka auf ihn legte?
Wie finster sinnend schweiget mir der Hain,
Den meines Traumes Flamme jüngst bewegte.
Der schwarze Tschart still auf der Säule kauert,
Es regt kein Blatt die königliche Eiche,
Wie tückisch er zu mir herüber lauert,
Ein Mann, ein Mann auch hier in meinem Reiche,
Der Wald mich eng gleich einer Gruft ummauert,
Nicht pocht mein Herz, ich bin wohl eine Leiche,
Die Quelle weinet und der Siegstein trauert,
Den ich wie ein besiegter Geist umschleiche.
Weh, schrecklich! schrecklich! wie es mich durchschauert!
Brich, Stiason, hervor, eh' ich erbleiche,
Krön' diese Schädelstatt mit meinem Haupt.
Jetzt, jetzt, da Wlasta an die Träume glaubt!
Weh mir! — ist's denn so schnell mit mir vorbei?
Dann hilft auch nicht der Mutter Arzeni:
Hat nicht an meinem Arm der böse Ring,
An dem nach ihr der ganze Himmel hing,
Seit ich erwartend heimlich ihn getragen,
Mit allen sieben Plagen mich geschlagen?
Ich war ein Fels, wer konnte mich ersteigen?
Und eines Mannes Blick könnt' mich erweichen,
Er zündete in mir ein böses Feuer,
Sie nahm ihn mir, ich ward ein Ungeheuer!
Es rinnt aus meinen Augen mir das Herz,
Und raset nieder in den Thränenquellen

Wie glühend Erz, um meinen heil'gen Schmerz
Dem Meer gemeinen Leides zu gesellen!

Stratka
(tritt auf.)

O Wlasta! Jungfrau! was geschah mit dir?
So ganz zerstöret finde ich dich hier.
Dein Antlitz bleich, wild fliegt dein Rabenhaar,
Find' ich dich so, die also herrlich war?
Richt' deine Seele auf, vertraue mir,
Es sendet mich Libussa jetzt zu dir.

Wlasta.

Wie träumend von dem Ast ein Vogel fällt,
So warf ihr Wort mich in die öde Welt,
Ich flattre einsam nun und ungesellt.
Was mag d'raus werden, sieht mich so die Welt?
Was ist die Welt? wer schuf sie unbestellt?
Die Liebe schuf sie, die mich so entstellt!

Stratka.

Libussa sprach: sie fühlet wie mein Herz,
Aus Wlasta's Brust schrie nur Libussens Schmerz!

Wlasta.

Dann wehe mir! es war mein eignes Leid!
Sie war unschuldig, weh, ich ging zu weit!

(Sie weint.)

Stratka.

Wie redest du?

Wlasta.

Ich liebe Primislaus. —
Sie wußt' es nicht.

Stratka.

In Thränen brichst du aus.
O Wlasta! liebest du, sprich, ist es wahr?

Wlasta
(heftig, ihrer Thränen sich schämend.)

Wahr, wahr, wie diese Thränen, diese Wuth,
Wie meines Herzens grimmer Durst nach Blut!

Stratka.

So denke meines Schicksals hier im Hain,
Und meines Fluches hier am Siegesstein.
Auf! Wlasta, auf! ein Fluch, ein kühner Sprung,
Und du bist wieder frei, bist wieder jung.

Wlasta.

Ein Sprung, ein Fluch, der mir das Herz zerreißt,
Ich kenne diesen Tod, der Freiheit heißt.

Domaslaus und Werschowetz
(treten eilig auf.)

Domaslaus.

Hier sind sie! Jungfrau'n; hungrig ist die Zeit,
Libussens Hochzeit macht uns hohe Zeit;
Ich biete, Wlasta, dir hier meine Hand!

Werschowetz.

Versöhn' dich, Stratka, unser wird dieß Land.

Wlasta
(einsilbig und untheilnehmend im Hinbrüten.)

Was wollt ihr hier?

Stratka.
Dieß ist der Mägdlein Ort.

Domaslaus.

So hört denn, Mägdlein, hier der Freier Wort,
Mehr als Libussen bieten sie jetzt euch.

Werschowetz.

Seyd ihr mit uns, so theilen wir das Reich.

Stratka.

Und wie gelänge dieser kühne Streich?

Werschowetz.

Das Heer ist unser und die Dirnen euer,
Kaum bleibt noch Widerstand für Schwert und Feuer.

Domaslaus.

Seyd ihr mit uns, so ist das Glück gedeckt,
Wir haben unsre Schaar im Wald versteckt.

Wlasta
(kalt.)

Wozu?

Domaslaus.

Indeß sie Chobol überfällt,
Erschlagt ihr Primislaus auf seinem Feld.

Wlasta
(überraschend plötzlich.)

Nein, nein, den Domaslaus auf meinem Feld!
(Sie ersticht ihn.)

Domaslaus
(sinkt.)

Weh, Lapacks Fluch!

Wlasta.

Fahr' hin, er ist vollbracht!

Werschowetz.

Verfluchtes Weib, folg' ihm zur ew'gen Nacht!
(Er dringt gegen sie, Stratka vertritt ihm fechtend den
Weg, Wlasta steht stumm bei der Leiche.)

Stratka.

Hier her, Verräther, auch ein Fluch ist dein,
Der meine, den ich schwur am Siegesstein!

Werschowetz.

Halt ein, ein Wort erst! Bei des Glückes Spiel
Ist Domaslaus mir nun nicht mehr zu viel.
Schlägt ein zum Bunde, Stratka, deine Hand,
So ist uns ungetheilt der Chechen Land.

X

Stratka.

Elender Mann, mich hast du hier verrathen,
Und hast nun hier auch Domaslaus verrathen,
Und willst nun auch Libussen hier verrathen,
Dreifachen Fluchs muß dich mein Schwert entladen.

(Sie drängt ihn fechtend um die Bühne.)

Zwratka
(bringt den Trank in einer Schale.)

Weh, haltet, Elende!
O Peron, o sende
Den Donner zur Erde!
Entsetzen, vom Schwert
Domaslaus erschlagen!
Wer konnte dieß wagen,
Wer brach dieses Herz hier?
O trenne sie, Wlasta,
O stehe mir bei!

Wlasta.

Nicht mehre den Schmerz mir,
Mit eklem Geschrei,
Her, her mit dem Tranke,
Ich taumle, ich wanke.

(Sie reißt ihr die Schale aus der Hand, trinkt schnell und
gießt den Rest auf Domaslaus.)

Das nimm auf die Fahrt!

Zwratka.

Unsinn'ger Gedanke!
O finsterer Tschart,
Behüte die Kranke,
Sie trank in die Wuth.

Wlasta.

Dein Trank schmeckt nach Blut,

Mein Schwert ich nun ziehe,
Flieh', Werschowetz, fliehe!

   (Sie schlägt ihm das Schwert aus der Hand, er flieht,
    S t r a t k a folgt ihm mit dem Speer.)

Ich reinige das Feld,
Ha, leicht ist der Held,
Und todt ist der Bauer,
Hinab nun, du Lauer!

    (Sie wirft den Tschart vom Altar.)

Zwratka.

Es zittert die Welt!
Was hast du gethan?

Wlasta

    (gegen das Götzenbild.)

Er lüstert mich an, [98])
Wie häßlich er hockt
Zusammen gebockt.
Ha! nah' mir, du Schelm,
Was willst du mir, Tropf?
Ich stürze den Helm
Dir über den Kopf.

   (Sie stürzt ihren Helm über Tschart und flieht.)

Zwratka.

Sie rast, es durchziehet
Der Trank ihr die Seele;
O komm' in die Höhle!
Weh, weh ihr, sie fliehet,
Ein glühender Pfeil,
Wer mißt ihre Eil?
Wie wird ihr geschehen,
Wenn schwindelnd die Träume
Die Welt um sie drehen,
Sie rennt gen die Bäume,
Sie stürzet vom Felsen

       X 2

Zum Abgrunde nieder,
Zerschmettert die Glieder,
Unseliges Weib!
Die Waldströme wälzen
In Dörnen den Leib,
Und fängt dich im Fallen
Ein klammernder Ast,
So leichtern die Krallen
Des Geiers die Last,
Diw schreiet im Wipfel,
Und ruft aus dem Gipfel
Den Adler zu Gast,
Der Nachtrabe frostig [99]
Erboßt sich, umtost dich.
Weh, weh dir, der Gott
Rächt bitter den Spott.
Mein Göttchen, mein Tschart!

(Sie richtet den Götzen auf und liebkost ihn.)

O sey ihr nicht hart.
Ich küß' dich, ich herz' dich,
Den Zorn dir verscherz' ich,
Ich streich' dir den Bart
Mit kühlendem Blut,
Und setze dir funkelnde
Mücken in's dunkelnde
Antlitz, sey gut!

(Sie schlägt mit dem Beil an die Höhle.)

Nun dreimal ich schlage
Zur Klage, zur Klage, [100]
Zur Klage heraus!

(Die Jungfrauen treten heraus.)

Meneljuba.

Wer ist hier zu klagen?

Moriwescha.

O Schrecken, o Graus!

Entawopa.

Weß' ist diese Leiche?

Zwratka.

Von Wlasta erschlagen
Domaslaus der reiche,
Der freudige Mann,
Deß' Tschart sich erbarme!
Er ist nun der arme,
Der traurige Mann.

Meneljuba.

Weh, weh! Diw, der kalte,
Der Vogel des Todes
Das Herz dir umkrallte,
Und saugte dein rothes,
Dein freudiges Blut.

Moriwescha.

Im Gipfel der Eiche,
Da hing er voll Wuth,
Mit heiserm Gekeuche
Hat er dir gerufen,
Von freudigen Stufen
Des Lichts dich geschreckt.

Entawopa.

Und hat dir bedeckt
Die leuchtenden Augen
Mit Flügeln der Nacht.
Was kann dir nun taugen
So Reichthum als Pracht?

Meneljuba.

Die Stiere rings brüllen,
Es wiehern die Rosse.

O willst du nicht füllen
Die Krippen im Schlosse?
Es ächzen wie Raben
Die Achsen und Naben
Am Wagen und Pflug.
Willst du sie nicht laben
Mit Öl aus dem Krug?

Moriwescha.

Wer führt die verirrte
Aufblökende Heerde?
Es weinet der Hirte,
Es schweiget das Horn.
Zur dunkelen Erde
Wirft mischend mit Zähren
Der Sämann das Korn.
Schwarz trauern die Ähren
Des Weitzens gesenket.
O willst du nicht kehren,
Der alles gelenket,
Der alles bestellt,
Zum traurigen Feld?

Entawopa.

Die spinnenden Dirnen
Den Faden zerrissen,
Sie wollen nicht zwirnen,
Nicht nähen die Kissen,
Es brüllen die Kühe,
Wer melkt sie zur Frühe?
Den Eiter, den schweren
Saugt Fledermaus aus.
O willst du nicht kehren,
Und ordnen das Haus?

Meneljuba.

Wer schneidet die Bienen?
Die lüsternen Bären
Den Honig verzehren,
Und sonnenbeschienen
Rinnt nieder das Wachs,
Wer wird es nun fassen?
Weh, willst du verlassen
Die Felder voll bläulich
Entblühendem Flachs?
Wer soll ihn nun spinnen?
Wer bleichen den gräulich
Auslaufenden Linnen?

Moriwescha.

Wer schnitzet die Pfeile,
Wer scheuert am Herde
Mit Feilspahn vom Schwerte,
Vom Speer und vom Beile
Den nagenden Rost?
Erschwarzend nun ruhen
Die silbernen Teller,
Die goldenen Becher
In eisernen Truhen,
Es füllt sie kein Zecher,
Im einsamen Keller
Versauert der Most.

Entawopa.

Wer soll ihn nun trinken,
Wer brauen den Meth?
Das Haupt läßt du sinken,
Dein Mund ist geschlossen,
Dein Blut ist geflossen,
Dein Herz stille steht.

Zwratka.

Er will uns nicht hören,
Er will uns nicht sprechen,
Er ist nun gestiegen
In's finstere Haus,
Und nie soll er kehren,
Sein Leben zu rächen,
Still, still soll er liegen!
Weh, weh Domaslaus!
Hin fuhr seine Seele;
Den Leib tragt zur Höhle,
Und scheert ihm die Haare,
Und opfert den Bart
Dem finsteren Tschärt.
Dann stellt auf der Bahre
Am Siegsstein ihn aus,
Es tragen die Seinen
Mit Klagen und Weinen
Den Todten nach Haus.

(Sie tragen den Leichnam in die Höhle.)

Scene vor der Hütte des Primislaus.

Primislaus
(schaut in die Ferne.)

Ich sehe einen Mann, er eilt hieher,
Ein Mägdlein folget ihm mit hohem Speer.
Wer bricht den Frieden meines Feldes mir,
O Schmach! es fliehet Werschowetz vor ihr!

Werschowetz
(flieht auf den Grabhügel.)

O schütze mich!

Stratka
(hebt den Speer.)

Jetzt stehest du mir gut!

Primislaus
(fällt ihr in den Arm.)

Der Ort ist heilig, breche deine Wuth!

Stratka.

Der Ort ist heillos, wo den Schelm ich jage,
Laß los den Arm mir, daß ich ihn erschlage!

Primislaus.

Heilig des Vaters Grab, heillos bist du!
Besinne dich, stör' nicht des Todten Ruh,
Und wende dich von Primislawi Flur!

Stratka.

O Königsnahme, auf wie edler Spur
Hab' ich gejagt? Des Glückes launig Spiel
Trieb hier des Mörders Pfeil zu seinem Ziel.
Ich schenk' die Schlange dir, zu deiner Lust
Träg' gastfrei deinen Feind in treuer Brust.
Doch treffe je ich ihn in freiem Feld,
Bleibt meines Speeres Ziel er aufgestellt.

(Sie eilt ab.)

Primislaus.

Sie ehret mich! — wie wardst du waffenlos
Vor dieser Dirne Speer ein fliehend Ziel?

Werschowetz.

Ich focht gen sie, weil Domaslaus dem Stoß
Von Wlasta's meuchlerischem Schwerte fiel!
Zwei Schwerter brachen meines, ich mußt' weichen.

Primislaus.

Ihr Götter! sie schlug Domaslaus den Reichen!

Werschowetz.

Ein rächendes Geschick treibt mich zu dir,
Und unerträglich lastet Schuld auf mir.

Primislaus.

Was drücket dich, sprich ruhig, du bist frei.

Werschowetz.

Ich war dein Feind.

Primislaus.

Es reut dich? ich verzeih'!

Werschowetz.

Bekennen laß mich, dann frag' dein Gewissen.

Primislaus.

Nicht also, Werschowetz, nichts will ich wissen.
Es könnte mich die dunkle Rache treiben,
Laß uns vergessen, laß uns Freunde bleiben.

Werschowetz.

O weh mir! auch der Großmuth Schwert trifft scharf!
Dir schwör' ich ew'gen Dienst und ew'ge Treue!

Primislaus.

Wünsch' lieber, daß ich niemals dein bedarf.
Geh' in mein Haus, daß sich dein Muth erneue,
Ruh' auf der Matte, iß von meinem Brod,
Trink' meinen Meth, dir thuet Labung Noth,
Und Ruhe auf den angstgespornten Lauf;
Ich pflüge nur zwei Furchen noch hinauf,
Dann kehrt dein Wirth, als Gast dich zu begrüßen.

(Ab nach dem Felde.)

Werschowetz.

Verdammte Großmuth, du trittst mich mit Füßen!

(Er geht in die Hütte.)

Wlasta

(tritt mit blutigem Schwerte zerstört und wankend auf, sie spricht ha
traumerisch in der Wirkung des Hexentrankes.)

Wer trägt mich, jagt mich, hält mich, wer beschweret
Die Füße mir, was drückt auf meine Brust?
Daß schalllos mir zurück der Odem kehret.
Ich möchte morden, bin voll blut'ger Lust,
Und nieder sind die Hände mir gezwungen,

Ja wie ein Hund im Mantel eingeschlungen
In wirrer Ungestalt sich wälzt, entstaltet
Mein Zorn sich; weh! mein Herz, mein Blut erkaltet;
Wer quälte mich hieher? Verfluchter Ring!
Ich seh' ihn wieder, der einst vor mir ging!
Wer pflüget dort? Ihr Götter! halte, Licht!
Rings sinket Nacht! weh mir, mein Auge bricht!
Nein, nein, ihn sehn! ich winde mich heraus,
O hilf mir, Primislaus, mein Primislaus!

(Sie sinkt an seiner Hütte nieder.)

Primislaus
(tritt auf.)

Wer ruft mich? du? was suchst du, Mörderinn?

Wlasta.

Dich, dich —

Primislaus.

Elende! o so ziehe hin,
Und flicht dein Haar, und reinige dein Schwert.

Wlasta.

Du hast gelöst mein Haar, befleckt mein Schwert,
Flicht mir es wieder, wasche ab dieß Blut —
Es ist der Spiegel von des Himmels Glut. —
Ha, wie die Welt hinfährt, die Wälder sausen
Tief unter mir, wie sturmgepeitschte Meere
Sich wälzen und zum zorn'gen Himmel brausen.
Es hebet mich hinan — die Wolkenheere
Umtoben wiegend mich auf allen Stürmen,
Zerrissen durch des Lichtes Sonnenspeere
Umziehn sie mich gleich schrecklichen Gewürmen!
Hinan, hinan, schon grüßt von bläuen Thürmen
Mich das Gestirn am hohen Himmelshaus.
Glüht roth der Mond; ich seh' dich, Primislaus —
Ich sehe Böheim, dir liegt es zu Füßen;

Wie eine blut'ge Stierhaut vor dem Riesen.
Da sinket eine schwarze Wolke nieder —
Sie trennet uns, leb' wohl, ich seh' dich wieder,
Wenn einst in Wuth, in Blut zerrinnt der Traum,
Sehn wir uns an des Traumes blut'gem Saum!

(Sie erstarrt.)

Primislaus.

Bist du von Sinnen, bist du nur berauscht?
Lado gab alle Liebeäpfel dir,
Kraft, Schönheit, Zucht und lockende Begier,
Mit Zauberäpfeln hast du sie vertauscht.
Von Bilsen, Schierling, Alrun Zwratka bildet
Die bösen Früchte, die dich so entbildet.
Was starrest du mich an? — sie schweigt, sie lauscht!
Du Zaubersünderinn, von dannen weiche,
Dein gottlos Nachtwerk hier zu Tag nicht stelle,
Entweihend mir den Segen meiner Schwelle!
Nicht rührt sie sich — starr, kalt, wie eine Leiche —
Am blut'gen Saum des Traums seh' ich dich wieder,
Sprach sie. Weh! Unnatur der böhmschen Dirnen!
Du träumest unter wankenden Gestirnen,
Und weckend fällt ein Stern einst auf dich nieder.
Der Wahnsinn, der im Schlafe gräßlich lacht,
Stellt blutig weinend sich am Lichte dar,
Mit bleichem Antlitz und zerrauftem Haar;
Wenn über schmerzzerrißnen Herzen euer Traum,
Wie über'm Leichenfeld der Tag erwacht,
Dann sehn wir wieder uns am blut'gen Saum.
Ihr Mägdlein, treulos, scheulos, zuchtlos, fruchtlos,
Ihr Mägdlein, heimathlos das Land durchirrend,
Im Panzer wohnend, mit dem Sporne klirrend,
Mit Buhlerei und Tollmuth ausgerüstet,
Die Ehre und die Schande wild verwirrend,

Hier weggeworfen, dort so frech gebrüstet.
O daß ein Gott Libussens Blindheit löse,
Denn ihr seyd Böheims Schwäche, Böheims Blöße,
Mit meinem Mantel will ich sie bedecken,
Mög' eine heitre Zukunft dich erwecken.

(Er wirft seinen Mantel über Wlasta, und kehrt nach seinem
Acker.)

Druhan und Chobol
treten mit ihrem Gefolge und dem Zelter Libussens auf.

Druhan
(nach der Seite, wohin Primislaus zu ackern ging, zeigend.)
Dieß sey er, hat der Knabe uns entdeckt.

Chobol.
Er ist es, sieh', die Stiere sind gefleckt.

Druhan.
Wem hat, wie ihm, ein Gott den Pflug gestellt,
Ein Blinder pflüget er dem blinden Glücke
Die Krone achtlos aus des Schicksals Feld.
Ihn länger arm zu lassen, wäre Tücke.

Chobol.
Er pflüget scharf am Rande des Geschicks,
O kühne Wagniß eines Augenblicks!
Auf solchen Lebensgipfeln steh' ich gern,
Auf solcher Schneide ist die Aussicht frei,
Diesseits und jenseits lauert Sclaverei.
O rufet nicht, noch athm' ich ohne Herrn!

Druhan.
Vorahndend warf den Mantel er zur Erde.
(Er hebt den Mantel auf.)
Was ist dieß? Wlasta hier mit blut'gem Schwerte!
Sie ras'te, als Libussa ihn genannt,
Wär' also einer Liebenden Geberde,
Ich glaubte sie in diesen Mann entbrannt.

Chobol.

Ein gutes Zeichen, daß wir so sie trafen,
Ihm unter'm Mantel wird der Hochmuth schlafen.
(Wlasta bewegt sich.)

Druhan.

Ich decke sie, es ist ihr nicht zu trau'n,
Sprichst du vom Wolf, so blickt er durch den Zaun.

Erster Slave.

Jetzt hat er seine Furche schon vollendet,
Ruft ihn, eh' er den Pflug zur zweiten wendet.

Druhan
(ruft.)

Liebling der Götter, Chechen Herzog, schließe
Dein Tagewerk, und höre unsre Grüße!

Chobol.

Mit Lächeln schüttelt er das braune Haar,
Und pflüget weiter, rufe, ganze Schaar!

Die Männer alle.

Heil dir, o Primislaus, preiswürd'ger Mann!
Verlaß' den Pflug, spann' deine Stiere aus,
Besteig' dieß Roß, leg' Ehrenkleider an,
Heil dir, o Herzog, Heil dir, Primislaus!
(Primislaus naht sich, das Roß fällt auf die Knie, so auch
die Männer.)

Druhan.

Er naht, er naht, seht ihm das Roß sich neigen,
Beugt eure Kniee, denn dieß ist das Zeichen.

Chobol.

Gesandte sind wir, zu dir ausgegangen,
Libussa und das Volk heißt dich zu eilen,
Die Krone, die die Götter dir ertheilen,
Dir selbst und deinen Kindern zu empfangen.

Primislaus.

Nicht spottet mein, nennt mich nicht euren Herrn,
Bedenkt, die milde Frucht hat bittren Kern.
Die Jungfrau schläft, die hier mein Mantel deckt,
Als Löwinn wacht sie auf, so ihr sie neckt.

Druhan.

Herzog, spann' aus den Pflug, folg' uns zum Thron.

Primislaus.

Nicht länger treibt mit mir so schnöden Hohn,
Das Salz in meiner Hand würzt mir mein Brod,
Was sind mir alle Scheffel Böheims Noth!

Chobol.

Kämst du, o Herr, jetzt aus der Mutter Schoos
Als eines Königs Sohn zum Tageslicht,
So wärst du Herr, und wundertest dich nicht,
Die Scheffel schienen dir ein Salzfaß blos.
Folg' uns, o Herr, verstehe deinen Stern,
Nicht länger lasse Böheim ohne Herrn.

Primislaus.

So seyd beschämt, wißt, dem Erfinder schon
Hab' ich vergeben euren frechen Hohn.
Ihr kommt zu spät, tritt, Werschowetz, heraus!

(Er öffnet die Thüre.)

Werschowetz
(beugt das Knie vor ihm.)

Heil dir, Herzog von Böheim, Primislaus!
Der Boten Ankunf tilget meine Schuld,
Ich huld'ge dir, verleih' mir deine Huld!

Primislaus
(sich plötzlich besinnend, in ruhiger begeisterter Betrachtung.)

Gebähr'nde Erde, Himmel, der erzeugt,
Du süßer Lüfte unsichtbares Meer,
Du lebend Wasser, um den Erdkern schwer

Die Schiffe tragend, und im Luftmeer leicht
In Wolkenschiffen vor der Sonne segelnd,
O Sonnenfeuer, Mondschein, Sternenlicht,
Den ew'gen Lauf der Zeiten sicher regelnd,
O Jugend, die gleich frommer Schwalbe zieht,
Und Mensch, du Spiegelaug', das Alles sieht,
Gedanke, mit des Windes Schnelle schweifend,
Du will'ge Hand, das Deine stets ergreifend,
Du kluge Zunge, die mit Allem spricht,
Verständ'ges Ohr, das Alles dieses hört,
Du unersättlich Herz, das es begehrt,
Du grimmer Tod, der Alles niederbricht!
Ein größ'res Wunder sprecht ihr in mir aus,
In mir, dem Menschen, in dem Primislaus!
Ein kleines Kunststück faßt wohl diese Hand,
Den Stab des Kroks, zu herrschen hier im Land.
Am Herrn ist nicht mehr Kunst als an dem Knecht,
Und gegen Seyn scheint alles Werden schlecht.
Als diesen Stecken mir Libussa gab,
Sprach sie, so er erblüht, erblüht dir Heil,
Ich pflanze ihn auf meines Vaters Grab.
(Er stößt den Stab in den Hügel, und er treibt drei Sprossen.)

Druhan.
O sel'ger Mann! dir wird das Glück zu Theil!

Chobol.
Der dürre Haselstab, er knospt empor!

Werschowetz.
Drei Zweige treiben aus dem Stamm hervor.

Primislaus
(er spricht in dieser Scene ohne alle Verwunderung.)
So ist es wahr! die Stiere laß ich frei!
(Er geht nach dem Acker.)

Werschowetz.
Ein Wunder! auf daß er ein Herzog sey!

Chobol.
Sieh', seine Stiere blickt er ernsthaft an!

Druhan.
Er streichelt sie, der treue fromme Mann.

Werschowetz.
Und nun entspannt er sie, sie eilen fort!

Chobol.
Seht, wie sie stürmen gen den Felsen dort.

Druhan.
Er bringt den Pflug.

Werschowetz.
Und spannet uns davor.

Chobol.
O Zauberei, die Stiere fliehn empor!

Druhan.
Verschwinden in der Luft!

Werschowetz.
Freiheit der Böhmen!

Chobol.
Die Freiheit, die den Pflug des Weibes zog,
Mag, wie dieß Stierpaar, das in Luft zerflog,
Mit diesem Wunder nur ihr Ende nehmen.

Primislaus
(bringt den Pflug, und stürzt ihn um.)
Des Fürsten Tisch wird nun des Bauers Pflug,
Kommt, eßt mit eurem Herrn, er hat genug.
(Er setzt Meth - Brod und Früchte auf.)

Druhan.
Am Eisentisch, sprach sie, o wunderbar!
Wird er euch laden zu dem mäß'gen Mahl!

Y

Primislaus

(in eine fromme Stimmung übergehend.)

Sprach so Libussa, nun, so sprach sie wahr!
So esset dann, es ist das letzte Mahl,
Nicht geh' ich mehr durch dieses Hauses Thüre,
Nicht zu dem Feld, das dieses Brod mir brachte,
Die Bienen, deren Fleiß den Meth mir machte,
Nun ihre Königinn allein regiere.
Was ich gethan, ihr Götter, war vergebens,
Ich stehe auf dem Gipfel meines Lebens!
Der Becher aber steht in Gottes Hand,

(Er ergreift den birkenen Becher.)

Er leeret ihn, er füllet ihn zum Rand,
O lasset mir ein Abschiedslied ertönen,
Die heimathlichen Götter zu versöhnen!

Druhan.

Stille Flur, ihr grünen Matten,
Hütte, die er selbst gebaut,
Wo durch heil'ger Eichen Schatten
Ihm die Sonne zugeschaut!

Chobol.

Büsche, wo auf weichem Moose,
An der Quelle Blumensaum,
Ihn der Duft der wilden Rose
Eingewiegt in süßen Traum!

Chor.

Lebet wohl, er muß euch lassen,
Wer kann Glückes Flug erfassen?
Lebet wohl! lebet wohl!

Druhan.

Wenn er früh zum Hügel schaute
Von der blumenvollen Au,

Schien das Schloß, das stolz erbaute,
Ihm ein Wolkenbild im Thau.

Chobol.

Jetzt, o heil'ge Morgenstunde,
Giebst du ihm wohl höhern Lohn,
Denn das Gold aus deinem Munde
Bauet ihm den goldnen Thron.

Chor.

Morgengold, dich muß er lassen,
Sorgengold, dich muß er fassen.
Morgenglanz! Sorgenkranz!

Primislaus.

Thöricht Glück, verschon', verschone,
Du gibst für den Stab das Schwert,
Tauschst den Pflug mir mit dem Throne,
Und sie waren mehr mir werth.

Meinen Becher, den ich fasse,
Leer' ich, wo mein Stab ergrünt,
Eh' die Heimath ich verlasse,
Sey der Hausgott mir versühnt!

(Er trinkt, und gießt die Neige des Tranks auf seines
Vaters Grab.)

Chor.

Birkenkelch, dich muß er lassen,
Goldpokal, dich muß er fassen,
Hausgott, Hausgott, sey versühnt!

Primislaus.

Ich löse nun den Goldring von dem Pflug.

(Er nimmt Libussens Ring vom Pflug.)

Er schließe mich an die, die einst ihn trug.

Druhan.

Ich deck' dich mit des Sorgenmantels Last.

(legt ihm den Mantel um.)

Werschowetz.

Ich lös' die Riemen deines Schuhs von Bast.
(zieht ihm die Bastschuhe aus.)

Chobol.

Ich lege deinen Fuß in goldne Häft.
(legt ihm die Goldschuhe an.)

Druhan.

Ich gürte deinen Leib mit Sieg und Kraft.
(gürtet ihn.)

Chobol.

Ich schmück' dein weises Haupt mit stolzer Mütze.
(setzt ihm die Mütze auf.)

Alle.

Zu Roß, zu Roß! rag' auf dem goldnen Sitze!
(führen das Roß heran.)

Primislaus
(nimmt das Roß beim Zügel.)

Ihr treibet mich hinan des Thrones Stufen,
Denkt, dieser Tag ist Wiege künft'ger Zeiten.
Zu früh habt ihr mich von dem Pflüg gerufen,
Der Mitwelt Eile büßt der Nachwelt Leiden.
Hätt' ganz umpflüget ich des Ackers Hufen,
Bis wo die Steine meine Gränze scheiden,
Mit fremder Zunge und mit fremden Sitten
Hätt' nie ein Herrscher euren Thron beschritten.

Drei Zweige seh' ich meinem Stab entschossen,
Der letzte grünt, die früheren verderben,
Es werden viele meinem Stamm entsprossen,
Doch einer stets des Krokus Stuhl erwerben,
Und sind einst sechs Jahrhunderte verflossen,
Wird fremde Glorie euren Zepter erben,
Dann werdet auf des Nachbaradlers Schwingen
Ihr zu des Völkerruhmes Sonne dringen.

Viel sind berufen, Einer auserlesen,
Der dich empor trägt, edles Volk der Chechen!
Des Herrendienstes Knechtschaft wird er lösen,
Sein Licht wird alte Finsterniß durchbrechen,
Verjährter Rechte Schmach wird er entblößen,
Und wird ein menschlich rechtes Recht euch sprechen,
Dann wird dem falschen Mond er Gränzen stecken,
Der Sonne Untergang mit Nachruhm decken.

    Aus diesem strömt in Abendlichtes Milde
Ein Quell des Rechts, ein Spiegel aller Güte,
Dieß Land deckt Vorsicht mit getreuem Schilde,
Wie auch des Weltzorns Meersturm es umwüthe,
Die Nächsten rings verbilde und verwilde,
Reift doch zur Frucht, o Böheim, deine Blüthe!
Ich warf die Saat, wer wird die Frucht genießen?
Leb' wohl, mein Pflug, ich muß den Thron begrüßen!
      (Er besteigt das Roß, allgemeines Geschrei: Heil, Heil dir, Pri-
       mislaus! sie ziehen ab.)

           Wlasta
  (erwacht, und noch traumtrunken sieht sie dem Zuge des Primis-
         laus nach.)

Hindurch, hindurch, ich muß ihn wiedersehn,
O Muth, Muth, Muth! hinweg, du blut'ge Woge,
Ich zwinge dich, du mußt mir untergehn,
Um ihn, um ihn bin ich so weit geflogen,
Um ihn, um ihn kann ich noch auferstehn,
Vom ganzen Abgrund selbst hinabgezogen,
O Luft, o Licht, ihr sollt mich nicht ertränken,
Er ragt, er glänzet, o ich kann ihn denken!
       (Sie richtet sich auf und sieht dem Zuge nach.)
Er zieht zu ihr, o Erde, thu' dich auf!
Verschlinge ihn, so steig' ich auch hinab.
Weh mir, er sinket nicht, er steigt hinauf!
Den Bastschuh warf dein Stolz zu mir herab,

Ich werf' ihn dir in deines Ruhmes Lauf;
Blüht gleich der Stab, den dir Libussa gab,
Will ich die Hand nach deinem Goldrock strecken,
Ich, die dein Bauermantel konnte decken.

(Sie nimmt seine Schuhe und den Mantel.)

Konnt' ich dich nicht zu Böheims jungem Throne
Mit kühnem Schwung des Adlerfittigs heben,
Will ich doch über deiner neuen Krone
Ein Geier aus der Zukunft Wolke schweben,
Libussa gab sie dir, dem Bauersohne,
Der böhm'sche Herzog soll sie Wlasten geben.
Fluch! Fluch den Männern, weil ich einen suche,
Bis ich, wird er mir nicht, ihn auch verfluche!

Fünfter Act.

Vor Anbruch des Tages bei Krofs Eiche. Man sieht bei der Eiche ein verunstaltetes Kreuz und mißlungenes Muttergottesbild von Silber. Pachta und Trinitas sind beschäftigt, das Bild eines Pelikans zu reinigen.

Pachta.

Das Kreuz, der Jungfrau Bild sind uns mißlungen;
Vom Pelikan, der künstlicher gestaltet, [101])
Ist rein die mannigfalt'ge Form gesprungen.
Der Finger Gottes sichtbar vor uns waltet,
Zur Reife ist dieß Volk noch nicht gedrungen,
Daß sich des Glaubens Bild ihm rein entfaltet.
Das Schöne soll das Göttliche bedeuten,
Der Pelikan das Höh're vorbereiten.
Slawosch wird nach Libin dieß Bild mir bringen,
Doch früher geh' ich hin, es zu erklären,
Leicht dürften, die so lang an Götzen hingen,
Das Gleichniß als des Bildes Gott verehren.
Dem Feind, der jene Bilder ließ mißlingen,
Muß ich in dieses hier den Eingang wehren;
Vor jenen muß der Widersacher weichen,
In dieses kann die Schlange ein sich schleichen.

Trinitas.

Mein Vater Theophil ersann dieß Bild,
Mit hoher Liebe Werk das Volk zu rühren.
Der Pelikan, deß Blut die Jungen stillt,
Soll zu des Opfertods Geheimniß führen.

O laſſe, Pachta, mit dem Bild mich wallen,
Dem neuen Herrn, eh' er die Zügel nimmt,
In ſeiner alten Blindheit Zügel fallen!
Es iſt dem Menſchen eine Zeit beſtimmt;
So ich nicht bald ein chriſtlich Werk vollende,
Bring' ich zu meinem Gotte leere Hände!

Pachta.

Noch zög're, Trinitas, noch wage nicht;
Aus dem mißrathnen Guß mir Sorg erwacht,
Trag' noch der Wahrheit Licht zu Tage nicht.
Feſt wölbt ſich über uns die alte Nacht,
Zieh'n aus der Kuppel wir des Schluſſes Stein,
So ſtürzt auf uns der ganze Bogen ein.

Trinitas.

Wer tödtet mich, mich, die Unſterbliche?

Pachta.

Unreifer Eifer, der verderbliche.

Trinitas.

Wann endlich reift die Südfrucht hier im Land?

Pachta.

So Frucht als Sonne reift in Gottes Hand.

Trinitas.

Vergönne, Gott, nur einen Frühlingstag,
Daß dieſes Herz zur Reife kommen mag!

Pachta.

Dein Maitag naht auf dieſes Morgens Pfad,
Heut will ich ſchon zu Tetka dich geſellen.
Doch dich dem Volk, den Prieſtern auszuſtellen,
Es wär' an dir, an deinem Werk Verrath.

(Ab.)

Trinitas.

Verrath? Stand vor dem Volk, den Prieſtern nicht
Der Herrlichſte, war er nicht auch verrathen,

Der ewige, der güt'ge Gott der Gnaden?
O eile, eile, süßes Maienlicht!
Beschlossen ist es, Herr, in deinem Rath,
Zum Tod ging Trinitas den weiten Pfad,
Dem Glauben soll im rauhen Land der Tschechen
Dieß Herz ohn' eines Christen Anblick brechen.
O heilige mich, Herr, mit guten Werken
Den einsamen, verwaisten Tod zu stärken.
Barmherz'ger Gott! erbarm' dich deiner Magd,
Laß deines Todes sie theilhaftig werden,
Lab' sie aus deinem Kelch, wenn sie verzagt.
Dein Will' gescheh' im Himmel wie auf Erden!
O eile, eile, süßes Maienlicht,
Der Tag, der anbricht, meine Tage bricht!

Hubaljuta
(aus der Hütte hervortretend.)

Zum Jutrobog erhebst du dein Gebet,
Da noch Triglawa an dem Himmel steht?
O nimm der Göttinn nicht, was ihr gebührt,
Daß sie nicht zürnt, und dich zum Tode führt.

Trinitas.

Wer sind die falschen Götter, die du nennst?

Hubaljuta.

Die weisen Götter, die du nicht bekennst.
Triglawa ziehet hin auf schwarzem Rosse,
Und trägt den Mond im Arm, der ihr Genosse.
Hat sie zurückgelegt des Laufes Bahn,
Führt Jutrobog das rothe Roß heran,
Der Morgenröthe Gott, der Maienheld,
Er gießt des Segens Thau auf Flur und Feld.
Sprich, kann dein Pelikanus in Gewittern
Wie Peron blitzend auch die Eichen splittern?

Trinitas.

Nichts können Bilder, die des Menschen Werke,
Der selbst ein Bild; und was sein Aug' bemerke
Im blauen Himmel und auf grüner Erde,
Sind Bilder, daß der Herr bewundert werde.

Hubaljuta.

Wer ist der Herr?

Trinitas.

Er, der in Licht gekleidet,
Gleich einem Teppich blau den Himmel breitet,
Auf Wolken fährt, auf Windesflügeln geht,
Zu Engeln Sturm und Flamme sich erhöht,
Die Erde in der ew'gen Feste gründet,
Und mit dem Kleid der Tiefe sie bedeckt,
Mit Mond und Sonne, die er angezündet,
Dem Auf= und Niedergang das Zeitmaas steckt,
Er, der die Wasser über Berge stellt.
Und Alles muß vor seinem Schelten fliehn,
Und fährt vor seines Zornes Donner hin,
Verbirgt sein Antlitz er, so bebt die Welt;
Doch trägt er sie, daß sie nicht niederfalle,
Und öffnet ihr die Hand, und nähret alle.
Zieht er den Odem an, welkt sie wie Laub,
Läßt er den Odem wehn, steht sie in Blüte,
Nimmt er den Odem ihr, fällt sie in Staub.
Weis' ist sein Werk, geordnet voll der Güte.
Die Berge, die er angerühret, rauchen,
Die Erde betet unter seinen Augen;
Doch seine Höhe, Tiefe, Länge, Breite
Mißt nicht die Zeit mit des Gedankens Schnelle,
Und nimmer füllet seines Daseyns Weite
Der unermeß'ne Raum mit Lichtes Welle.
Sein Hier, sein Dort ist gränzlos, ungestadet,

Sein Je, sein Immer bahnlos, ungepfadet!
Lobsingen will ich ihm mein Lebelang,
Und meine Stimme soll ihm laut erschallen,
Bis alle Götzen der Gottlosen fallen,
Halleluja vom Auf= bis Untergang!

Hubaljuta.

Und wer ist gottlos?

Trinitas.

Der, der an den Tod
Die Hoffnung hängt, und flehet in der Noth
Zum Götzen, der sich selbst nicht helfen kann,
Es rüstet sich sein Holz der Zimmermann
Zu nützlichem Geräth auf manche Weise,
Und kochet bei den Spähnen sich die Speise;
Das Krumme, Ästge aber sucht er aus,
Und schnitzt in müß'ger Zeit ein Bild daraus,
Die Risse und die Lücken er verstreicht,
Mahlt bunt es an, daß sich kein Tadel zeigt,
Macht ihm ein Häuslein, heftet's an die Wand,
Daß es nicht falle, mit dem Eisenband;
Denn hülflos bleibet, wie die andern Klötze,
Zu dem er betet, der unmächt'ge Götze.
Das böse Bild ist so des Fluches werth,
Wie der, der es geschnitzt, und es verehrt.
Es sind vom Anfang her die Götzen nicht,
Das Endliche vor meinem Herrn zerbricht;
Es ist vollkommene Gerechtigkeit,
Zu wissen seine Macht und Herrlichkeit.
Erkennen dich, o Herr, ist in der Zeit
Die Wurzel der lebend'gen Ewigkeit!

Hubaljuta.

O lasse länger so mich leben nicht,
Und nimm mich auf in deines Glaubens Licht!

Trinitas.

Mein Gott und Herr, dein Werk ich nun beginne,
Erleuchte, ew'ges Licht, der Jungfrau Sinne,
Auf daß ich dir dieß reine Herz gewinne;
Dann schaue gütig nieder auf mein Leben,
Ich will den Geist in deine Hände geben,
Von Angesicht zu Angesicht dich sehn,
Gekrönet auch bei meinem Vater stehn.
Wie ihm geschehn, laß, Herr, mir auch geschehn!
Komm, Jungfrau, sieh, die junge Maiensonne
Spielt in dem Fluß bei deines Sieges Wonne!

Hubaljuta.

Heut ist des Jutrobogs, des Maies Fest, [102])
Den Winter treibt heut Zwratka aus dem Nest,
Der Frühling Leben auf die Fluren senkt,
Der Tod, Marzana, wird im Strom ertränkt.

Trinitas.

Mit diesem Strom wasch' ich von deinem Haupt
Den finst'ren Tod, der dir das Licht geraubt;
Doch wer, Geliebte, soll dein Zeuge seyn?

Hubaljuta.

Niemand ist hier, der meine Sehnsucht kennt;
Doch nein, ich irre, dieses Blümelein,
Die Primel, die man Himmelsschlüssel nennt,
Schloß letzt sich auf im frühen Sonnenschein,
Sie wird mir willig ihren Nahmen leihn.

(Sie bricht eine Primel.)

Trinitas.

Erschließ den Himmel, erste Frühlingsblume
In dieses Landes ödem Heiligthume!

(Sie führt sie nach der Moldau.)

Zwratka, Meneljuba, Entawopa, Moriwescha. Ziack trägt auf einem Stabe das Bild Marzana's, eines alten Weibes, vor ihnen her, sie singen:

Marzana, Marzana!
Wir treiben dich aus,
Aus Feldern und Wäldern,
Aus Gärten und Haus.
Der Winter muß sterben,
Der Frühling zieht ein,
Geschmückt steht der Acker,
Es grünet der Hain!

Ziack.

Hier ist es geschehen!

Zwratka.

Beim Tscharte, da stehen,
Die lange wir suchten,
Die neuen, verfluchten,
Unsinnigen Götzen.
Es soll uns ergötzen,
Die Freude uns würzen,
Zum Fluß sie zu stürzen,
Das sey unser Fest.

Meneljuba.

Hinunter, hinunter
Den schimmernden Plunder.

(Sie stürzen die Bilder, welche Pachta gegossen, vom Ufer hinab.)

Entawopa.

Wir rein'gen das Nest,
Sie stehen nicht fest.

Ziack.

O Jammer und Schade,
Die glänzenden Wunder!

Moriwescha.

Hinab zu dem Bade,
Das ist eine Lust.

Ziack.

Marzana, du mußt
Nun nach ohne Gnade,
Das bringt dir Verdruß.
Ach, Meist'rinn, sieh' dort!

(Er wirft das Bild Marzanas, das er auf dem Stabe trägt, hinunter, und da durch das Gewicht der Figuren, welche die Zauberschülerinnen hinabgeworfen haben, das Gebüsch am Ufer niedergerissen ist, sieht man entfernt Hubaljuten am Ufer knien, und Trinitas im Begriff, sie zu taufen.)

Zwratka.

Was siehst du, sprich fort!

Ziack.

Frau Lado im Fluß
Begießet mit Fluten
Das Haupt Hubaljuten,
Und reicht ihr den Kuß.

Zwratka.

Hoch, hoch eure Beile!
Daß, wenn mit dem Pfeile
Ich fehle die Magd,
Ihr nieder sie schlagt!

(Sie legt an.)

Trinitas

(gießt Hubaljuten das Wasser auf's Haupt.)

Im Nahmen des Vaters und Sohnes —

(Der Pfeil trifft sie in's Herz, man sieht sie in die Arme Hubaljutens sinken.)

Hubaljuta.

O weh und aber weh, sie ist dahin!

(Sie trägt sie hervor, Slawosch tritt heran.)

Im Aufblühn, Licht der Welt, mußt du verderben!

Zwratka.

Auf sie! sie muß dem finstern Gotte sterben,
Von dem ich heute ausgegangen bin.

(Sie hebt ihr Beil, Slawosch erschlägt sie.)

Slawosch.

So kehre dann, du Scheusal, hin zur Nacht,
Es kehren alle hin, woher sie kamen!

Trinitas
(sterbend.)

Und in des heil'gen Geistes Namen, Amen!
Weib, ich verzeihe dir, es ist vollbracht!

Die Mägdlein
(fassen die sinkende Zwratka.)

O Jammer! Weh!

Zwratka
(sterbend.)

Dreimal verfluchte Eiche! —
Ich habe nicht umsonst gen dich gerungen;
Die mich aus heil'gem Traume hier erwecket,
Schickt' ich zum Traum, der mich mit ihr bedecket.
Fluch Niva dir, du hast mich nicht bezwungen,
Auf ewig stehn die unterird'schen Reiche!

Huhaljuta
(senkt ihr Haupt auf Trinitas nieder.)

Verfinst're dich, o Tag, dein Auge bricht!

Slawosch.

Dahin ist nun so Finsterniß als Licht!
Der Morgen hat uns sterbend angelacht,
Und gleich dem grimmen Wolf die Dämmrung lauert!
Tragt weg, ihr Dirnen, eure alte Nacht,
Sie sey von euch, so wie ihr mögt, betrauert;
Doch fort mit ihr, ihr Bild erregt mir Wuth;
Auf mich, auf mich, auf Slawosch komm' ihr Blut!

Die Mägdlein
(heben Zwratka auf.)

Auf dich, auf dich, o Weh und aber Wehe!

Slawosch.

Wo sind die Bilder, die ich nicht mehr sehe?

Entawopa.

Hinab zum Flusse stürzten wir die Götzen —

Slawosch.

Die Herrlichen, o Frevel, o Entsetzen!
Nach, Here, auch, ich treibe aus den Tod,
Des Frühlings Blut floß in das Morgenroth!

(Er wirft Zwratka hinab, die er den Händen der Mägdlein
entreißt.)

Entawopa.

O weh!

Moriwescha.

Weh!

Meneljuba.

Weh!

Hubaljuta.

Ja weh euch, wehe mir!
Ihr ließt sie morden, und ich weine ihr,
Die herrlicher als alle Menschen war,
Erloschen sind die Augensterne klar,
Nicht spricht sie mehr; mit lehrbegier'gem Munde
Trink' ich das heil'ge Blut aus ihrer Wunde.

(Sie legt ihr Antlitz auf sie.)

Ziack
(springt hervor.)

Weh, Hubaljuta, giftig war der Pfeil!

Entawopa.

Reißt sie zurück.

Hubaljuta.

O heilig ist der Bronnen!

Moriwescha.

Du trinkst den Tod!

Hubaljuta.

Das Bild, das ihr zur Flut
Geworfen, hat ihr Vater einst ersonnen,
Der Pelikan, der mild mit seinem Blut
Aus Herzenswunden tränket seine Jungen;
Für mich, für mich ist dieser Quell gesprungen!

Meneljuba.

Allmächt'ge Liebe!

Entawopa.

Deine Schmerzen theil' ich!

Moriwescha.

Weh mir, die sie nicht kannte.

Ziack.

Sie war heilig!

Slawosch.

Wohlan, der Götter Will' ist unergründet.
Die Meisterinn, die Schülerinn, entzündet
In Liebe, sind der Liebe Bild geworden!
Ihr Mägdlein, legt sie sanft auf grüne Zweige
Und tragt die Himmelsbraut, die Maienleiche,
Hin zu Libussens hochzeitlichen Pforten.

Meneljuba
(kränzt Trinitas.)

Um ihre Stirn wind'-ich noch Immergrün.

Entawopa.

Und Mäienblumen, die hier frisch erblühn.

Moriwescha.

An ihre Brust steck' ich den Rosmarin.

Hubaljuta.

Um dieses Kreuz, das sie mir vorgehalten,

3

Muß ich ihr jetzt die lieben Hände falten,
Und mit dem Schleier muß ich sie bedecken.

(Sie faltet ihr die Hände um das Kreuz, und verschleiert sie.)

Ziack.

O läutet nur in ihren goldnen Locken,
Ihr blassen duft'gen, kleinen Maienglocken,
O läutet nur, ihr könnt sie nicht erwecken,
Nicht träumt so süß, nicht schlummert also tief,
Die Imme, die im Lilienkelch entschlief.
Horch, horch, was singt die Schwalbe an der Hütte?

Hubaljuta.

Dein Will' gescheh, im Himmel und auf Erden!
Von sieben heil'gen Bitten ist's die dritte.

Slawosch.

Erhebt die theure Last, ihr Leidgefährten,
Und folgt mit stummer Klage meinem Schritte!

(Die vier Jungfrauen erheben Trinitas auf eine Bahre von Zwei
ge a, und tragen sie in seinem und Ziacks Gefolge ab.)

Scene vor Schloß Libin.

Pachta.

Der Frühling weckt in jeder Brust ein Sehnen,
Der Mensch weint mit der Rebe stille Thränen,
Die Knospe bricht, es regen sich die Narben,
Die Hoffnungen, die Freunde, die uns starben,
Bewegen unter'm Hügel sich; das Leben
Schwebt durch den Traum, sie möchten sich erheben.
Doch nie hat Schwermuth so mich noch erschreckt,
Seit mir des Alters Schnee die Locke deckt.
Nun ist's ein Jahr, daß Theophil den Tod
Des Herren starb, daß ich mit mancher Noth
Sein Kind vor der Verfolger Schwert versteckt!
O Trinitas, wie hab' ich mich erkeckt,
Dich in mein wildes Vaterland zu führen!

Sollst du die Felsen zum Gebete rühren?
Schwarz deckt die Nacht des Heidenthums dieß Land,
Ein Schimmer liegt kaum auf der Höhen Rand.
Gleich einem reifen Stern dringst du hervor,
Wer trägt dich hier, wer hält dich hier empor?
Wer hebet dich zum Himmel aus dem Thal?
Daß du mit deines Lichtes sel'gem Strahl
Die Bahn erleuchtest vor des Herren Füßen,
Der alle will mit seinem Heile grüßen.
Ich höre rings der Heiden wilde Weisen,
Marzana werfen sie zum Fluß hinab
Und toben singend um der Ältern Grab;
Die rohen Stimmen mir das Herz zerreißen.
Es ist, als hörte ich die Hämmer schwingen,
Als schmiedeten sie gegen mich die Klingen.
Mein Gott, mein Gott, ich will ja gerne sterben,
O laß nur sie ein christlich Grab erwerben.
O Frühling, o du holdgeschmückter Mai,
Durchdringe mich, mach' mir die Seele frei.
Sprich zu mir Weltgeist: Pachta, fasse Muth,
Wer kann dir nehmen des Erlösers Blut!

Libussens Mägdlein ohne Wlasta ziehen über die Bühne, sie
haben grüne Kränze in den Händen.

   Marzana, Marzana,
   Wir treiben dich aus,
   Der Tod ist versunken
   Im Wogen-Gebraus.
   Wir trieben den Winter,
   Den Tod aus dem Haus;
   Nun reicht uns der Frühling
   Den blühenden Strauß.
   (Sie bilden einen Kreis.)

Thu auf Papaluga

Den Himmel, und gieße
Den Thau auf die Wiese.
Bewege die Lüfte,
Und sende die Düfte,
Und sende den Segen,
Den Segen herab.
Flieg' auf und fall' nieder!
Flieg' hin, und kehr' wieder!

(Sie werfen alle ihre Kränze in die Höhe, und iede hafcht deren, fo
viele fie kann, andere bemühen fich nicht darum.)

Stratka.

Ich hüte meinen Kranz, verfchleudr' ihn nicht.

Scharka.

Ich geb' ihn preis, weh der, die um ihn ficht!

Hodka.

Ich habe drei, drei Männer hier erhafcht.

Nabka.

Halt Hodka, halt, das ift zu grob genafcht!

Milincka.

Vier habe ich, wer will fich Männer kaufen?

Zaftawa.

Nicht kaufen, aber lieber darum raufen!

Ratka.

Nimm diefe hier, ich fchenke dir den Haufen!

Libuffa, Tetka, Kafcha, Biwog.

(Die Mägdlein ordnen fich.)

Libuffa.

Ich treffe euch in eurem Frühlingsfpiel,
Und ftecke eurem Kranzwurf fchön ein Ziel.
Geht in die Gärten, brechet, was da blüht,
Und flechtet Laub und Blumen in Gewinde,
Womit die Pforte fchmückend ihr umzieht,
Daß euer Herr den Eingang feftlich finde,

Pflanzt Maien auf, und opfert eure Kränze
Libussen heut, daß ihre Trauer glänze!
(Die Mägdlein werfen ihre Kränze auf einen Haufen, und eilen die
Schloßtreppe hinan.)

Wann wirst du Meister mir die Bilder bringen?

Pachta.

Verzeihe ihr unschuldiges Mißlingen.

Libussa.

Mißlangen sie?

Kascha.
Das meine?
Tetka.

Alle drei?

Pachta.

Den deinen, Tetka, stand der Himmel bei.
Das Bild des Pelikans und seiner Jungen,
Obgleich das künstlichste, ist wohl gelungen.

Tetka.

Ist Polkan dieß, der Held, halb Mensch halb Roß?

Pachta.

Der Liebe Bild, die Blut für uns vergoß,
Ein edler Phönix, tränkend seine Brut
Mit seiner selbstgeschlagnen Wunden Blut,
Ein Gleichniß heil'gen Opfers frommen Blicken.

Tetka.

Des Himmels Bild, der alle will erquicken.

Kascha.

Der Erde Bild, die keinen läßt verdürsten.

Libussa.

Das Bild des hohen Lebens edler Fürsten.

Pachta.

Das Gleichniß von des wahren Menschen Tod.

Entschädigend des andern Werks Mißlingen
Will ich mit dieses Tages Abendroth
Die Künstlerinn zu eurem Troste bringen,
Des Ew'gen Bild in euer Herz zu gießen.
So rein ihr seyd, wird rein das Silber fließen.

Libussa.

Wer ist's?

Kascha.
Wen meinst du?

Tetka.

Jene, die wir sahn?

Pachta.

Ja jene Jungfrau will euch heute nahn.

Tetka.

Verhießen ward sie früher mir im Traum.

Libussa.

Niva, die Mutter schien sie mir am Baum.

Kascha.

Warum verbargst du sie? ich sah sie kaum.

Pachta.

Wer trägt ein Kleinod nicht versteckt durch's Land,
Verbirgt das Kunstwerk nicht vor Kinderhand?
Die Blume bring' ich den Geliebten zwar,
Doch sei vorher ihr hoher Werth auch klar,
Auf daß vor Stürmen sie die Zarte hüten,
Und spielend nicht den Kranz der süßen Blüten
Zerrupfen, als Orakel ihrer Liebe, [103])
Bis werthlos nur der nackte Stängel bliebe.

Libussa.

Du hegest schlechte Meinung von der Hand,
Die Sicherheit gewähret diesem Land.

Pachta.

War diese Hand doch sicher nicht gestellt,

Ist sicher doch der Pflug nicht auf dem Feld,
Sind allzu leicht die Götter doch versöhnt,
Die Jeder sich aus seinem Holze spähnt,
Er schnitzt des Götzen Leib, und Arm und Kopf,
Was übrig bleibet, wärmet seinen Topf.
Wo Gott noch nicht das Menschliche durchdrang,
Hat kaum das Menschliche des Thieres Rang.
Und würgtest du auch alle Geier hier,
Kehrt nie doch die erwürgte Taube mir.

Kascha.

Du gabst dem wilden Wald die Blume hin,
Die unsrer treuen Hut du nicht vertraut.

Pachta.

Nicht kannt' ich euch, und eure Heerde schien
Genährt von bösem zauberischen Kraut;
Um zu veredlen ihre wilde Art,
War wohl mein stilles frommes Lamm zu zart.
Einsam, versteckt, verschlossen im Gestein,
Sollt' vor dem Wolf es mir gesichert seyn.

Tetka.

Dein Kunstwerk unsrer treuen Hut vertraue,
Daß Weisheit in der Schönheit uns erbaue.

Pachta.

Beruh'ge dich, ich bring' sie heut zu dir,
Doch zürne nicht um meine Sorge mir.
Zerstörungssucht ist aller Menschen Theil,
Gräu'l ist dem Einen, was des Andern Heil.
Und hätte nicht die Erde sich erbarmt,
In ihrem Schoos oft herrlich Werk umarmt,
Hätt' nicht der Schutt manch Kunstwerk uns bewahrt,
Wir kennten kaum der guten Künste Art.
Was an den Tag tritt, bricht die blinde Wuth,
O wohl dem Schatz, der in der Erde ruht.

Der kunstgetriebne Kelch, der Käufer fand,
Er geht verkauft, vererbt von Hand zu Hand,
Dann bricht der Dieb den Riegel, Noth das Siegel,
Und schmilzt ihn in goldgier'ger Nachwelt Tiegel.

Libussa.

Du nennest Taube, Lamm und Kelch die Magd,
Die Taube, Lamm und Kelch uns hat gegeben.
Warum hast du sie Tetka zugesagt?
Wir haben alle Theil an ihrem Leben.

Pachta.

Ich zog mit ihr, den Bauort zu beschauen,
Der Grund ist fest, ich kann dem Bau vertrauen.
Nun möget ihr mein Schicksal auch erfahren:
Hier früh entführt von streifenden Avaren,
Ging ich als Knecht verkauft von Hand zu Hand;
Bis zu Byzanz ich durch der Hände Fleiß,
Als freier Maurer auf dem Tempel stand;
Zu meiner Arbeit sang ein frommer Greis,
In dessen Garten ich hernieder schaute,
Und sein Gesang hat also mich belehrt,
Daß ich mein Leben seinem Gott vertraute,
Als ich mit einem Götzenbild beschwert
In's Hausgärtlein des frommen Theophil
Vom schwindelhohen Tempelrande fiel.
Das Götzenbild lag neben mir zerschlagen,
Mich hatten Gottes Engel sanft getragen.
Von seines Gottes Wunder tief gerührt,
Hat mich der Greis zu meinem Heil geführt,
Der Bildner reich an Kunst und arm an Golde,
Weil er nicht falsche Götzen bilden wollte;
Ich blieb bei ihm, der Meister ließ die Kelle,
Ergriff den Meißel, und ward sein Geselle.
Doch als der falsche Dienst sich immer mehrte

Und Götzen man von Theophil begehrte,
Ließ der Tirann ihn auf sein kühnes Sprechen:
Nicht mag ich bilden, was ich nicht mag sehn!
Die frommen Augen aus dem Haupte brechen.
Nie wird sein Jammerbild mir untergehn!
Lobsingend sah den Märtyrer ich sterben,
Sein Haus, sein Töchterlein blieb mir, dem Erben.
Die Jungfrau wuchs in Trauer mir heran,
Und fühlte bald des frommen Lebens Bahn
In festem Will zum heil'gen Ziel gewendet,
Die Blinden, die den Vater ihr geblendet,
Zum Lichte ihres Glaubens treu zu führen;
Und schon begann der Feind nach ihr zu spüren,
Da folgte sie mir auf mein heißes Bitten
Zur fernen Heimath; viel hat sie erlitten
Auf weiter Reise, manchen Sieg erstritten,
Zu zeigen euch des ew'gen Gottes Licht,
Und, wenn ihr Aug, eh als die Nacht, hier bricht,
Auf dieses Land zu strahlen vor dem Herrn,
Der Böhmen nahmenloser Glaubensstern!

Libussa.

In edler Kühnheit deine Lippe spricht,
Doch scheint mir, unsre Götter ehrst du nicht.

Kascha.

Wer ist der Gott, um den ihr Vater starb,
Um den sie selbst so hohes Ziel erwarb.

Tetka.

Ist ihm in Himmelstag, in Erdennacht,
Ist zwischen beiden ihm getheilt die Macht?

Pachta.

Er ist nicht himmlisch, irdisch ist er nicht,
Ihn sieht kein Aug, ihn keine Zunge spricht,
Nicht dieß, nicht jenes, ist er, was da ist,

Was war, was wird. Durch ihn geworden ist,
Was niemahls war. Er ist das Werk, der Meister
Des Werks und seiner selbst. Anfang und Ende,
Lebendige Inwohnung sel'ger Geister!
Es bräch' dieß Herz, so es ihn nennen könnte.
Staunt selbst euch an in seines Frühlings Milde,
Ihr Ebenbilder von des Gottes Bilde.
Ja wenn das Werk den Meister je durchdränge,
Zum Meister selbst das Werk sich auch erschwänge;
Den Engel, den ich zu dir will geleiten,
Nimm Tetka unter deine Dienerinnen;
Sie wird, gleich einer Rose unter Linnen,
Der Weisheit Duft dir im Gemach verbreiten.

Tetka.

In einem Tage reifet nicht die Frucht,
Am Haus des Himmels baut die Ewigkeit,
Wer im Gerüste schon den Himmel sucht,
Wird leicht, so allzu schnelle es die Zeit
Herniederreißt, von seiner Last erschlagen.
So fährt dem Lichte fluchend mancher hin,
Wird nicht die Nacht behutsam abgetragen.
Gewöhnung will zur Wahrheit selbst der Sinn,
Das Plötzliche zerstört sich selbst in Schmerzen,
Des Heiles Prüfung ziemet edlen Herzen;
Denn nimmer ist der Götter Werk vollendet.
Hat sich zu mir die weise Magd gewendet,
Mag sie vor mir auch ihrem Gotte dienen,
Ich dien' ihm auch, ist wahr er mir erschienen.

Kascha.

Und findest heilsam Tetka du die Quelle,
Leit' ich sie auch zu meines Hauses Schwelle.

Libussa.

Die weite Wege von des Meers Gestaden

Mit ihrer Weisheit-Kleinod zu uns ging,
Genieße meines Schutzes, meiner Gnaden,
Wie nie ein werther Gast sie noch empfing;
Doch gleich des Heilquells unterird'schem Rinnen
Soll in Geheimniß sie ihr Werk beginnen;
Die Werkstätte des Heiles sei verborgen,
Denn göttlich Werk gedeihet nicht in Sorgen.
In unsrem Geist mag sie zu Tage gehen,
In uns, des dunklen Landes lichten Höhen,
Versammle sich ein Schatz von allem Segen,
Und sinke nieder, wie ein Frühlingsregen
Von hohen Wolken gleich vertheilet fällt;
Denn wilder Wassersturz ertränkt das Feld.
Die Weisheit wirke gleich des Himmels Sonne,
Die keinen schreckend, alles füllt mit Wonne.
So sei es. Laßt mich meiner nun gedenken;
Hört ihr des kriegerischen Chores Klang,
Die Männer ihre Fahnen auf mich senken,
Und meinem Tode schallet der Gesang.

Tetka.

Libussa, klage nicht, wär' dieß der Tod,
Unsterblich wär' das Mägdlein, dem er droht,
Ein grüner Todtenhügel wär' die Erde,
Ein Leichenfeuer wär' des Himmels Sonne,
Der bleiche Mond, ein ew'ger Leidgefährte,
Ein böser Mörder wär' des Frühlings Wonne.
Was ist es, theure Schwester, das dich quält?
Liebst du nicht Primislaus, den du erwählt?

Libussa.

Ich haß ihn nicht, doch wie soll ich ihn lieben?
Den Willen unterwirft er mir den Trieben,
Die Fülle macht er mit der Noth vertraut,
Stört küssend meinen freien Ernst, und baut

Die Werkstatt seines Lebens in mein Leben,
Den Leib nimmt er, die Seele muß ich geben,
Und wer mit diesen beiden sich verpflichtet,
Der ist vernichtet, der ist hingerichtet;
Der Herr, der Sclave wird, klagt nicht vergebens:
Mein war das Leben, nun bin ich des Lebens!

Pachta.

Nicht breche aus des Lebens heil'gem Bann.
Das Ewige allein ist Eins in dreien,
Doch Zeitliches erblühet nur aus zweien,
Die sich zu einem dritten keusch vereinen.

Libussa.

Entzweit ist das Geschlecht.

Pachta.

Nicht zum Verneinen;

Nein sich zu stärkrer Einheit zu erheben,
Aus der Erfüllung steiget nur das Leben.
Nur eine Jungfrau aber hat geboren,
Und um die Frucht die Blüthe nicht verloren!

Libussa.

Kann ich nicht also seyn!

Pachta.

Ja in dem Geist!

Libussa.

So sage Meister mir, was dieses heißt.

Pachta.

Empfange durch den Geist in reiner Seele
Das Bild des ew'gen Gottes, und erwähle
Dein ganzes Daseyn, um es auszusprechen;
Dann wird die Frucht dir nie die Blüthe brechen.
Aus Menschlichem, das jungfräulich empfäht
Und so gebährt, hervor die Gottheit geht.
Doch füge dich, es sprach der Herr: ein Leib

Und eine Seele nur sei Mann und Weib.
Mit Einem schließ den Bund, von frommer Zucht
Umblühet und verhüllt, reift edle Frucht!

Libuſſa.

O was ich gebe, iſt ſo hoher Preis,
Ihr Götter wißt, ich gebe es nicht preis.
Beruhigt bin ich, glücklich bin ich nicht,
Die Sonne war, das Feuer wird mein Licht.
Laßt mich nur trauern, ſchön war ja mein Leben,
Wer nicht die Gabe liebt, hat nichts gegeben.
Zur Kammer nun geleitet mich, um mir
Den Brautkranz auf das freie Haupt zu drücken.
Du Meiſter, helfe zu des Feſtes Zier
Den Dirnen dieſe Pforte auszuſchmücken.

(Mit Kaſcha und Tetka zum Schloß.)

Pachta.

Nicht Menſchenwerk, o Herr! ſind die Geſetze
Des heil'gen Glaubens; daß in der Natur
Den Spiegel Gottes Sünde nicht verletze,
Zeigt reiner Seele innre Angſt die Spur.
Mit Trauren geht ſie in der Ehe Band,
Das ungeheiligt iſt in dieſem Land,
Wo thier'ſcher Trieb ein frecher Kuppler iſt:
Heil ihr! die ihrer Ehre Werth ermißt,
Ihr weihet Gott zum Prieſter ihre Zucht
Und heiligt ihren Bund und ſeine Frucht.

(Die Dirnen kommen herab, und tragen Maien= und lange Laub=
und Blumengewinde, mit denen ſie unter folgendem Geſpräche
den Thurm ausſchmücken.)

Stratka.

Nun, Meiſter hilf, das Thor uns auszuſchmücken.

Scharka.

Der ganze Frühling ruht auf unſern Rücken,

Zastawa.

Die Blumenketten werden uns noch drücken.

Milenka.

Sind sie nicht fester, reiß ich sie zu Stücken.

Hodka.

Ach lieber Bäume doch, als Blumen pflücken!

Nabka.

Das Elend hebt sich immer an mit Bücken.

Pachta.

Das Thor sei rings mit Kränzen schön umzogen,
So wie ein Aug von dunkler Braunen Bogen.

Dobromila.

Ganz recht, sieh da, nun sieht es prächtig aus.

Budeslawka.

Das Schlichte macht die Hochzeit alles kraus.

Klimbogna.

Und auf den Thurm steck' ich den Riesenstrauß.

Swatawa.

Nun schaut es tüchtig in die Welt hinaus.

Pachta.

Hier aus dem Grunde laßt die Maien dringen,
Gleich freud'gen Palmen, die dem Herrn sich schwingen.

Stratka.

Dem Herrn, dem Herrn? verhaßt ist dieses Wort.

Scharka.

Das Zeug ist wurzellos, felsigt der Ort!

Mladka.

Reißt nicht den keuschen Eppich von der Mauer!

Nabka.

Denn dieser Brautschmuck ist von kurzer Dauer!

(Man hört den Gesang der Männer.)

Stratka.

Hört ihr der tollen Hochzeitbitter Sang!

Klimbogna
(vom Thurme.)

Die Fürstenmacher ziehen schon heran.

Scharka.
Du sprichst so leis, als machten sie dir bang.

Stratka.
Hinauf, bewaffnet euch, eh' sie uns nahn.

(Sie eilen hinauf. Páchta folgt ihnen. Das Thor wird geschlossen.)

(Die Männer ziehen auf, sie tragen grüne Äste.)

Marzana, Marzana!
Wir trieben dich aus,
Schon schmücken die Mägdlein
Zur Hochzeit das Haus,
Der eiserne Winter,
Unfruchtbar und todt,
Ertrank in der Moldau
Und Freien thut Noth.
Thu' auf, Papaluga,
Den Himmel und gieße
Den Thau auf die Wiese,
Bewege die Lüfte,
Und sende die Düfte,
Und sende den Segen,
Den Segen herab.
Flieh' auf und fall' nieder!
Zieh' hin und kehr' wieder!

(Sie werfen bei den letzten Worten ihre Zweige in die Höhe, und ha-
schen sie mit Getümmel, und tauschen sich gegenseitig die Zweige
unter folgenden Scherzreden aus:)

Erster Slave.
Her, her, ein halbes Dutzend Weiber will ich.

Zweiter Slave.
Nimm diese hin, so hast du böse sieben.

Dritter Slave.

Die eine hier ist mir schön mehr als billig,
Zu dürr zu Hieben, und zu zäh zum Lieben.

Vierter.

Genug an keiner, und zu viel an einer.

Fünfter.

Wer will dieß Weib, den widerspenst'gen Dorn?

Sechster.

Gib du die Grobe mir, du brauchst sie feiner.

Fünfter.

Verflucht! das schwanke Ding zeigt mir ein Horn!

Siebenter.

Ich habe zwei zu viel, ich habe drei!

Achter.

Ich hab' noch keine, gebe mir die zwei,
Die für den Werktag, die an Feiertagen,
Die Mücken und die Grillen zu verjagen.

Chirch.

Bewahrt die Zweige, legt sie unter's Kissen,
Sie machen, so ihr freit, ein gut Gewissen.
Ein böses Weib, dem ihr euch einverleibt,
Ein solcher dritter leicht zu paaren treibt;
An guten Zweigen wächset Rath und That,
Ihr Männer ordnet euch, Libussa naht.

(Die Fahne Chechs wird auf Libin aufgepflanzt, der Brautzug zieht herab. Die Mägdlein mit ihrer Standarte ziehen voraus, hinter ihnen folgen andere mit Teppichen und Kissen, dann Libussa im Brautschmuck von Kascha und Tetka geführt. Biwog und Pachta folgen; auf dem Thurme erschallen die Trompeten der Mägdlein, das Thor öffnet sich, die Kissen werden gelegt, die Teppiche aufgehängt, das Innere des Thors ist mit Blumen geschmückt. Die Diener stehen zu beiden Seiten die Thorstufen herab. Libussa tritt vor den Thron, ihre Schwestern, Pachta und Biwog links und rechts. Während diesen Anordnungen ertönen die Hörner der Männer, und die Trompeten der Mägdlein abwechselnd.)

Libuſſa.

Willkomm ihr Männer! ſo ihr von dem Rauſch
Erwacht, gedenkt noch vor dem böſen Tauſch,
Wie geſtern ich die Freiheit euch geprieſen,
Damit den Kindern ihr erzählen könnt,
Wie ihre Ältern von der Thüre wieſen
Den Gott, die Freiheit, die ſie nicht gekennt,
Wie ſie des Himmels Schatz vom Herde ſtießen,
Wo nun gemeines Küchenfeuer brennt.
Der Kinder Schwerter werden nie ergraben,
Was preis der Väter ſchnöde Zungen gaben,
Aus ihrem Blut wird nie der Tag erſtehen,
Den ihr im Meer des Zorns ließt untergehen.

(Man hört den Marſch der Prieſter.)

Eine Jungfrau vom Thurm.

Eröffnet euch, ihr Männer, machet Bahn,
Die Prieſter ziehen mit dem Gott heran.

(Feierlicher Marſch von Poſaunen. Drzewoslaus führt den Zug der
Prieſter, die das Bild des Jutrobogs unter einem Baldachin von Maien
tragen. Das Bild eines Jünglings von Gold auf einem ſilbernen
Roſſe ſtehend, das mit Roſen gezäumt iſt, hält einen Blütenzweig in
der Hand, und hat die Sonne auf der Bruſt. Ihm folgt die zweite
Abtheilung, von Lapack geführt, der an einer rothen Krucke geht, ſie
tragen Chechs Stuhl, Mütze, Mantel und Schwert. Die erſte Abtheilung ordnet ſich rechts, die zweite links, und vor Libuſſen machen ſie Halt, und ſprechen.)

Drzewoslaus

(im Vorübergehen des Zugs Libuſſen anredend.)

Der Morgengott, der Maiengott dich grüßet,
An ſeinem Feſt, an deinem Ehrentag.
Der Blüthenzweig, der ſeiner Hand entſprießet,
In deiner Hand zu Früchten reifen mag.
Triglawa hat auf deinen Kranz geweint,
Nun ſei dem heitren Jutrobog vereint,
Er wird dir Roſen auf die Betten ſtreu'n,
Mit Fürſtenſöhnen dieſes Land erfreu'n.

Lapack
(im Vorübergehen.)

Es heißt, der trägt die Ruhe aus dem Haus,
Der sich nicht setzt, leer ist der Stuhl des Krok,
Gib Ruh dem Haus, und füll' den Stuhl uns aus.
Es heißet auch, es zier' den Mann der Rock,
Und daß das eigne Hemd das nächste sei,
Und wie dich selbst sollst du den Nächsten lieben,
So zier' mit Krokus Rock ohn' Ziererei
Den Nächsten Besten, der dir wollt belieben.
Und weil leicht schartig wird, was allzu scharf,
Das Schwert auch treulos in unmünd'ger Hand,
So gib des Krokus Schwert dem, der's bedarf,
Unmündige zu schützen in dem Land.
Und weil dem Thoren lieb ist seine Mütze,
Und an der Mütze man erkennt den Thoren —

Libussa
(zürnend einfallend.)

Schweig, Lapack, Schwätzer, Thor, nach deinem Witze
Gehört des Krokus Hut auf deine Ohren,
Ich weiß, du hast um diesen Hut geworben,
An tollem Muth ist Narrenrecht gestorben!
(Trompetenstoß auf dem Thurm.)

Das Mägdlein.

Es naht der Herr, empfanget euren Herrn!
Er spornt sein Roß, schon ist er nicht mehr fern,
Er stürzet aus der Waldnacht wie ein Stern,
Weh' Fahne Chechs!
(Die Fahne wird auf Libin geschwenkt.)

Scharka.

Die Waffen hoch, ihr Dirnen!

Stratka
(fasset ihre Fahne mit beiden Händen.)

Der Jungfrau Fahne trotzet den Gestirnen.

(Biwog und Pachta schreiten gegen die Scene, aus der Primis=
laus zu Pferd hervor tritt, sie halten sein Roß, er springt unter dem
Klange der Trompeten herab, das Volk drängt sich um ihn, und
küßt ihm unter Geschrei den Ärmel.)

Volk.

Heil dir, o Primislaus, Heil dir, o Herr!

Primislaus.

Laßt mich, laßt mich, welch widerlich Gezerr!
Will durch den Ehrenpfad mir Demuth schreiten?
(Er läßt ihnen den Mantel in den Händen.)
So küßt den Ärmel dann auf ew'ge Zeiten!
(Er geht rasch gegen Libussen; da sie sich ernsthaft erhebt, bleibt er
plötzlich stehen, kniet vor ihr nieder, und reicht ihr den Apfel.)

Libussa, Seherinn, es kniet hier
Der Pflüger Primislaus, und bietet dir
Den Apfel nochmals rein und unverletzt,
Den du als Preis des Glückes ausgesetzt,
Und nochmals bittet er nur um die Kerne.
Willst du, daß er mit diesen sich entferne,
So legt er hier die Ehrenkleider nieder,
Und kehrt bescheiden zu dem Pfluge wieder,
Auf daß von ihm dein Volk Gehorsam lerne.

Libussa
(nimmt ihm den Apfel ab.)

Die Götter gaben dich mir zum Gemahl,
Der Apfel hier bestätiget die Wahl.
(Sie erhebt ihn.)
Ich hebe dich aus deinem niedern Stand
Zum Herren über mich, und dieses Land.
(Sie bricht den Apfel mit ihm.)
Den Apfel theilet Bräutigam und Braut,[104]
Verkündet es, Trompeten, macht es laut!
(Trompetenklang.)

Aa 2

Werſchowetz
(vor ſich.)

O Domaslaus, wär' ich ſo todt als du,
Ich ſehe meinem Tod lebendig zu!

Libuſſa.

Ihr Männer führt zu Krokus Stuhl den Herrn.

(Druhan und Chobol nahen ihm.)

Primislaus.

Verſchonet mein, ihr Männer, bleibet fern.
Gewohnt iſt nicht der Bauer, daß ſein Knecht
Zum Sitz ihn führt, dieß iſt des Weibes Recht.
Die, ſo mit Gruß und Kuß ihn an der Thüre
Empfing, ihn auch zum Sorgenſtuhle führe!

Libuſſa
ch freundlich.)

(Führt ihn zu dem Stuhl, legt ihm Kroks Mantel um, und ſetzt ihm
Chechs Mütze auf.)

Willkomm, mein Primislaus, Willkomm zu Haus!
Ich führe dich zu deinem Ehrenſitze,
Nimm den bequemen Mantel, ruhe aus,
Bedeck dein edles Haupt mit ſtolzer Mütze!

Primislaus
(ergreift das Schwert, das ihm Libuſſa reichen will, ſelbſt früher, als ſie.)

Geliebte, hüte dich, es könnte ſchneiden,
Dem Mann gebührt das Schwert allein zu führen.

Das Volk
(unterbricht ihn mit Freude.)

Dem Mann das Schwert, den Frauen nur die Scheiden!

Primislaus
(erhebt ſich mit drohendem Blick, fährt ruhig fort.)

Dem Mann gebührt das Schwert allein zu führen,
Zu richten, ſtreiten, ſcheiden und entſcheiden.

(Er entblößt das Schwert.)

Volk

(unterbricht ihn wieder.)

Dem Mann gebührt, die Weiber zu regieren.

Primislaus

(im Zorn.)

Nichts ungebührliches vom Knecht zu leiden!
So lärmt man nicht, ist erst der Herr zu Haus.
Glaubt ihr, ich sei der Bauer Primislaus,
So glaubet, daß er Hausrecht auch versteht:
Wißt, ungefraget rede nicht der Knecht,
Und, so er vor dem Herren klagend steht,
Wird ihm Gehör, und des Gesetzes Recht.
Vor allen sag' ich euch: Mauldienerei
Ist mir verhaßt, wer auch der Schmeichler sei.
Und wer ein Wort, das ich in Unschuld sprach,
Mit frechem Beifall mir zu Münze prägt,
Die durch die schmutz'ge Hand des Volkes läuft,
Der macht mit falschem Schein Gewährung nach,
Der hat um Schmach die Ehre mir verkauft;
Hat ausgewogen, was noch unerwägt;
Beim Peron, dieses Schwert den Fälscher schlägt,
Dem Ohrwurm bleib ich ewig unversöhnt.

Libussa.

Verzeihe ihnen, Herr! Sie sind verwöhnt.

Lapack.

Es gibt die Braut, bei uns nach alter Sitte,
Dem Bräutigam, und zweien, die erlesen
Als kluge Männer aus der Gäste Mitte,
Mit list'gem Witze Räthsel aufzulösen.
Wo ihm des Knotens Lösung nicht entschlüpft,
Dann ist ihm auch der Nestel nicht geknüpft.
Wird er besiegt, dann schwingt die Braut im Tanz
Der Sieger, bis er fällt der Hochzeits=Kranz;

An dich, Libussa, nun ergeht die Bitte,
Sprich aus dein Räthsel, ehr' die alte Sitte.

Primislaus.

Ehrbare Sitte ist ein halb Gesetz!

Libussa.

Die Gegner nennet?

Ein Theil des Volks.

Lapack!

Zweite Hälfte des Volks.

Werschowetz!

Libussa
(hebt ein Körblein empor.)

Ich trag im Körblein Böhm'sche Perlen feil,
Und jedem eurer geb' ich einen Theil,
Dem Ersten ihre Hälft', und eine mehr,
Dem Zweiten dann die Hälft', und eine mehr,
Dem Dritten dann die Hälft', und dreie mehr,
Wie viele hatt' ich? ist der Korb nun leer.

Werschowetz.

Mit sechzig Perlen treffe ich das Ziel.

Libussa.

Mit sechzigen verlorest du das Spiel.
Wär' ein Mal, halb Mal, drittel Mal so viel
Der Perlen in dem Korb, und fünfe mehr,
Dann wären ihrer über sechzig mehr
So viele, als an sechzigen jetzt fehlen.

Lapack.

Mit fünf und vierzig glaub' ich sie zu zählen.

Libussa.

So viel an fünf und vierzigen jetzt fehlen,
Als über fünf und vierzig d'rinnen wären,
Könnt' um ein halb, ein drittel, sechstel Mal

Die Perlen in dem Korbe ich vermehren.
Nun nenne du, mein Primislaus, die Zahl!
Primislaus.
Du Seherinn, den Göttern tief vertraut,
Wer deinen Flugen folgt, du hohe Braut,
Der folgt dem Adler in das Wolkenhaus.
Dem Sonnenlicht ein muthiger Genoß,
Seit deine Schönheit strahlend mich umfloß,
Breit' kecklich ich zum Ziel den Flügel aus,
Und wag den hohen Flug mit kühner Wahl:
Es sind der Perlen dreißig an der Zahl.
Libussa.
Nun lasset der Trompeten Schall erklingen.
(Trompetenklang.)
Nur Primislaus wird mich im Tanze schwingen.
(Sie zählt ihm die Perlen in die Hand.)
Von dreißigen die Hälft', und eine d'rüber,
Sind sechzehn Perlen; vierzehn bleiben über.
Von vierzehnen die Hälft', und eine d'rüber,
Sind ihrer acht, und sechs noch bleiben über.
Von sechsen dann die Hälft', und dreie mehr,
Sind sechse selbst, und seht, mein Korb ist leer!
(Sie gibt dem Werschowetz den Korb.)
Wer fruchtlos warb, der trägt den Korb davon!
Werschowetz.
Weh mir, Libussa, bitter ist dein Hohn!
Primislaus.
Sei ruhig, Freund, die Bräute scherzen gern.
Gab dir die Frau den Korb, vertrau' dem Herrn,
Er will, daß du nicht durch den Korb mögst fallen,
Zu seinem nächsten Rathe dich bestallen.
— Werschowetz.
Des Herzens Treue heilige mein Glück!

Stratka
(tritt vor Primislaus.)

Dein Wort, o Primislaus, nimm es zurück!
Nimm nicht die Schlange in dem Busen auf,
Ihn hat zu deinem Feld mein schneller Lauf
Allein verfolgt, weil er um deinen Tod
Mir seine Hand und deine Krone bot.
Verräther soll man nicht zu Rathe zieh'n!

Werschowetz.

Herr, halte mir dein Wort, du hast verzieh'n.
Nicht hör' die Dirne, die mir nie verzeiht,
Daß ich aus Laune einst um sie gefreit.

Primislaus.

Schweig, Werschowetz, nicht ziemt dem Unterthanen,
Den Fürsten seines Ehrenworts zu mahnen;
Als ich es gab, war ich als Fürst ernannt,
Wenn gleich mein Schicksal mir noch unbekannt.
Verdiene, Wersch, dein unverdientes Glück;
Denn nimmer geht des Fürsten Wort zurück.
Tritt ab nun, Stratka, Rache schreit aus dir,
Nie mehr fall' in der Rede Zügel mir.
Ein wildes Roß wohl lenket deine Hand,
Doch wirft mein Wort dich nieder in den Sand.
Leicht wär' des Fürsten Stand, wär' nicht sein Mund
Ein Quell, der schnell versieget auf dem Grund,
So er die Welle einschlingt, die er gießt,
Weil alles Wasser nach der Tiefe fließt.
Die Berge sinken, Thäler steigen auf,
Kehrt ja zum Quell zurück der Ströme Lauf.
Der Fürsten Wort ist dem der Götter gleich,
Das ausgesprochen noch lebendig steht,
Wenn selbst das Leben vor ihm untergeht.

Des Herren Wort gestaltet in dem Reich,
Und bricht sein Wort, bricht auch das Reich zugleich.

Getümmel unter dem Volk.

Zurück! Zurück!

Primislaus.

Wer dringt so laut heran,
Wer bricht um meinen Ehrenstuhl den Bann?

Wlasta
(verwildet und zerstört.)
(Dringt mit dem Schwerte hindurch, sie trägt den Bauermantel und
die Bastschuhe des Primislaus in ihrer Linken.)

Wer ist's, der mich zurück zu halten wagt?

Libussa.

Heran! heran! o Wlasta, meine Magd!

Wlasta.

Wer ist es, der so eng dich eingehegt,
Daß Wlasta er den Weg zu dir verlegt,
Darf ich nur dann an deiner Seite prangen,
Wann gift'ge Pfeile dir sind aufzufangen?
Hat Wlasta dir mit ihres Herzens Schrei
Die Sorg erweckt in deiner Sclaverei,
Dann zeig' den Herren mir, ihn zu verachten!

Libussa.

Kennst du ihn doch, und bist ihm selbst bekannt.

Primislaus.

Den will ich hoch vor allen Männern achten,
Der, Wlasta, Leib und Seel' dir überwand!

Wlasta.

Zu stolz, Libussa, machst den Bauern du,
Er spricht nur sich allein die Achtung zu.
D'rum nimm von mir, um zu demüthigen
Den goldbeschuhten Fürsten Primislaus,
Bastschuh und Mantel hier des gütigen,

Des stillen, frommen Bauers Primislaus,
Und nun gib deiner Magd Gerechtigkeit!

(Sie reicht ihr, den Mantel und die Schuhe.)

Libussa.

Gen wen?

Wlasta.

Gen mich, dieß Blut an meinem Kleid,
An meinem Schwert ist Blut des Domaslaus.
Ich schlug in wildem Muthe ihn zu todt,
Als er zur Ehe mir die Rechte bot.

Libussa.

O grimme That, den hochverehrten Mann!

Volk.

Herr, gib sie Preis, Herr, lege sie in Bann!

Primislaus
(gebieterisch.)

Bin ich der Knecht, seid ihr der Herr, so sprecht! [105)
Doch schweigt, wenn ich der Herr, und ihr der Knecht.

Libussa.

Willst du in's Recht des Herrn als Weib nicht geh'n,
Wähl' einen Fürsprech, der statt dir mag steh'n.

Wlasta
(auf Werschowetz zeigend.)

So gehe dieser für mich vor's Gesetz!

Primislaus.

Was kannst du für sie sprechen, Werschowetz?

Werschowetz.

O Primislaus, der Fürsten erste Pfade
Begleiten stets den milden Weg der Gnade.
Verzieh'st du, was ich unter'm heißen Sporne
Der Eifersucht gen dich mich unterfangen,
Verzeih', daß sie gepeiniget vom Dorne
Des Weiberstolzes, toll zu Werk gegangen.

Wlasta.

Ha winde dich, das ist die Kunst der Schlangen.

Primislaus
(wirft einen Zipfel seines Mantels über ihre Schulter.)

Sei frei von diesem Blut und diesem Zorne,
Mein Fürstenmantel deckte deine Schuld,
Mein Bauermantel deine Ungeduld.

Wlasta
(wirft den Mantel heftig weg.)

Unmännlich Recht, vermaledeite Huld!
Verjage, Fürstinn, ihn, er ist kein Mann,
Der mit des Mantels Zipfel nur allein
Ihr Recht der hohen Wlasta geben kann.
Ihr Männer glaubtet, daß der Jungfrau Schürze
Euch euer männlich Recht zu sehr verkürze.
Seht! euer Männerrecht, sein höchster Gipfel
Ist eines Fürstenmantels Gnaden-Zipfel.

Primislaus.

Sie raset.

Libussa.

Rozhon! Rozhon!

Biwog.

Schweige, Dirne!
Sonst bricht dir Biwog deine freche Stirne.

Lapack.

O Wlasta, hohe Tochter, fasse dich!

Wlasta.

Hab' ich zu viel gesagt, so richtet mich,
Denn Wrsch hat nur so wenig hier gesagt,
Weil er mit Domaslaus die Haut gewagt,
Und Primislaus nur Gnade an mir übte,
Weil ich um ihn den Domaslaus erschlagen.

Primislaus.

Um mich, Unsinnige?

Wlasta.

Ja, nur um dich!
Die Krone ward mir von ihm angetragen
Um deinen Tod; weh mir! wie fürchterlich!
Daß ich dich liebte, weh! ich muß es sagen.

Libussa.

Entsetzlich, Wlasta!

Primislaus.

Jetzt versteh' ich dich!

Wlasta.

Unseliger, zu spät verstehst du mich.
Ich hatte keine Krone dir zu spenden,
Ein liebend Herz bracht' ich in eignen Händen.
Getilgt ist' meine Schuld für Rozhons Tod!

Primislaus.

Wer hat von dir für diesen Lohn begehrt?
Libussens Helm sah ich in Kampfes Noth,
Und stritt für sie.

Wlasta.

Und mir nur half dein Schwert,
Ich trug den Helm!

Primislaus.

Ihr Himmlischen! wer bot
Ganz Böheim mir, als eines Schwertes Werth?

Libussa
(öffnet ihren Mantel.)

Ich, Primislaus, ich hab' dir Wort gehalten,
Sieh hier dein Schwert. Kein Schwert ward je gestählet,
Das also ungeheuer ward bezahlet,
Um einer Jungfrau Gürtel zu zerspalten.
Nun höre Böheim, wie Libussa sank:

Jungfräulich wäre ich, und nie ein Weib,
Hätt' ich dieß Land und euch, um meinen Leib
Zu schützen, nicht um eines Schwertes Dank
An ihn verkauft.

Drzewoslaus.
Nie zog solch herrlich Loos
Ein Blinder aus des Schicksals dunklem Schoos!

Primislaus.
Ihr ward mein Schwert, mir ihre Milde ward,
Daß Kraft die Huld, und Huld die Kraft durchdringe,
Hat sich das Eisen mit der Huld gepaart;
Und fest, und biegsam fordert nun die Klinge,
Die über eurem Haupt nach Fürstenart
Ich herrschend, lohnend, strafend fortan schwinge.

Wlasta.
Fluch meiner Zucht, Fluch deinem Unverstand!
Betrogen bist du, du hast hingenommen
Für ein unbändig Herz, ein knechtisch Land.
Doch was kann mir die Klage weiter frommen,
Mein Recht, Libussa, gebe mir mein Recht!

Libussa.
O unvertrautes, tief verschloss'nes Herz!
Nur ein Mal fühlt' ich dich elend und schlecht.
Gedenke jenes Abends, da voll Schmerz
Ich drei Mal zu dir sprach, hier in dem Bade:
Ganz anders, als du redest, spricht dein Herz.
Die Weissagung geht auch auf dunklem Pfade;
Nicht kränket mich, daß du den Pflüger liebtest,
Es schmerzet mich, daß du Verstellung übtest.
Doch welches Recht ist, das dich nicht begnade,
Wer ist's, der dich zu richten sich entblödet,
Du hast für ihn, für mich, für dich getödtet,

Wlasta
(mit steigender Leidenschaft.)

Was hilft dir Liebe, und was hilft mir Gnade,
Was hilft dir Offenheit, Vertrau'n, Geständniß?
Das Schicksal nur beherrschet die Erkenntniß,
Auf dunklem wie auf feuerhellem Pfade.
Mehr weiß ich, als du jemals hast erfahren,
Kein Gott, kein Lieben kann mir Heil bewahren;
Auf Wetterwolken bin ich hingefahren,
Und vor mir furchten Perons glüh'nde Schaaren,
Und in der Furche rann der Männer Blut;
Getrunken hab' ich schnell in meine Wuth,
Ward auf des Ungewitters wildem Wagen
Zum Schmaus der Unterird'schen getragen.
Da saß der grimmen Zukunft scheußlich Bild,
Es riß mich an sich, und auf diesem Schild
Mußt' ich den blut'gen Becher ihm kredenzen,
Mit Dornen dann das Schlangenhaar ihm kränzen;
Da ging der Kelch des Todes in die Runde,
Und Fluch und Kuß entstürzt von Mund zu Munde,
Und jeder Fluch war Fessel zu dem Bunde,
Und jeder Kuß war eine schrei'nde Wunde,
Und jede Brust war eines Schwertes Ziel;
Es spielten die Geschlechter blutig Spiel,
Um Lust, Noth, Mord, des Todes Schleier fiel,
Sie schäumten blutig wie verbiss'ne Hunde,
Und nimmer ward der Becher leer zum Grunde,
Da leert' ich ihn zur gräu'nden Morgenstunde;
Rund um die Tafel war der Himmel blutig,
Sie stäubten aus einander, ich blieb muthig,
Schon trat der Morgenstern, gleich wie ein Held,
Mir ernsthaft winkend vor das Nachtgezelt,
Doch immer fest ist Wlasta noch geblieben,

Die auf der Tafel wildem Knochenfeld
Ein Würfelspiel mit Schedeln lang getrieben;
Da hat sich einer gegen mich gestellt,
List gegen List, und Trug nun gegen Trug,
Bis jener dort den Sieg von dannen trug.
Es schrie der bunte Hahn mit hellem Schrei,
Wie mit der Sichel mir den Traum entzwei.

(Sie zeigt auf St i a s o n, der unter der Menge ist, und Hahnen=
federn auf der Mütze hat.)

Libussa.

Sie ras't!

Lapack.

Mein Kind!

Stiason.

Was schauest du mich an?

Primislaus.

Was hast du Tolle gegen diesen Mann.

Wlasta.

Ich fluche ihm, er ist der rothe Hahn,
Ich fluche ihm, ich fürcht' ihn, dann und wann.

Stiason.

Herr, thue mich aus ihrer Augen Bann,
Ich hasse sie, sie hat mir's angethan.

Kascha.

Sie hat den Trank der Hegesa getrunken.

Primislaus.

Halt, Lapack, deine Tochter in dem Zaum!

Wlasta.

Dich seh' ich an des Traumes blut'gem Saum!

Lapack.

Weh mir, sie ist in Wahnsinn ganz versunken!

Libussa.

Wlasta, ich mahne dich, bei deinem Eid,

Vermehre nicht um dich mein bittres Leid,
Zerreisse nicht dich selbst, mit wildem Wahne,
Tritt zu mir her, und ehre deine Fahne!
Gedenk der frühen Liebe unsrer Jugend,
Gedenk vereinten Kampf's, vereinter Lust,
Und tilge nicht das Abbild deiner Tugend,
Mit ekler Raserei aus meiner Brust.

Wlasta
(ernst gerührt.)

Libussa, Seherinn, du kennst die Stunden,
Wo Zukunft in dem Hinterhalte lauert,
Und wo des Menschen Geist vorahndend trauert;
Du kennst die Zeit, wo gleich dem Blut aus Wunden,
Die Zukunft aus dem Hinterhalte dringt,
Die Gegenwart gespenstisch mit ihr ringt.
Wer diesen Kampf bestand, hat überwunden,
Der lacht nicht mehr, der weinet auch nicht mehr,
Und träfe ihn das Leid auch noch so schwer.
Dem locket nimmer freudig sich das Haar,
Der ein Mal lebend schon begraben war.
Ich, die nun das Entsetzliche geseh'n,
Kann unentsetzt bei deiner Fahne steh'n.

(Sie tritt zur Fahne.)

Libussa.

Gab Zwratka dir nicht einen Zaubertrank?

Wlasta.

Sie gab mir einen Trank, denn ich war krank;
Sie wollte in die Höhle mich verschließen,
Doch meine Flügel sich nicht halten ließen;
Mich trieb ein inn'rer Drang mit Sturmesschnelle,
Der Wald umsaußte mich gleich Meereswogen,
So bin ich wie ein hülflos Schiff geflogen,
Durch wilde Wüste auf empörter Welle;

Die Nacht, die meine Seele mir umzogen,
Zerriß in Schreckgesichte Blitzeshelle.
Wie der Kometenschweife glüh'nde Ruthen
Sah dröhend ich mein Haar die Nacht durchfluten
Und in dem Hirne fühlt' ich kaltes Feuer;
Da brachen nieder aller Sinne Steuer,
Bewußtlos mich des Sturmes wilder Flug
Zur Hütte deines frommen Herrn verschlug,
Mein letztes Segel riß an seinem Pflug.
Er konnt' nicht helfen, und von seiner Schwelle
Trieb weiter mich die unbarmherz'ge Welle.
So stieg, so sank ich in des Abgrunds Haus,
Was ich gesehn, spricht keine Zunge aus.

Primislaus.

Gleich fremdem Vogel, den des Stribogs Söhne,
Die Stürme, aus der Heimath weit verschlagen,
Kam sie zu meiner Flur mit flieh'nder Mähne,
Das blut'ge Schwert sah ich sie schwankend tragen,
Verwirrt sprach sie auf meine bange Fragen,
Und sank bei meiner Thür als todt zur Erde,
Erstarrend in entsetzlicher Geberde,
Den Mund verbissen, und die Augen offen,
Als hätte sie Marzana's Pfeil getroffen.
Mit meinem Mantel ihre Schmach ich deckte;
So ließ ich sie, nicht weiß ich, wer sie weckte.
Nun aber klag' ich ihre Mutter an,
Die also schändlich ihrem Kind gethan,
Mit böser Kunst die Seele ihr entzügelt,
Und mit verfluchtem Rausche sie geflügelt.

Drzewoslaus.

Lapack, von dir sei heut um Mitternacht,
Zwratka dein Weib zum schwarzen Stuhl gebracht.

Bb

Lapack.

Ich sag' es ihr, doch kann ich sie nicht zwingen,
Sie ist ganz voll von wunderbaren Dingen,
Wenn gleich durch ihre Maifahrt noch von Kräften,
Zog sie schon früh in heiligen Geschäften.
Vielleicht ist sie heut' Nacht auch nicht zu Haus,
Sie geht in dieser Zeit sehr oft zum Schmaus.
Wlasta wird auch nicht von der Reise sterben,
Geht sie der Mutter nur nicht in's Gehäge.
Ein schlechter Krug selbst bricht nicht gleich in Scherben,
Fährt er zum Brunnen auf gebahntem Wege;
Sie wird die Künste von der Mutter erben.
Zu scharf macht schartig, schartig macht zur Säge,
Was ist die Zinke, folgt sie nicht dem Kamme?
Ich weiß, der Apfel fällt nicht weit vom Stamme.

Primislaus.

Doch böses Holz zum Feuer ich verdamme,
Dein Weib wird nicht von ihrer Strafe frei,
Und stände selbst der finstre Tschart ihr bei.

Libussa.

(gibt dem Primislaus Mantel und Schuhe, die ihr Wlasta gab.)

Die Schuhe und den Mantel nimm zurück,
Die Götter wählten dich, und nicht das Glück.

Primislaus.

Sie mögen in dem Schatz von Böheim liegen,
Der Nachwelt blinde Hoffart zu besiegen,
Dir aber, Theure, gebe ich den Ring,
Der wie ein Glücksstern vor dem Pflug mir hing.

(Er gibt ihr den Urmring.)

Libussa.

Ihr Götter, Primislaus, wer gab ihn dir?

Primislaus.

Verschwiegenheit versichernd, ward er mir.

Libuſſa.

Du weiſeſt mich mit keinem Eide ab,
Denn du darfſt ſagen, wer ihn nicht dir gab;
Hat Wlaſta dieſen Ring dir nicht gegeben?

Primislaus.

Nein, Wlaſta gab ihn nicht, bei meinem Leben!

Libuſſa.

Den Göttern Heil! du haſt ihn nicht von ihr!
So fluchet dann Libuſſa hier dem Dieb,
Vor deſſen Hand der Ring nicht ſicher blieb:
Wer war bei dir, ſeit dieſer Ring bei dir?

Primislaus.

Wlaſta, Stratka, Wrſch, Slawoſch, Domaslaus,
Und deine Boten ſahen mich zu Haus.

Libuſſa.

So iſt der böſe Dieb dann unter dieſen.

Tetka.

Laß, Pachta, uns nun deiner Kunſt genießen,
Den Dieb mit Buch und Schlüſſel ſchnell zu finden. [106]

Pachta.

Gib deinen Gürtel mir, das Buch zu binden.
(Er ſteckt einen Schlüſſel in ein Buch, das er aus der Bruſt zieht,
und bindet ihn feſt.)

Primislaus.

Welch Buch iſt dieß?

Pachta.

Der ew'gen Zeit Geſchichte,
Des liebſten Jüngers göttliche Geſichte.

Primislaus.

Zeig' mir das Buch!

Pachta.

Du kannſt es nicht verſteh'n,
Denn in der heil'gen Sprache iſt's verfaßt.

Primislaus.

Erklär' es mir.

Pachta.

Dieß sollte gern gescheh'n,
Verständ' ich es.

Primislaus.

So ist es dir zur Last,
Wirf es hinweg, kannst du es nicht versteh'n.

Pachta.

Dann müßten wir entblößt von allem geh'n,
Verwerflich wär' das Leben, die Natur,
Der ew'ge Gott, bewahrten das wir nur,
Was wir versteh'n. Herr, alles, was wir haben,
Sind des geheimnißvollen Gottes Gaben,
Sind göttlichen Verkehres Angedenken,
Die Seele zu dem Geber hin zu lenken.
Mich ließ dieß Buch ein Freund, ein Lichtgenoß,
Mit diesem Schlüssel seiner Hütte erben,
Als ich die blinden Augen ihm in Sterben,
Und weinend dann die kleine Hütte schloß.
Nun hab' ich mir zu dieser Wälder Nacht,
Den lichten Trost des blinden Freund's gebracht.

Primislaus.

Dein Wort ist ehrbar, fang dein Werk nun an.

Pachta.

So tretet, Wrsch und Wlasta, nun heran.
Der Knauf des Schlüssels, den dieß Buch beschwert,
Legt auf die Mittelfinger eurer Rechten,
Der aber, dem das Buch den Rücken kehrt,
Der ist der Dieb, es kehrt sich zum Gerechten.
Wohlan! Unschuldig Blut! Unschuldig Blut!
Du wendest dich von des Verbrechers Blut.

Tetka.

Es wendet sich das Buch nach keiner Seite.

Pachta.

Unschuldig oder schuldig sind sie beide.

Primislaus.

Dein Glaube ist weit stärker, als dein Buch.

Pachta.

Wie das, o Herr?

Primislaus.

Träf' nicht Libussens Fluch
Den Dieb des Rings, ich wollte dich beschämen.

Libussa.

So will ich meinen Fluch zurück hier nehmen.

Primislaus.

Sag' kühnlich, Werschowetz, wie dieser Ring
Aus deiner Hand in meine überging?

Werschowetz.

Mit Domaslaus, Libussa, nahm ich ihn
Von dem zerstörten Siegstein zu Djewin.
Dein Herr erhielt, da wir im Streite waren,
Den Ring, um ihn dem Sieger zu bewahren,
Gleich jenem Apfel, den wir auch ihm gaben,
Weil wir dein Räthsel nicht verstanden haben.

Libussa.

Pachta, das Auge deines Buch's sah rein,
Denn nie lag dieser Ring im Siegesstein!

Primislaus.

Er ist durch ihn an meinen Pflug gekommen.

Libussa.

Durch ihn! So hat er Wlasta ihn genommen.

Werschowetz.

Nein, zu Djewin.

Wlasta.

Weh mir, ich bin geschlagen,
Ich habe ihn zu Primislaus getragen,
Von Liebesnoth und Ruhmbegier berauscht,
Hab' meinen Ring mit deinem ich vertauscht,
Denn Zwratka log, daß an Libussens Ring
Des ganzen Glückes voller Segen hing.
Nimm deinen Ring von meinem Arm zurück,
Den nimmer wird Libussens Glück, mein Glück!

Libussa.

Behalte deinen Ring, er ist der deine,
An deinem Arm, treulose, war der meine,
Als ich den Arm dir zu Djewin verband,
Verwechselte die Ringe meine Hand.
Ich hatte dir, du rettetest mein Leben,
Zum Lohn den heil'gen Ring des Glücks gegeben.

Wlasta.
(im höchsten Schmerz.)

Weh mir! weh mir!

Tetka.

Groß ist der Götter Macht.

Kascha.

Und auf dem Baum der Sünde wächst die Ruthe.

Wlasta.
(Sie zerrauft ihre Haare.)

Weh mir! weh mir! Fluch Kascha's Hochzeits=Nacht!
Fluch diesem Ring! Fluch meinem tollen Blute!
Den Schicksalsgöttern gab ich mich zu eigen.

Libussa.

O, haltet sie!

Wlasta.
(Die Jungfrau'n halten sie.)

Die Berge muß ich steigen,

Und meine Schmach durch alle Wälder schrei'n,
Laßt mich! laßt mich! o mehrt nicht meine Pein!
Ich schreie, bis der böse Diw mich hört,
Der kalte Würger auf mich niederfährt,
Fluch aller Liebe, Zucht, den Männern allen!
Durch Lieb', Zucht, durch den Mann bin ich gefallen.
Platz! Platz! wer hindert meinen Lauf!

(Sie reißt sich los.)

Libussa.

Schließt euch, ihr Männer, haltet sie mir auf!

Stiason
(tritt ihr entgegen.)

Steh, Wlasta, Rede, du hast mir geflucht?

Wlasta
(sich fassend, ihm entgegen stellend.)

Ja, du, du bist's, so sei mein Glück versucht,
Verfluchte Hahnenfeder auf dem Hut!
Du färbst dich nimmermehr mit Wlasta's Blut!

(Sie erhebt ihr Schwert mit beiden Händen, er unterläuft sie, und
umarmt sie. Stratka, Scharka, entreissen ihr rücklings
das Schwert.)

Weh mir!

Stratka.

Wir wollen einst zusammen sterben!

Scharka.

Den schönsten Tod, der Nachruhm soll uns erben!

Wlasta
(gelassen tiefsinnig.)

Es kömmt ein Gipfel, und ein Abgrund mir!

Libussa.

Hinauf zu meiner Kammer geht mit ihr!
Geh, Wlasta, geh, ich weiß wohl, was du sprichst,
Ich kenn' ihn wohl den Feind, gen den du fichtst,

Doch Zeit ist nicht, die Zukunft zu verkünden,
Da wir die Gegenwart nun fromm begründen.

(Sie führen Wlasta hinan.)

Primislaus
(zu Stiason.)

Wie heißest du, und dein Geschlecht, mein Sohn?

Stiason.

Ich bin aus Hestys Stamm, der Stiason.

Primislaus.

Was thatst du ihr, wie kömmt die Hahnenfeder
Blutig auf deinen Hut? das trägt nicht jeder.

Stiason.

Seit ich ein Schwert trag', ist sie mir bekannt,
Ich geh' ihr nach, hab' meine Lust an ihr;
Stets muß ich wissen, was für ein Gewand
Sie täglich trägt, und welche Helmeszier.
Ja ihrer Füße Spuren in dem Sand
Schau ich selbst an mit thörichter Begier,
Sie hat mir's angethan auf alle Weise,
Ich weiß nicht, ob im Blick, im Trank, in Speise?
Und neulich hier bei Biwogs Hochzeitstanz
Ward mir das Herz nach ihr nur allzu groß,
Ihr Harnisch schimmerte im Fackelglanz,
Ich zog sie in den Kreis, sie riß sich los
Und stand vor mir, ihr Blick durchbohrt mich ganz,
Ich fühlte ihn, gleich einem Lanzenstoß,
Und als ich sie vom Saal sah heimlich schleichen,
Mußt' ich ihr folgen, konnt' nicht von ihr weichen.
Sie ging an meines Vaters Hof vorbei,
Und weil ich wußte, wo der Haushahn ruht,
Und daß des Hahnen Sichel und Geschrei
Gen alle zauberische Künste gut,
Entriß ich ihm der bunten Federn drei,

Und steckte, glaubend, sie auf meiner Hut,
Daß mir der bunte Feder Muth verleih',
Sie stürzte durch den Wald mit blinder Wuth
Und sprach von einem Ring, der vor ihr sei,
Und als am Siegesstein sie lang geruht,
Ward nun der Mond am Sternenhimmel frei,
Und ihrer Worte wild verwirrte Flut
Verrieth mir da, daß ihre Fantasei
Den Eichwald sah in lichter Flammen Glut.
Jetzt ward mir bang um sie, ich trat herbei,
Und sah, aus ihrer Wunde rann das Blut.
Da tauchte ich gen ihre Zauberei
Die Federn ein, und mir ward leicht zu Muth.
Doch sie erwacht mit wüthendem Geschrei,
Und fluchte mir, als eines Drachen Brut,
Und faßte mich, ich mußte mit ihr ringen,
Sie schmerzte mich, ich konnte sie bezwingen.
Am Siegesstein warf ich die Schwache nieder,
Da ward mir wohl, nach Haus eilt' ich nun wieder,
Wie hoch erfreut, daß ich sie überwunden!

Primislaus.
Ihr Mägdlein, die ihr euch am Schwert vergrifft,
Sie hat an ihm wohl ihren Mann gefunden.

Lapack.
Ein matter, stumpfer Pfeil leicht tödtlich trifft,
Ins blut'ge Ziel schon aufgerißner Wunden.

Libussa.
Er bleibt die Woge, gegen die sie schifft,
Die Segel voll, die Segel eingebunden.

Kascha.
Ein jedes Gift hat auch sein Gegengift,
An Stiason wird Wlasta einst gefunden.

Primislaus.

Ich nehme dich zu meinen Diener an,
Umwache mich, gleich ritterlichem Hahn.

Stiason.

Heil meinem Herrn! der Hahn nun tapfer kräht,
Und Kampf und Tod der Henne, die ihn schmäht.

Primislaus.

Druhan, Chobol, Motok, Ctirad, zu Räthen
Erwähl' ich euch, doch Wrsch soll vor euch treten.

(Die Männer neigen sich.)

Werschowetz.

Vom Stamm des Chechs, bin ich aus Lechs Geschlecht,
Des Landes Freund, des Herren Räth und Knecht.
Erlaub', daß ich dir nah mein Haus erbaue,
Damit ich leicht auf deine Winke schaue.

Primislaus.

Nah bei Libin sei deines Hauses Stand,
Das Werschowicze sei nach dir genannt.

Libussa
(hebt ihren Stab empor.)

Weh, Primislaus! du sä'st des Giftes Samen, [107])
Und bettest dir an's Herz der Schlangen Brut.
Weh uns! weh uns! daß in das Land sie kamen,
Ihr Blut vergießet unsrer Kinder Blut.
Sie fluchen deinem, fluchen meinem Namen,
Und in der Rache lang pererbter Wuth
Wird dieser Drachen Neid mit bösen Listen
Noch auf den Hügeln unsrer Enkel nisten!

Werschowetz
(mit Heuchelei.)

O Herr, so tilgt denn Reue keine Schuld,
Und keine That des Zornes büßt Geduld,
So erbt ein Fehler denn wie giftige Fäule

Von Kind zu Kind in einer bösen Beule;
So ist die Sünde denn ein ew'ger Tod,
Und weil mein Vater Krokus Baum bedroht,
Ruht nimmer nun die Säge mir im Schild,
Zerbrich! zerbrich! du tief verfluchtes Bild!

(Er zerbricht seinen Schild, und reicht Primislaus sein Schwert.)

Nimm hin mein Schwert, stoß es durch meine Brust,
Schütz deinen Thron, du mußt, ich sterb' mit Lust.

Primislaus
(besänftigend.)

Der Seh'rinn Wort, es ist ein heilig Wort,
Des Herrn Wort, es ist ein ewig Wort.
Mag Ewigkeit mit Heiligkeit dann streiten;
Die Zeit und du, ihr sollt den Kampf entscheiden.
Für die du fichtst, ihr wird der Sieg sich neigen,
Du kannst dich treu, du kannst dich treulos zeigen;
Doch bis du fällst, bleibst du in meiner Huld.
Zum Zeichen nehme ich das Bild der Schuld
Aus deinem Schild; es sei in's blaue Feld
Die goldne Fischerreuße dir gestellt. [108]
Weil Wrsch, dein Name eine Reuße heißt;
Nun fische treu, daß nicht dein Netz zerreißt.

Werschowetz.

Heil dir, o Herr, die Drachen und die Schlangen
Hast du mit dieser Reuße weggefangen!
Lieb', Gnade, Weisheit machst du mir zu Banden,
Wer mir sie löst, der wird an mir zu Schanden.

Primislaus.

Nun aber gönnet mir, ihr tapfern Chechen,
Ein ernsthaft Ritterwort mit euch zu sprechen.
Dem Leib des Menschen gleicht des Staates Leben,
Daß nicht ein Glied das andere verletze,
Muß nur ein Geist in allen Gliedern weben,

Der Geist des Rechts, die Einheit der Gesetze.
Um den Besitz zum Eigenthum zu heben,
Ist nöthig, daß ich Jedem Gränzen setze,
Die Feldmarktheile, Maaß, Gewicht, begründe,
Und einer festen Münze Werth verkünde.
Dieß alles soll in erster Zeit geschehn,
Doch Folgendes von jetzt, als fest bestehn.
Des Staates Kraft ist der Familien Einheit,
Die Einheit aber gründet sich auf Reinheit,
Und Reinheit ist entgegen der Gemeinheit.
Es soll das Weib nur eines Mannes seyn,
Und nicht wie jetzt, stets mehreren gemein.
Des Mannes Ehr' geh' aus des Weibes Leibe,
Daß Kindern ihres Vaters Name bleibe,
Daß gute Art durch Buhlerei nicht sterbe,
Der Bastard nicht des Sohnes Gut erwerbe.

Volk.

Ein weises Wort, Heil dir, o Primislaus!

Mägdlein und Weiber.

Auch uns ein Recht! Libussa, sprich es aus!

Libussa.

Dem Manne, der ein zweites Weib erkohren,
Dem sei die erste, und ihr Gut verloren,
Das Seine doch muß er den Kindern theilen,
Und dieses gelte so von beiden Theilen,
Denn was dem Ziele gilt, gilt auch dem Pfeil.

Die Weiber.

Ein weises Wort, Heil dir, Libussa, Heil!

Primislaus.

Wer selbst sich Rache nimmt, verliert sein Recht,
Den trifft das Recht, der Rechtes Rache schwächt.
Blut tilget Blut, und Mord ist niemals gut,
Man wird euch thun, wie ihr dem andern thut.

Nicht Mord ist Nothwehr, denn die Noth bricht Eisen,
Der Schmerz darf aus dem Fuß den Dorn sich reissen.
Ein Wort, ein Wort, so lang ein Mann ein Mann,
Die Mannheit nehm' ich dem, der Worte bricht,
Dem aber, der den Eid mir brechen kann,
Dem bricht den Stab des Lebens das Gericht;
Die Zunge, die ihn um sein Leben schwor,
Die werfe er auch selbst den Hunden vor.
Vor allem heilig sei die Sicherheit,
Wer nur den Werth des Weidenstranges stiehlt,
Der ihn erwürge, hänge jederzeit,
Und wer mit List der Einfalt Gut erzielt,
Durch Rechtsumgehung und durch Rechtsverdrehung,
Durch Rechtszertretung, und durch Rechtszerknetung,
Durch Rechtsverrenkung, Kränkung, Lenkung, Schenkung,
Durch Wucher, Lüge und Fürsprecherei,
Durch welche nied're Schuftenkunst es sei,
Den will ich drehen, treten, kneten, kränken,
Und den geschmeid'gen Rücken ihm verrenken,
Er soll die Schriften all hinunter fressen,
Mit denen er sich Fremdes zugemessen.
Ich rathe euch, ihr Richter, werdet blind,
Verlieret eurer Hände bös' Gefühl,
Geruch, Geschmack, euch auch verboten sind,
Und schlafet nicht, setzt euch im Sommer kühl,
Trinkt Wasser, bändigt frecher Triebe Brunst,
Sprecht Recht ohn' Kunst, braucht nie das Wort mit Gunst,
Vor euch sei jeder namenlos, geschlechtlos,
Und gabenlos, sonst werdet ihr mir rechtlos.
Und so ihr faul, feil, geil und schmutzig seid,
Tret' in den Koth ich die Nichtsnutzigkeit.
Der Richter, der Geschenken je sich neigt,

Der lüftern nach der schönen Klägerinn schielt;
Und der, die Hülfe sucht, sich selbst empfiehlt.
Der, wenn er sprechen soll, die Hand hinreicht,
Und mit den Augen nach dem Beutel zeigt,
Der ist ein Dieb, der mir das Haus umschleicht,
Der ist ein Dieb, der mir in's Fenster steigt,
Der ist ein Dieb, der meine Ehre stiehlt.
Der Kläger, der Geschenk dem Richter bringt,
Metall, Frucht, Fleisch vom Menschen oder Thiere,
Was es auch sei, womit er ihn verführe,
Verliert sein Recht, wie es ihm auch gelingt.
Erst soll der Richter den Bestecher hängen,
Und dann sich selbst an selbst geflochtnen Strängen.
Hiermit sei das Gesetz heut abgetagt,
Es spreche jetzt, wer bittet oder klagt.

Druhan.

O gründe uns, Libussa, eine Stadt,
Wo Jeder Raum sich anzusiedlen hat,
Daß alle sich in deinem Rechte sonnen,
Ist allzu sehr des Volkes Flut zerronnen,
Zu Pflicht und Schutz sind wir so weit getrennt,
Daß einer hier den anderen kaum kennt,
Nun wolle uns nach guter Stelle schauen.

Primislaus.

Libussa! Seherinn! wo ist gut bauen?

Libussa.

Hört ihr der Äxte Schlag jenseits im Wald,
Wo sich der stein'ge Berg zum Thale theilt,
Das Bächlein Brusna zu der Moldau eilt,
Und wo der Berg sich mit Delphins Gestalt,
Zum Bächlein schwingt, dort fragt die Zimmerleute,
Was heute ihrer Äxte Werk bedeute;

Habt ihr erfraget, was sie dort bereiten,
So kehrt zu mir, dann will ich euch bescheiden.

(Druhan und Chobol ab.)

Primislaus.

Es haben Ernst und Freude ihre Zeit,
Nun stellen wir den strengen Ernst beiseit.
Auf! lasset alle Freudentöne klingen,
Der Räthsellöser will im raschen Tanz,
Bis ihr entsinkt der Hochzeit Blumenkranz,
Nun seine Braut in allen Züchten schwingen.

(Es erhebt sich eine freudige Musik, Tetka und Kascha setzen Libussen unter folgendem Gesang den Blumenkranz auf.)

Tetka und Kascha.

Nimm den Kranz, du Frühlings = Braut,
Von dem Maiengott bethaut,
Maienblumen, süße Glocken,
Läuten dir das Glück in's Haus.
Zöpfe werden deine Locken,
Dir am Busen diesen Strauß
Soll er pflücken, mög es glücken!
Aber will er ihn zerdrücken,
Strafe ihn mit süßen Küssen,
Bis er es wird lassen müssen.

Chor der Dirnen.

Nimm den Kranz, du Frühlingsbraut,
Von dem Maiengott bethaut.
Maienblumen, süße Glocken,
Läuten dir um deine Locken,
Läuten dir das Glück in's Haus,
Nimm den Kranz, und nimm den Strauß!

Pachta und Biwog
(kränzen den Primislaus.)

Wir kränzen den Herren,

Wir kränzen das Glück;
Es lacht dir im Kranze
Ein selig Geschick.

Sei mild, wie die Blumen,
Sei ernst, wie das Laub,
Und geh' mit den Bienen
Auf nützlichen Raub!
Und baue den Honig,
Das Wachs in die Zellen,
Und lasse die Wiege
Den Kindern bestellen.

Chor der Männer.

Sie kränzen den Herren,
Sie kränzen das Glück.
Uns lacht aus dem Kranze
Ein selig Geschick.

(Die Priester haben indessen vor dem Bilde des Jutrobogs einen kleinen
Scheiterhaufen von wohlriechendem Holze errichtet. Drzewoslaus
gibt Libussen, Lapack dem Primislaus eine brennende Fackel, mit welchen diese mit verschlungenen Armen das Holz anzünden,
sie legen die Fackeln darauf, und umarmen sich, während dem singen
die Priester, in einer feierlich freudigen Weise.)

Halbchor der Priester.

Jutro führ' am Rosenzügel
Segenvoll dein Silberroß,
Ewig von dem Sonnenhügel
Über dieses Hochzeitsschloß.

Ganzer Chor.

Jutro, Maiengott, den Winter
Halt' von diesem Bunde fern,
Und für Kind und Kindeskinder
Bleib' ein segenvoller Stern!

(Aus diesem Chor geht die Musik in einen immer rascheren Tanz über,
die Mägdlein bilden einen Kreis. Libussa und Primislaus tanzen den Wrtack zuerst, dann Kascha und Biwdg, Tetka und

Pachta tanzen nicht; während das Brautpaar tanzt, singen die Dirnen folgendes Lied, und schlagen bei dem Huihussa unter Trompetenschall mit den Schilden zusammen; als Biwoq und Kascha schon
mittanzen, fängt sich der Kreis an zu drehen, und auch das Volk
ordnet sich und beginnt einen charakteristischen Tanz, der aber kaum
begonnen, von dem Zuge des Slawosch unterbrochen wird.)

Dirnen.

Ernst und Freude tanzen selig,
Freud' wird ernsthaft,
Ernst wird scherzhaft,
Sie verwandlen sich allmählich!
Ruft Huihussa, ruft Huihussa!
Primislaus tanzt mit Libussa!

Wie der Ernst nun freudig schwinget,
Ernst wird scherzhaft,
Freud' wird ernsthaft,
Seht mir, wie sie gen ihn ringet.
Ruft Huihussa, ruft Huihussa!
Primislaus tanzt mit Libussa.

Seht ihn umschlingen,
Und schwingen die Braut,
Freudig erklingen
Die Ringe so laut!

Erst ganz allmählich,
Kaum fröhlich die Braut,
Und nun so selig,
So ehlich vertraut!
Huihussa! Huihussa!
Er schwingt die Libussa!

(Ein Trompetenstoß von dem Thurme, plötzliche Stille.)

C c

Primislaus.

Ungern hab' ich der Wächt'rinn Ruf gehört,
Wer ist's, der meine Ehrenlust mir stört?

Die Wächterinn.

Slawosch, vier Jungfrau'n, und ein Knabe!

Pachta.

O Herr! sie bringen meine Hochzeitsgabe,
Den Pelikan, der sich das Herz zerreißt,
Mit treuem Blut die zarten Jungen speißt,
Ein Bild des Bluts, das höh'rer Lieb' entquoll,
Ein Bild des Bluts, das allen helfen soll.

Primislaus.

Du läßt ein edles Werk zu uns gelangen,
Ertöne Chor, sie würdig zu empfangen.

(Sie ordnen sich, es hebt eine ernsthafte Musik an. Slawosch, Meneljuba, Entawopa, Moriwescha, tragen die verschleierte
Leiche der Trinitas herein. Hubaljuta und Ziack folgen nach.
Hubaljuta ist verschleiert, und setzt sich bei der Bahre schwach
nieder.)

Slawosch.

Schweigt, Töne, denn ich trag' den stummen Schmerz,
Klagt Jungfrau'n, und zerrauft die schwarzen Haare,
Ich trag' nicht gold'ne Last auf dieser Bahre!

Pachta.

O Jesus! Jesus! Wie erbebt mein Herz!

Die drei Trägerinnen.

Weh, Pachta dir! o weh euch, weh uns allen!
Es ist die schönste, heiligste, gefallen!

Pachta.

Mein Jesus, stärke mich, ich muß sie seh'n,
Geh' unter, Leben, du wirst aufersteh'n!

(Er reißt die Decke nieder.)

O, Trinitas, wie ist dein Blut so roth!

Libussa, Tetka, Kascha, treten an die Bahre.
Tetka.
Ihr Blut, ihr Blut, o Jammer; sie ist todt!
Mein war sie, mein, sie hat sich mir geschenkt,
Ihr Anblick floh mir hin gleich einem Bliß,
Die Spinne hat sich auf ihr Haupt gesenkt,
So lag im Traum sie vor des Donn'rers Siß!
Libussa.
Weh! wer hat seine Wuth an meinem Bild,
Und wen hat meines Bildes Blut gestillt?
Verfluchter Pfeil, von deinem Gifte schwillt
Dieß fromme Herz, war denn für dich kein Schild!
Kascha.
Weh! hin ist hin, wir sahen sie noch kaum,
Ein Gottesbild zog sie durch uns'ren Traum,
Am Rand der Nacht ein sonnenrother Raum,
Ein Sternenkuß im dunklen Himmels Raum!
Pachta.
Hier war das heil'ge Leben nicht willkommen,
Der Herr hat Licht gegeben, Licht genommen!
Tetka.
Verhüllet sie, der Tag wollt untergeh'n,
Wir sollen einsam in der Nacht noch steh'n!
Libussa.
Nimm hin, du Braut des Todes, meinen Kranz:
(Sie legt ihren Kranz auf die Bahre.)
Primislaus.
Ich decke dich mit meiner Blumen Glanz!
(Legt seinen Kranz auf sie.)
Tetka.
Du Herz voll Güte, das in Lieb verglühte,
Ich schmück' dich mit der Wolkenbeere Blüthe, [109]

C c 2

Die mir umkränzend meines Berges Rand,
Ich auch nach mir Tettinbeere genannt.

(Sie legt den Blüthenstraus auf sie, und spricht mit steigender Begeisterung.)

O schlumm're ewig nicht, du süße Magd,
O sei ein Mond, ein Stern, bis es einst tagt!
Dein Grab reißt zwischen Finsterniß und Licht,
Zum Abgrund eine brückenlose Kluft,
Die meiner Seele ird'sche Laufbahn bricht.
Ich baue zu Tettin dir eine Gruft,
Dort will ich um dich weinen, um dich klagen,
Bis Schmerzen mich wie Flügel zu dir tragen.
Tettin, ich sehe dich im Lichte ragen,
Du wundervolles, trauervolles Haus!
Von deinen Zinnen fliehen Tauben aus,
Und schimmern in der Sonne mit den Flügeln,
Es weidet fromm ein Lamm an deinen Hügeln,
Und stirbt unschuld'gen Tod auf deiner Schwelle,
Es glänzt der Kelch, und über ihm die Zelle
Wölbt sich empor zur heiligen Capelle! ¹¹⁰)
Tettin, Tettin, wie strahlest du mir helle!

                    Libussa.
Zu Krokus Gruft tragt die geliebte Leiche.
                    Pachta.
Dort will ich betend ihr zur Seite knien.
                    Hubaljuta
                (mit schwacher Stimme.)
Erhebet mich, daß ich nicht von ihr weiche!
        (Pachta und Slawosch erheben sie, sie wankt.)
                    Libussa.
Wer ist sie, haltet sie, sie sinket hin!
                    Slawosch.
Daß ganz dem Pelikan die Jungfrau gleiche,
War solche Lieb' der Schülerinn verliehn,

Daß sie das Gift aus ihrer Wunde trank:
Nun ist sie von dem Gift des Pfeiles krank.

Libussa.

Ihr Götter, welche Treue!

Tetka.

Heil'ger Muth!

Primislaus.

Ein Heldentrunk!

Kascha.

Sie trank das gift'ge Blut!

So zieh' ich aus der Wunde schnell den Pfeil,
Vielleicht wird noch für Hubaljuta Heil!

Hubaljuta.

Ich heiße Primula durch Gottes Weihe,
Der Himmelsschlüssel zu dem Christusmaie,
Zu früh erblich ich, und öffne noch nicht, ''')
Mich hat das Feuer gelocket, und das Gift begoßen,
Und geahndet nur hab' ich das himmlische Licht,
Da traf mich der Reif, und ich bin gestorben,
Doch vor der Himmelsthüre, die noch unerschlossen,
Hab' um guten Willen ich eine Stelle erworben,
O Heil, o Heil, o könnt' ich heilig werden!
Dein Will' gescheh' im Himmel wie auf Erden!

(Sie stirbt.)

Die Zauberschülerinnen.

Weh!

Libussa.

Weh!

Kascha.

Sie stirbt!

Tetka.

Daß sich mein Traum vollende!

Ziack.

O Liebe! so, so hat auch Sie die Hände.

(Faltet ihr die Hände.)

Libussa.

O bringt sie weg! der Schmerz will mich vernichten!

Primislaus

(mit Strenge.)

Fort mit dem Tod, Lebend'ge will ich richten!

(Tragen beide zu Krokus Gruft.)

Die Mägdlein.

Marzana! Marzana!
Du kehrtest zurück,
Frost hat uns erschlagen
Das blühende Glück.

Der Mai schickt die Kinder,
Die Blumen heraus,
Die hasset der Winter,
Und bricht sich den Straus.

Kaum lockte die Sonne,
Die Primel zur Au.
So traf uns're Wonne
Ein giftiger Thau.

(Pachta und Ziack folgen.)

Slawosch

(zu Primislaus.)

Zu Pachta ging ich, dir das Bild zu bringen,
Da hört' ich wild die Frühlingsweise singen.
Da trieb mich plötzlich angstgespornte Eile,
Doch noch zu langsam Zwratka's gift'gem Pfeile.

Lapack.

So klagt nicht mehr, um die verfluchte Magd,

Denn beide ſind ob falſchem Dienſt verklagt,
Es wollen auch die Götter Pachta's Blut!

Primislaus.

Schweig! Blut tilgt Blut, und Mord iſt niemals gut,
Man wird euch thun, wie ihr den andern thut.

Slawoſch.

So iſt gethan, ſie ſchoß den gift'gen Pfeil,
Und nieder auf ihr Haupt fiel Slawoſch's Beil!

Lapack.

Fluch! Mörder dir! ſie fiel nicht ungerächt!
(Er ſticht mit einem Opfermeſſer nach ihm.)

Primislaus
(ſchlägt es ihm mit dem Schwert aus der Hand.)

Wer ſelbſt ſich Rache nimmt, verliert ſein Recht,
Ihr Männer bringt ihn weg, ſein Weib zu klagen.
(Sie führen ihn ab.)
Du, Slawoſch, haſt noch Schuld hier abzutragen,
Du haſt das Recht der Rache mir geſchwächt.

Slawoſch.

Herr, thue, wie du willſt, mit deinem Knecht!
Auf angeſpannter Sehne lag ihr Pfeil;
Der Himmel und der Abgrund ſtanden offen,
Ihr Ziel war Trinitas, da fiel mein Beil!
Zorn iſt ein Gipfel, Rache ſtürzet ſteil,
Wer darf am Rand des Abgrunds lange hoffen,
An einem Augenblicke hing noch Heil.
Weh mir! mein Beil hat ſie zu ſpät getroffen!

Primislaus.

Nicht Mord iſt Nothwehr, denn die Noth bricht Eiſen,
Der Schmerz darf aus dem Fuß den Dorn ſich reiſſen.
Doch du erſchlugeſt eine Prieſterinn,
Mein Mantel reicht nicht dich zu ſchützen hin.

Doch wird das Blut von deinem Haupt gelöscht,
So eine Priesterinn die Hand dir wäscht.

Tetka

(füllt den Kelch am Quell, gießet ihm auf die Hand, und trinkt
mit ihm.)

Ich fülle meinen Kelch mit frischem Born,
Sei rein von Blut; denn heilig war dein Zorn.
Jetzt trinke du, und mir gebührt die Neige,
Daß sich mein Traum heut ganz erfüllet zeige. [112])
Reich mir die Hand, o Slawosch, mein Gemahl.

Slawosch.

Ihr Götter, welch ein Himmel in die Qual!

Stimmen.

Heil, Tetka! Götter, segnet ihre Wahl!

Primislaus.

Gedenke, Biwog, Slawosch, Primislaus.
In frommer Treue waren wir verbündet,
Und riefen liebend ihre Namen aus;
Wir haben friedlich unf're Wahl verkündet,
Das Glück führt allen uns die Braut nach Haus,
In Eintracht ist der Segen uns begründet!

Biwog.

In Eintracht soll der Segen Früchte tragen.

Slawosch.

Ja tausendfältig, bis zu ew'gen Tagen!

(Sie umarmen sich.)

Druhan und Chobol.

Wir kehren, Fürstinn, wieder aus dem Wald,
Wo sich der stein'ge Berg zum Thale theilt,
Das Bächlein Brusna zu der Moldau eilt,
Und wo der Berg sich in Delphins Gestalt
Zum Bächlein schwingt, dort fanden wir den Klen,
Des Smili Sohn, mit Südiroh dem Sohn,

Sie zimmerten, und als sie uns erseh'n,
Ruht ihre Art, sie waren fertig schon;
Wir grüßten, fragten: Meister und Geselle,
Was zimmert ihr? Sie sprachen: Prag, die Schwelle!

(Eine Stille.)

Libussa

(wird ernst, schaut in die Ferne hinaus, und steigt auf Krokus Stuhl,
und spricht, als sähe sie die Stadt vor ihren Augen entstehen.)

Die Berge treten ehrfurchtsvoll zurück, [113])
Es öffnet sich des Thales sich'rer Schoos,
Denn oben schwebt das wandelbare Glück,
Und wirft der Nachwelt räthselhaftes Loos.
O Herrlichkeit! sie wächst vor meinem Blick,
Sie steigt, sie windet sich, wie wird sie groß!
Schon ruft sie, spiegelnd in der Moldau-Welle:
Prag, Prag, heiß' ich, bin deines Ruhmes Schwelle!

Ich hör' das Beil, es lichtet durch den Wald,
Und feste Häuser steigen rings empor,
Sie reihen sich in wechselnder Gestalt,
Die Mauer schirmt, es wehret Thurm und Thor,
Es engt der Raum, zur Höhe treibt Gewalt,
Schon ragt am Berg der Schlösser hohes Chor,
Sie jauchzen lichtstolz in der Sonnenhelle:
Prag, Prag, du uns'res Glanzes Ehrenschwelle!

Schon fasset sie nicht mehr des Thales Bucht,
Schon wehret ihr nicht mehr des Flusses Macht,
Und wie der Bergstrom wachsend Ebne sucht,
Dringt jenseits sie; der Wälder tiefe Nacht,
Sie neigt sich ihr; der Fläche stolze Frucht,
Die weite Stadt, zum blauen Himmel lacht,
Und grüßt hinüber zu den Schlössern helle:
Prag, Prag, liegt hier vor seines Thrones Schwelle!

Ja wie des Bergstroms Sohn, der blanke See,
Liegt sie gebreitet in der Sonne Glanz,
Und wie versteinte Wogen ringsum seh'
Ich stolzer Schlösser, hoher Tempel Kranz.
Es braust das Volk, und rauscht in Wohl und Weh;
Es tost die Stadt in Lust und Waffentanz,
Und mancher singt auf des Geschickes Welle:
Prag, Prag, du meines Glückes reiche Schwelle!

Sieh! auf dem Schloß erglänzet eine Krone,
Und wie ein Königsmantel weit ergießt,
Die goldne Stadt sich von des Berges Throne;
Um ihn als ein gestirnter Gürtel fließt
Die Moldau ernst, und Heil der Nachwelt Sohne!
Der mit der Brücke Demantschloß ihn schließt.
Durch Siegesbogen, lobsingt laut die Welle:
Prag, Prag, du meines Heils umpalmte Schwelle!

O Trinitas, ich seh' aus deiner Gruft
Zwei goldene Oliven sich erschwingen,
Im heil'gen Garten würzen sie die Luft,
Durch alle Himmel muß ihr Duften dringen,
Gleich frommen Bienen um der Blüthen Duft,
Wird alles Volk in ihrem Schatten singen.
Es bricht die Nacht, o Duft, o Lichtes Helle!
Prag, Prag, du unsers Heils und Glaubens Schwelle!
(Sie sinkt Tetka und Kascha in die Arme.)

Primislaus.

Schmückt mir den Pflug, den mir Libussa gab,
Ich pflüg' den Raum der neuen Stadt euch ab.
Erhebet euer Herz, und jauchzet helle:
Prag, Prag! du unsers Heils und Glaubens Schwelle!

Alles Volk.

Prag, Prag! du unsers Heils und Glaubens Schwelle!

Anmerkungen.

Ehe ich diese Anmerkungen dem Leser übergebe, ist es meine Pflicht, hier einigen vortrefflichen Freunden und Gönnern öffentlich zu danken, welche mich bey meiner Arbeit durch literarische Hülfe, Rath und Kritik mannigfach unterstützt haben. Es' sind diese:

Herr Abbe Dobrowsky, der geniale slavische Sprachforscher.

Herr Professor Meinert, Philolog, in Prag.

Herr Baron von Retzer in Wien, einer der geschmackvollsten Denker der Zeit, welchen die Musen mit mannigfaltigen Kränzen geschmückt. Dieser ausgezeichnete Dichter hat mir besonders vielen Rath über den Versbau gegeben; hätte ich die Ehre seiner Bekanntschaft früher genoßen, so würde meine Arbeit die Spuren seines trefflichen Einflußes noch mehr verrathen. Allen diesen meinen Freunden statte ich hier meinen ungeheuchelten Dank ab. —

Als ich es unternahm, die Aufgabe dieses Gedichtes in dem Tone und der Gesinnung, welche es bezeichnen, zu lösen, ward es nöthig, mir den Weltzustand, in welchem meine Handlung vorgehen sollte, entweder durch historische Erkenntniß, oder durch poetische Construction zugänglich, und reich genug zu erschaffen, um meiner Handlung einen Himmel und eine Erde zu geben. Mein Gegenstand gehört unter die Jugendträume der Geschichte, und wie er also selbst auf seiner historischen Stelle in das Reich der Fantasie fällt, habe ich ihn einer gewissenhaften historisch=wahren Zeichnung und Bekleidung um so mehr noch entziehen dürfen, als sie ihm von seiner eigenen Natur versagt ist, und es dem Dichter ewig erlaubt war, selbst den reinhistorischen Gegenstand in einer idealeren Wiederspieglung als Gedicht zu gestalten, wenn er das Talent, seine Aufgabe in ihrer Ganzheit so steigern zu können, sich zutraut, und beurkundet. Meine Personen bewegen sich also in einer idealen Zeit, welche als eine slavische bezeichnet ist. Die Heldinnen sind mir von der Sage als mit göttlichen Künsten begabte Sibyllen übergeben, und indem sie so auf einem Glaubenssysteme wurzeln, das sowohl durch das Christenthum vernichtet ist, als es auch keine allgemeiner gewordene, reinmenschliche Beziehung durch Kunstwerke auf uns erhalten hat, würden sie für die Empfindung des Lesers ganz leere Formen ohne Interesse bleiben, wenn ich nicht versucht hätte, die wenigen fragmentarischen slavischen Mythen, die mir in meiner Lage vergönnt waren, so sehr ich es vermochte, in Naturdichtung zurück aufzulösen, damit diese Fabeln, dem Leser symbolische Figuren der Rede der Handelnden, und wenigstens so sehr seine eigenen Götter werden konnten, als die Wahrheit der Leidenschaft in dem Gedichte ihn rühren kann. Der Gegensatz der guten und bösen, weissen und schwarzen Götter, der sich in vielen Glaubenssyste=

men wieder findet, und aller menschlichen Vorstellungsweise angemessen scheint, habe ich dadurch lebendiger darzustellen gesucht, daß ich meinen Personen eine besondere Hinneigung nach der einen oder anderen Seite gegeben habe. Indem ich Zwratka bis zur Teufeley nach den Mächten des Abgrunds gewendet, ja gewissermaßen vom Teufel schon in Besitz habe nehmen lassen, habe ich die drey Töchter Kroks zum Lichte bis zur Spekulation hingetrieben, ja sie als Begeisterte gewissermaßen Gottes theilhaftig gemacht. Indem ich sie so neben dem in roher Mitte des Glaubens befestigten Volke, als nach entgegengesetzten Richtungen überschreitend darstellte, wollte ich eine Bewegung; und also einen Eindruck des Lebendigen in ihrem Zustande fühlbar machen. Das Bild eines solchen Überschreitens göttlicher Gränzen nach dem Abgrunde hin, ist bis zu naher Zeit gelangt; wir haben es vom Aberglauben bis zum niedrigsten Hexenwesen. Da diese empirische Grimasse höherer Götterkunst, oder das Wunderwirken der Hölle uns mit seinem ganzen Kostüme in tausend Hexenprozessen vor Augen liegt, und noch in lebendiger Sage lebt, habe ich aus allen seinen Kennzeichen das Allgemeinere in die Züge Zwratkas eingemischt, um sie unserer Vorstellungsweise zu nähern, und dieses durfte ich, in dem uns im Leben der tiefste Aberglaube oft begegnet, wenn ihn die höchste Wissenschaft bereits schon wieder als eine Erscheinung untersucht, zu der die Gesetze verloren gegangen. Eben so habe ich nach der andern Seite das Überschreiten der drey Schwestern bis zu einzelnen Ahndungen des Christenthums getrieben, denn nichts ist einsam in der Welt, und Alles kömmt sich entgegen. Das Wahre bis zum Heiligen ist wie ein Lichtstrom, den Jeder trinken muß, der die Augen öffnet; ja ich glaube, daß das Sehen, und Gesehen werden, in höherem Sinne Eines und zugleich ist. Hierdurch mögte ich gesagt haben, daß ich glaube, es sey keine größe Wahrheit möglich, sie erscheine in welchem Gewand sie wolle, ohne eine innere Bewegung, an sie zu glauben überhaupt, selbst dort, wo jene Wahrheit noch nicht ausgesprochen worden; oder es steige kein Berg empor, ohne daß ein Thal sinke, oder es falle kein Haar von einem Haupte ohne den Willen Gottes; sein Wille aber ist er selbst und sein Werk, und dieß ist der Beruf, der Trost, und der Sieg und die Rechtfertigung aller Begeisterung. Eine solche einsame Hinneigung aber zum Christlichen, schien im Drama, wo ein Conflict herrschen soll, unerlaubt, und ohne Wirkung. Ich mußte daher, um dem Ausdrucke einer unbestimmten Sehnsucht entgegen zu arbeiten, dem Aufstreben der drey Schwestern ein Entgegenkommen gegenüber stellen; dieses habe ich in dem Berufe der Trinitas und des sie vermittelnden Pachta auf eine so leise Art versucht, daß sie weder Episode noch Gipfel sind, und in dem Untergang ihrer schönen Hoffnung nicht tragischer wirken, als ein voreiliger Frühlingstag, der schuldlose Blumen, die die Sonne begrüßen wollten, zum Tode führt. Aus dieser Ursache ist die ganze Handlung auch in die slavische Frühlingsfeyer, welche die Jugend jetzt als Spiel noch in ganz Deutschland ausübt, eingekleidet. Mir waren immer alle Schauspiele verhaßt, in welchen die Personen keine anderen Gesichtszüge haben, als die sie gerade in dieser Handlung machen müssen; denn jede dramatische Figur müßte doch wohl Spuren aus einem früheren und Anlage zu einem ferneren Leben haben, damit man glauben könne, sie habe auch vor dem ersten Acte schon gelebt, und werde nach dem fünften wohl in einem weitern Leben mitspielen, wenn sie nicht vor demselben bereits todtgeschlagen worden. Um dieß so sehr zu bewirken, als es meinem Talente möglich war, habe ich in Wlasta und Stiason, die Zukunft bis zum böhmischen Mägdekrieg vorwirken, in Zwratka die Vorzeit bis zu der Convulsion ihres Untergangs überreifen lassen. Die Hexen, die Zauberey, der Aberglaube stehen im Garten des Weltnaturforschers, wie verdorrte, nicht perennirende Pflanzen und Stauden; sind sie von seltenen Geschlechtern, so verdienen sie eine so ernsthafte Würdigung und Untersuchung, als irgend Conchylien auf Berggipfeln, ausgegrabene Mammuthgerippe, oder sonst Fußstapfen der Urwelt, die längst vorüber gewandelt ist. In der Tradition der Natur ergänzt sich ihre Offenbarung u s. w. Dieses diene als Erklärung, in welcher Gesinnung ich die wenigen Sagen und Mythen, die in den hierfolgenden Noten zu meinem Gedichte, in so fern ich sie erhalten, und mir ausgebildet habe, zusammengestellt sind, gebrauchte. Ich habe geglaubt, mich der slavischen Mythe im Allgemeinen bedienen zu dürfen, da eine böhmische mir nicht vorgekommen, und die Ruf=

fische, obgleich sie schon mehrere gelehrte Haussuchungen ausgehalten, selbst sehr problematisch und fragmentarisch geblieben ist. Einzelne wenige Sitten und Sagen sind mir selbst begegnet. Da in dem Charakter der Heldinnen, wie er mir gegeben, die Prophezeihung ein Hauptbestandtheil ist, so war mir dadurch erlaubt, den Keim der späten Nachwelt, bis zu unserer Zeit schon in ihnen hier und da anzudeuten, und so gewissermaßen das Interesse der Gegenwart von der Vorwelt entern zu lassen. Ich könnte hier noch vieles sagen, aber vielleicht versteht sich alles besser von selbst.

(Alles, was einer Erklärung zu bedürfen schien und mit Früherem in derselben Rede in Verbindung steht, ist unter der ersten Nummer der Rede zu suchen, um die Zahlen nicht zu häufen).

1. **Kroks Hütte.** Krokus, Chechs Nachfolger, der zweyte Herzog der in Böhmen eingewanderten Slaven, hatte nach meiner Fabel hier als ein Jüngling sich mit Niva, der Elfe einer Eiche, die er vor dem Beile seiner Landsleute geschützet, verbunden, und mit ihr Libussa, Tetka und Kascha, als Drillinge erzeugt. Seine geistige Gattinn steigerte seine Weisheit und sein Glück, bis die Böhmen ihn zu ihrem Herrn erwählten, und starb endlich durch einen Blitzstrahl mit der Eiche, deren Leben mit dem ihrigen verbunden war. Der Schauplatz ist bey dieser Eiche, wo Krokus, ehe er als Herzog das Schloß Pfary, den jetzigen Wischerad, erbaute, in der hier erwähnten Hütte lebte, die jetzt nach seinem Tode in verwilderter Öde steht.

2. **Zwratka**, als eine Zauberinn, konnte Gewitter erregen. **Wetterhorn.** Eine große Muschelschnecke, auf welcher in manchen Dörfern Böhmens bey dem Gewitter geblasen wird, um es zu verjagen. Mir wurde gesagt, daß schon die Klage vorgekommen sey, ein Dorf, das wahrscheinlich mehr im Odem war, habe es dem andern zu geblasen. Ich habe ein solches auf dem Gute des Herrn Doctor Jahn zu Erdischowitz im Prachiner Kreise selbst gesehen und gehört; ob es noch im Gebrauch, oder nur als Merkwürdigkeit dort ist, weiß ich nicht.

3. **Die Äpfel**, welche hier Zwratka den Töchtern Kroks, als die Liebesäpfel der Lado zuspielen will, kommen in der

Küche der Hexen unter mancherley Gestalt vor, zum Bei=
spiel, als Schlafäpfel, deren Geruch zum Schlafe betäubt,
die aus Mohn, Alrun, Schierling, Bilsen und Bisam
bereitet wurden.

4. Des Himmels lichte Götter. Bilobogi sind den fin=
stern Göttern, den schwarzen Czernobogi entgegengesetzt,
welche die Götter der Unterwelt, des Abgrundes, die Göt=
ter des Fluches, die bösen Dämonen, (Teufel) sind.

5. Tschart. Der Urheber des Bösen, der eigentliche schwarze
Gott, hat seinen Namen von Tscharny, schwarz. Noch einige
Stämme nennen jetzt den Teufel so. (Antons Versuch über
die Slaven Th. 1. p. 40.) Die Künste der Hexen und Zau=
berer wurden ihm zugeschrieben (ebendaselbst p. 68.). Ich
habe ihm außer dem ganzen Costüme, unter welchem ihn
die Sage den Hexen erscheinen läßt, das Amt gegeben,
dem Haarwuchs vorzustehen, welches mir ihm um so mehr
zu gebühren scheint, als es der Glauben war, er habe in
den Haaren bey den Hexen einen besondern festen Schlupf=
winkel; weßwegen solchen Inquisiten auch alle Haare von
dem Scharfrichter abgeschoren wurden.

6. Alexander Roßen (Unterschiedliche Gottesdienste in der
ganzen Welt) sagt, man habe dem Bielbog, weisen Gott,
in das mit Blut bestrichene Antlitz Fliegen gesetzt, daher
der Beynahme Fliegengott entstanden sei. Ob nun diese
Fliegen wirklich ihm in den Bart gesetzt, oder von dem
Blute dahin gelockt werden, kümmert mich nicht, ich
nehme sie ihm lieber ganz weg, und gebe sie dem Tschart,
dem Teufel, der ohnedieß den Kopf immer voll Mücken
hat, und dem auch Luther zu Eisenach in Gestalt einer
Fliege das Tintenfaß an den Kopf geworfen haben soll!

7. Die Glut des Safranrocks. Ich nehme willkührlich
an, Kroks Geschlecht habe die Farbe des Safrans (Cro=
cus) auszeichnend getragen, welche Pflanze Böhmen auch
erzeugt.

Das Aufgebot des Maienbocks. Die Sage, daß
die Hexen am ersten Maitage auf Bäsen zum Schornstein
hinaus, aus allen Gegenden der Welt nach dem Blocks=
berge fahren, und dort dem Teufel, der in Gestalt eines

Dd

Bocks in der Mitte thront, den Hof machen, und das
Fest mit Tanz und Schmaus vollenden, ist allgemein be=
kannt, und selbst schon Object der Malerei, und Poesie ge=
worden. (Elzheimer. Göthe.) Grunow, ein preußischer Mönch,
der 1500 eine Chronik von Preußen geschrieben, erzählt:
daß er Bauern, die dem Donnergott Peron einen Bock
mit vielen geistlichen Ceremonien geopfert, auf der That
ertappt habe. Auch kommt in Herzog Albrecht Friedrichs
Landesordnung für Preußen unter dem Jahr 1577 eine
Verordnung gegen die Zauberei und Bockheiligung vor;
worüber ausführlich zu lesen: Historische Kleinigkeiten, Prag
bei Hrrl 1797. p. 99—103. Jene Sage von der Hexen=
fahrt scheint unbezweifelt in solchen heimlichen Gottesdien=
sten zur Zeit der Einführung des Christenthums ihren Ur=
sprung zu haben. Bog und Bock haben auch Ähnlichkeit,
und die Hexen selbst mögen nichts als die spät nachwand=
lenden historischen Gespenster der Verehrerinnen des Tschärts
seyn, denn sie treten zu armselig zerlumpt und abgerissen
in der Geschichte auf, als daß sie ihre Quelle in ihrer Zeit
selbst oder in sich haben könnten.

8. Zwratka trinkt hier einen berauschenden Hexentrank, um
sich in Rapport mit ihrem Gott Tschart zu setzen. Manche
Dichter haben mit der Muse ähnliche Verhältnisse, aber sie
erwachen, wie Sley in Shakspeares gezähmter Wiederbel=
lerinn, auf dem Mist. Dieser Monolog Zwratka's ist eine
Art von Liebesgeschwätz mit ihrem Gott. Sie erwähnt,
daß das Blühen der Birken den nahen Festtag der Maifahrt
schon anzeigt, erinnert sich ihrer unschuldigen ersten Fahrt
zu ihm, und fordert ihn auf, das Liebesmal, das er ihr
damals gekneipt, zu erkennen. Alle Hexen hatten ein sol=
ches Zeichen, Stygma Diaboli genannt, welches unempfind=
lich war, und sie wurden durch Nadelstiche in solche Mäler
untersucht.

Einem den Daum halten, bezeichnet in manchen
Gegenden Teutschlands so viel als: Einem das Glück fesseln.
Der historische Ursprung dieses Sprichwortes ist mir unbe=
kannt, aber es ist zum Beispiel gewöhnlich, daß Zuschauer
beim Spiel für ihre Freunde den Daumen in die Faust

flemmen, damit sie glücklich seyn mögen, und habe ich die=
ses selbst als Kind mit vieler Gewissenhaftigkeit bey dem
L'hombre=Tisch meiner Ältern verrichtet, die mir es, um
mich ruhig zu halten, scherzhaft auftrugen.

Göttchen, nennen viele Hexen ihren geliebten Satan,
in den Hexenprocessen. Der Böse nähert sich ihnen meist
in der Gestalt eines Jägers mit einer Hahnenfeder. Sie
fordert ihn hier auf, die Feder abzulegen, damit der Hahn
nicht erweckt werde, denn
der Hahnenschrei ist den wandelnden Geistern, was
den Soldaten der Zapfenstreich, sie müssen dann nach Haus
gehen.

Die Hexen erwähnen meistens in ihren Bekenntnissen
der Annäherung des Bösen, als mit eigenthümlicher Kälte
verbunden.

9. Zwratka wird hier durch das Gebet der Trinitas in ih=
rer teuflischen Entzückung unterbrochen, und spricht wie
Einer, der im Traume gequält wird. Weiter unten springt
sie, als Trinitas den Namen Jesus ausruft, auf, und bricht
traumtrunken in Bitten an den Tschart aus, sie zu halten,
denn ihr ist, als sänke der Boden mit ihm und ihr. Sie
flucht dem, der sie gestört. In diesem halben Rausche ist sie,
bis Biwóg sie hinwegträgt.

10. Beschreien. Der Glauben, daß es Menschen gebe, wel=
che durch bezaubernde Blicke siech machen können, ist mir
in Böhmen noch häufig begegnet. Für ein augenblickliches
Gegenmittel nehmen sie an, wenn man sich mit dem Hem=
de, das man auf dem Leibe hat, das Gesicht abtrocknet.
Ich selbst habe viele Personen gesprochen, die sich im Le=
ben schon einmal für beschrieen gehalten, und als ich ein=
stens bei der Heuernte zugegen war, sagte mir der Ver=
walter Chmekirsch zu Bukowan: „wissen Ihro Gnaden, was
heute diesem Schimmel gefehlt hat? er war beschrieen, aber
es thut nichts, Ihr Gnaden. Der Knecht hat sogleich das
Hemd hervorziehen, und ihn abtrocknen müssen.” — Dieses
Beschreien ist nichts anders, als das Fascinum der Römer,
die βασκανία der Griechen, der sogenannte neidische Blick,
eine Bezauberung durch die Augen neidischer Menschen,

welcher besonders kleine Kinder, und Wohlhabende ausgesetzt seyn sollten. Virg. Ecl. 3. v. 103. Plut. Sympos. 5. quaest. 7. Den Thebiern, Jllyriern und Triballiern wird dieser Zauber vorzüglich zugeschrieben, und zwar weil sie doppelte Augensterne haben sollten. Auch alle Frauen mit solchen Augensternen standen in ähnlichem Verdacht. Selbstlob, und das Lob Anderer in übertriebenem Maße strafte die Nemesis mit ähnlichem Übelbefinden. Plinius erwähnt Afrikanische Familien, deren Lob Bäume und Kinder sterben machte. Bey dem Selbstlobe oder dem Lobe Anderer schickten daher die Römer als Vorbeugungsmittel das Wort præfiscini oder præfiscine voraus. Plaut. asinar. act. 2. sc. 4. v. 84. etc. Die Römer trugen mancherlei Amulete gegen dieses Beschreien. Man hängte zum Beispiel den Knaben solche in Gestalt männlicher Glieder an den Hals, die Varro (lib. 6) rem turpiculam nennt, und bezeichnete Garten= und andere Thüren mit signis satyricis, welche aber dergleichen vorstellten, weil Priapus vor Zauberei schützte. Auch hatten die Römer einen Gott Fascinus, der gegen die Blicke des Neids unter den Triumphwagen der Imperatoren gehängt wurde. Plinius H. N. lib. 24. 4. nennt ihn custos infantum et imperatorum; die Vestalinnen verehrten ihn. Da wir jenes Beschreien, fascinum, βασκανια, nur noch im Aberglauben des Volkes finden, sollten nicht auch die res turpiculae, die wir fast bei jedem Schritte an Mauern und Thüren aufgezeichnet finden, und von welchen ich in manchen Gegenden Teutschlands, die wirklich ihrer Fruchtbarkeit wegen am wenigsten beschrieen zu seyn scheinen, keine Gartenthüre frei gesehen habe, Überbleibsel jenes Gebrauchs seyn, mit signis satyricis der Beschreiung vorzubeugen? Baptista Porta handelt in seiner Magia Naturalis im vierzehnten Kapitel des achten Buchs weitläufig hievon, Isigonus Memphodorus, Apolonides und Philarchus sollen nach ihm dieser Zauberei auch bei den Triballiern, scythischen Frauen, und am Pontus erwähnen, und Didymus sagen: man kenne diese Leute daran, daß sie in einem Aug zwey Augäpfel, im andern das Zeichen eines Pferdes tragen. Porta spricht manches hierüber, was den philosophischen Arzt nicht befremden kann.

11. Kotar ist nach einer Krämerischen Sage der Mann im Moud, welcher ihn durch Wasserzugießen wachsen macht.

12. Triglawa, sagt Kaysarow, ward als ein dreiköpfiges Weib mit dem Mond in der Hand abgebildet, sie hatte zu Stettin und Brandenburg Tempel, und man will sie der Diana trivia vergleichen. Es war ihr ein schwarzes, wie dem Swantowid ein weisses Roß geheiligt, welches als Orakel mit d m Fuß antworteten. Andere nennen diese Gottheit Triglaus, einen Mann. Sie ist in meinem Gedichte die Nacht des Himmels, ihr Gemahl aber Tschart, die ewige Nacht des Abgrundes, der Böse, und von ihm hatte sie das Kind Kikimora empfangen, welches ihr unter dem Herzen viele Schmerzen machte und sie ängstigte, indem es, wenn sie schlief, alles ausplauderte, was sie empfand. Da sie nun sich alle Monate zu baden pflegte, überfielen sie einst die Leschien (Satyrn), doch Kotar ein Hirt machte sie aufmerksam. Sie gewann ihn darum lieb, und setzte ihn in den Mond. Der ungeborne Kikimora aber verrieth diese ihre Leidenschaft dem Tschart, der nun zweifelnd, ob er des Kikimora Vater sei, diesen aus dem Leibe Triglawa's riß, die in ihrem Schmerz das Kind verfluchte, und so war Tschart und Triglawa getrennt, die sich nun ganz ihrer Liebe zu Kotar überließ. Kikimora aber fiel zwischen Nacht und Tod in das Reich der Zauberei, wo der Schlaf, ein Zwitter, ihn ewig säugte, weil er nie geboren wurde. Triglawa setzte ihm die Träume als eine Apanage aus Mitleid aus, und Tschart schuf ihm die Fledermaus als Gespiele.

13. Die Hexen mußten schwebend vor Gericht getragen werden, denn so lange sie die Erde berührten, standen ihnen teuflische Kräfte zu Gebot.

14. Die Hexen schwammen wie Spreu auf dem Wasser, und wurden so probirt.

15. Peron, der Donnergott, der slavische Jupiter. Es brannte immer ein Feuer von Eichenholz vor ihm: Ich habe ihm die glühende Pflugschaar in die Hand gegeben.

16. Himmelsschlüssel ist einer von den teutschen Namen der Primula veris, sie blüht im April und schließt den milden Frühlingshimmel auf.

Himmelsleiter. polemium caeruleum, auch griechischer Baldrian genannt.

Jungfraukrone, unter vielen Namen einer der Vinca minor, des kleinen Sinngrün.

Königszepter, ein Name der gelben Affodile. Asphodelus luteus.

Heilallerwelt Anagallis arvensis. **Gauchheil, Vernunft, Verstandkraut,** hatte noch viele andere wunderliche Namen. Unsere alten Urmütterchen vertrieben Gespenster mit ihr. Sie ist noch als krampfstillendes Mittel, auch gegen den tollen Hundsbis, wider das Drehen der Schaafe, als Arzeneikraut gebräuchlich. Officinalis Anagallidis herba. Die Morgenländer gebrauchen den Saft gegen den Staar der Pferde.

Weiberkrieg, ein Name der Ononis Arvensis. Sie heißt auch **Hauhechel, Katzenspeer, Pflugsterz, Wetzsteinkraut, Ochsenhure** und so weiter, und deutet hier prophetisch auf den böhmischen Weiberkrieg, der aus Libussens Begünstigung ihres Geschlechts entstanden.

Akkermann. Name des Acorus Calamus, gemeiner Calmus, deutet hier auf den Primislaus, welcher ein Akkermann war, und erinnert Kascha, es sei auch

Pflugsterz ein Name der Ononis arvensis, (siehe Weiberkrieg) deutet hier auf die künftige Prophezeihung Libussens, ihr Gemahl werde auf einem eisernen Tische (Pflugschaar) essend gefunden werden.

17. Es gibt eine historische Hypothese, welche die Slaven aus dem Orient entspringen läßt, ihre Mythe hat auch manche Berührung mit der indischen z. B. Siwa, der indische Schiwa u. s. w.

18. **Bilobogi,** siehe Note 4.

Tschernobogi. Note 4.

19. **Ohlas,** das böhmische Wort für Echo.

Russalki. Nimphen. Der gemeine Russe sieht sie noch jetzt manchmahl sich an den Gewässern auf Zweigen schaukeln, und ihr grünes Haar kämmen und waschen.

Wodnik. Der Wassermann, ein Wässergespenst. Es gedenken viele Menschen in Böhmen noch der Zeit, als die

fer und jener ihn wollte gesehen haben. Mir erzählte eine Freundinn, als sie ihn als Kind gesehen habe, habe er mit einem grünen Hute bekleidet, aus dem Teiche geschaut, und mit einer Elle allerley bunte Bänder gemessen, da er sie ihr aber zuwerfen wollte, habe sie geschrieen, und er sei verschwunden.

20. **Marzana**. Göttinn des Todes, des Winters. Bey dem Frühlingsfeste, (siehe Note 102) ward ihr Bild in das Wasser geworfen.

21. **Siwa**, die Göttinn des Lebens, der Fruchtbarkeit, (wahrscheinlich der indische Schiwa.)
Niva wird von Hagek das Weib Kroks genannt. Ich folge der Volkssage, und nehme sie als eine Elfe, eine Drias an, die einer Eiche inwohnte.

22. Die Rache war ein Zug im Charakter der Slaven. Bei den Dalmaten ist Rache und Gerechtigkeit ein Wort. Auch den Kassuben wirft man sie vor.

23. **Farrnsamen**. Ein anonymer Tausendkünstler sagt aus: „Ich habe viele Leute in Italien gekannt, die sich in der „Johannisnacht zu dem Farrnkraut gelegt, um mit Se- „gensprechen den schnell wegspringenden Saamen zu fangen; „andere aber stellen sich, um ihn zu beschwören, nackend in „einen Kreis auf einem Kreuzwege. Einige wollen sich durch „diesen Saamen gegen Schuß, Hieb und Stich fest machen, „andere Glück im Spiel und manche die Gunst der Frauen „gewinnen. Kräftig kann er wohl seyn, denn das Farrn- „kraut ist, wie die Naturalisten urtheilen, im Kerker ge- „standen, wo der heilige Johannes sey enthauptet worden, „und das aus eifriger und feuriger Liebe gegen Gott wallen- „de und entzündete Blut ist darauf gespritzt; daher er auch „in der Nacht dieser Enthauptung blüht und reift, und „plötzlich wie lauter Feuerfunken aus seinem Lager springt. „Es hat mir auch eine böhmische Fürstinn gelehrt, wie „man ihn ohne Furcht und Gefahr, und ohne sein Gewis- „sen zu beschweren, fangen kann. Man spannt ein neues „Leilach an den vier Ecken auf hohen Stecken um die Stau- „den herum, die Ecken werden mit Scharlachbändern an- „gebunden, das Tuch mit Wollkraut (Königskerzen) belegt,

„so schlägt sich der hochspringende Saame in das Wollkraut,
„daß die bösen Geister ihn nicht rauben können. Hochge-
„dachte fürstliche Person sagte mir auch, man könne die
„Pflanze einige Zeit voraus mit Wurzel und Erde ausgra-
„ben, und in der Johannis = Nacht die Operation in einem
„Zimmer vornehmen. Dem sei nun, wie ihm wolle, so ha-
„be ich doch nie nach solchem Saamen getrachtet, ungeach-
„tet ich in Frankreich, Italien, Teutschland und andern
„Ländern viele gekannt, die sehr eifrig darnach waren." So
weit unser altfränkischer Naturphilosoph; der Farrnsaame
ist ein Nahme der Fumaria cava, und seine anderen Namen, Donnerfluch, Herzwurz, Helmwurz,
Frauenschuh, lassen wohl vermuthen, daß der Aberglaube sich einst dergleichen Kräfte von ihm erwartet habe.
Die Sage von Johannes muß später hinzugekommen sein,
da dieser nicht unter seinen Namen ist, und die Botanik
doch Johannisblut, Gürtel und Haupt in ihrem
Taufregister hat.

24. Budetz erbaute Krokus, und hatte dort viel Verkehr mit
den Geistern. Es ward nachher eine berühmte Schule.
Pfary, hieß nach Hageck das Schloß Chechs an der Moldau nach seinem Schlosse, das er in seiner Heimath verlassen, (der jetzige Wisherad).

25. Swantowid, Swiatowid, Svetowid ist auch
ein weiser Gott (Bielbog) und heißt nach Anton so viel
als das heilige Licht, (Swialy, polnisch, heilig. Svit, krai-
nerisch, der anbrechende Morgen). Er wurde besonders von
den Rügischen Slaven verehrt, und hatte einen Tempel zu
Akron. Saxo Grammatikus beschreibt sein Bild und seine Ver-
ehrung weitläufig. Ich sage hier nur so viel, als ich bedarf.
Er hatte ein weisses Roß, das zu Wahrsagung gebraucht
wurde, und das die Priester allein verpflegten. Es wurde
oft ermüdet gezeigt, als habe es der Gott über Nacht geritten. Der Gott hielt ein Horn in der Hand, welches mit
Weinopfern gefüllt wurde, aus deren Reichthum der Priester die Fruchtbarkeit des Jahres verkündete. Man opferte
ihm auch einen Honigkuchen so groß, daß man den Gott
nicht davor sehen konnte, und war er kleiner, so klagte der

Priester vor dem Gott über geringen Glaubenseifer. Helmold sagt, ein Mönch aus Korbei habe auf der Insel Rü-
gen das Bekehrungsgeschäft übernommen; und die Vereh-
rung Sankt Veits, dessen Leib sein Kloster besaß, dort eingeführt; da sie aber wieder in das Heidenthum zurückgesun-
ken, sei aus dem Sanctus Vitus der Swantowid geworden.
Es ist aber glaublicher, daß sich beide mit einander verwirrt
haben. Über dieses Ereigniß schreibt Kaysarow mit einer
ungemein selbstgefälligen Leerheit. Dobrowsky sagt, Swantowid heiße von Vit der Sieg, so viel als Sanctus Victor.

Jagababa, die slavische Kriegsgöttinn, Schlachtenrie-
sinn. Altrussische Erzählungen zeichnen sie vortrefflich. „Mit
knochichtem Fuße fährt Babajaga in einem Mörser von der
Keule getrieben, ein Besen verwischt ihre Spur."

26. Schlangenstein. Die in dieser Rede Kaschas angeführten Wunderkräfte der Metalle und Edelsteine gehören in
die damaligen Anschauungen der Natur, und sind hinrei-
chend bekannt. Der Schlangenstein wird von den Schlangen mit nicht weniger Aufsicht und Beihülfe zubereitet,
als ehedem der Theriak in Venedig, der auf dem offnen
Markt im Beiseyn des Senats von allen Apothekern der Re-
publik, welche die dazu gehörigen 70 Spezies untersuchten,
soll verfertigt worden seyn, wie ich mir einst von einem mit
Theriak hausirenden Pantalon habe erzählen lassen. Zu einer bestimmten Zeit und Constellation versammeln sich alle
Schlangen einer Gegend, und legen sich um ihre ansehn-
lichste Mitschwester in einen Kreis. Auf deren Haupt nun
zischen sie so lange zu, bis sich eine viskose Substanz auf
demselben erzeugt, die sich sodann coaguliret, und zu einem
Stein wird. Es könnte dieser Prozeß eine Allegorie für einen Bösewicht seyn, dem durch kriechende Schmeichelei der
Kamm schwillt. Der Schlangenstein, den der hier referiren-
de Naturalist selbst gesehen zu haben glaubt, war in der
Form einer Eichel, durchsichtig, von der Farbe eines dunklen Smaragds, unten, wo er auf dem Kopf der Schlange festgesessen, flach und mit drei kleinen Löchern, durch
welche er angewachsen gewesen, versehen, übrigens auf dieser Fläche von der Farbe eines fleischfarbichten Karniols.

Die Naturalisten schreiben ihm ungemeine Tugenden gegen
Gespenster, Zauberei, beim Schatzgraben, Metallsuchen
und zum Festmachen zu. Mein Naturalist läßt alles dieses dahin gestellt seyn, gibt aber doch das Jägerstückchen
an, mit dem man sich ihn verschaffen soll. Die Schlange,
die ihn auf dem Haupte trägt, ist nie allein, sondern als
Königinn stets von vielen Schlangen begleitet, so daß ihr
nicht beizukommen. Wenn man aber eine Schlange unter
einem durchlöcherten Topf in einen Ameisenhaufen stellt,
wird diese, von den Ameisen gebissen, bald durch ihr Zischen
alle Schlangen um sich versammeln, da dann der Liebhaber auf einem nahen Eichbaum mit einem guten Geschoß die
Königinn sich herausschießen kann. Trifft er gut, so laufen
die übrigen davon. Die Schlangenkronen aber sollen nicht
so selten seyn, als diese Steine, und zwar oft von Vaga-
bunden aus Schweins-, Ochsen- und Kälberzähnen nachge-
macht werden. Wovor sich jeder zu hüten, der ein Liebhaber von dergleichen Kronen ist. Eines ähnlichen gallischen
Aberglaubens gedenkt Plin. lib. 29. 5. von dem Schlangenei. Eine ungeheuere Menge durcheinander geschlungener
Schlangen bildeten zischend ein Ei in der Luft, welches
man wegfangen mußte, eh es die Erde berührte, der kühne
Eroberer mußte dann auf einem schnellen Pferde vor den
ihn mit Wuth verfolgenden Schlangen entfliehen, und das
Ei, welches er besaß, war von unschätzbarem Werth. Mit
einem goldenen Reif umgeben schwamm es auf dem Wasser,
wer es besaß, war immer glücklich, und siegte in Prozessen
und Kampf. Kaiser Claudius ließ einen gallischen Ritter ermorden, sich eines solchen Eies zu bemächtigen, das er im
Busen trug, um in einem Rechtshandel glücklich zu seyn. —
Der Alrun ist eine feststehende Charaktermaske des Sa-
tanismus, der sonst, so gut, als die Schaubühne, scharf
getrennte theatralische Figuren hatte, mit denen er seine
Effecte hervorbrachte. Seit aber der Hanswurst zu Leipzig
unter Gottsched verbrannt worden, hat der höllische The-
aterdirector, der der Mode eben so sehr folgt, als die irdischen, ja sie sogar erfinden soll, auch diese Personen entlassen, und statt ihrer Figuren aus dem wirklichen Leben

eingeführt, Hofräthe, Präsidenten, Secrétaire, liederliche Bediente, Kammerjungfern u. d. gl. Seitdem sind auch die Namen: armer Teufel, dummer Teufel, liederlicher Teufel, guter Teufel u. s. w. gäng und gebe geworden. In dem dritten Theile von Simplicissimi Schriften, Nürnberg bei Felsecker 1699, befindet sich eine Abhandlung von dem Galgenmännlein, oder Alrun, aus welcher ich hier das Nöthigste anführe. Die Sage ist: Wenn ein Erbdieb, dessen Mutter, als sie mit ihm schwanger war, gestohlen oder Diebsgelüsten gehabt, an dem Galgen hängend Urin niederfallen läßt, so wächst daraus das Galgenmännlein, der Alrun. Diese Wurzel wird zu einer gewissen Zeit einem schwarzen Hunde angebunden, und von diesem aus der Erde herausgerissen, wobei der Alrun einen durchdringenden Schrei hören läßt, und der Hund stirbt. Die Wurzel, welche die Gestalt eines kleinen, verkrüppelten, bärtigen, alten Männleins hat, wird mit rothem Weine gewaschen, in seidne Tüchlein, wie ein Kind eingefätscht, und in ein eignes Kästlein gelegt, auch diese Pflege alle Freitag mit diesem Teufelsfanterle wiederholt. Wenn man nun Abends einen Dukaten zu ihm legt, findet man ihn Morgens verdoppelt. Doch soll man das Männlein nicht zu sehr übertreiben und ihm nicht zu viel zumuthen, sonst verliert man es. Josephus im 7ten Buch Cap. 23. seiner jüdischen Kriege erwähnt von der Wurzel Baaras ganz ähnliche Dinge. Auch ist für die Besitzer dieser Teufelei ein eigenes Erbrecht da. Stirbt der Besitzer des Alruns, so ist der jüngste Sohn Erbe, muß aber mit seinem Vater einen Laib Brot, und ein Stück Geld begraben lassen. Stirbt dieser junge Sohn vor dem besitzenden Vater, so muß er auch mit diesen Gaben beerdigt werden, und der älteste Sohn ist Erbe u. s. w. Die botanischen Namen, und medizinischen Wirkungen der Atropa Mandragora hängen genau mit diesen verschiedenen Sagen des Aberglaubens zusammen. Sie wird Alraun, Alruncke, Hundsapfel, Schlafapfel, Galgenmännlein, Heinzelmännlein und Piffedieb genannt. Ihre Wurzel wächset rübenförmig, oft in mehreren Aemen und wirkt betäubend, wie alle Tollkräuter. Sie kömmt auch in der Herensalbe vor. Betrüger geben ihr selbst, oder anderen Wurzeln die Gestalt eines alten Männleins, und verkaufen sie an Abergläubige. In Rists Gespräch von der edelsten Thorheit der Welt, wird ein solcher Wurzelgötze beschrieben. Etwa eine halbe Elle lang lag der kleine Teufelsinfant mit einer widerlich verwachsenen, der Menschengestalt ähnelnden Bildung in einem auswendig rothen Sarg, auf bunter Decke und Polster; auf die innere Seite des Sargdeckels war ein schwarzes Kreuz gemahlt; auf die äußere ein Galgen, an welchem ein Dieb, unter dem die Wurzel aus der Erde hervorwächst.

27. **Kikimora,** siehe unter Triglawa Note 12.

Vampyr, dieses Geschlecht der Fledermäuse ist auch in das Reich der Gespenster aufgenommen. Unter Maria Theresia waren häufige Untersuchungen über wiederkehrende Todte, die in Mähren und Ungarn ihren Verwandten und Bekannten das Blut aussaugten, sie sind in des Abt Calmits Untersuchungen über Gespenster, unter dem Namen der Vampyren abgehandelt.

Alp, Drute, Nachtdrute, das **Alpdrücken, die Mähr, Nachtmähr,** das **Schrötle,** ein scheußliches Gespenst, das sich auf die Schlafenden legen, und mit seiner Last sie quälen soll. Die Alten haben es schon gekannt. Die Araber nennen es Albedilon und Alcratum. Plinius lib. 25. Nat. Hist. c. 4. Rabbi Abraham autor lib. Zeror. Hummor. ad Gen. cap. 1. sagt, diese Incubi und andres Geschmeiß seien zwar Geschöpfe, doch unvollkommne; denn als dem Schöpfer der Feierabend über den Hals gekommen sei, habe er aufhören, und dieses Gesindel so hinlaufen lassen müssen. Wen die Untersuchung dieser Erscheinungen näher angeht, kann in M. Joh. Praetorii Alectromantia. Francfurti 1680 pag. 60—66. viele Meinungen und angeführte Schriftsteller hierüber nachlesen.

Glühgeaugte Kalb, dreibeinichter Hase, magre Schwein, sind Gespensterformen, unter denen der Pöbel häufig den Satan sieht.

28. **Lado,** die slavische Venus. Ich habe ihr die Huldinnen zugesellt, und ihr drei goldne Äpfel gegeben.

Lel, Lelia, Lelio, der Lado Sohn, (Eros), Did,
(Anteros).

29. Jutrobog. Der rothe Gott, der Morgenröthe Gott, von
dem wahrscheinlich das Städtchen Juterbock seinen Namen
hat. Eccard Script. rerum Jutreboc. 1754. l. 1. p. 53.

30. Div, ein Unglücksvogel, die slavische Harpye. Div heißt
im Böhmischen ein Wunder. Sieh Heldengesang von Igors
Zug.

31. Hier prophezeit Niva ihrer Tochter im Traum die künftige
Bekehrung Böhmens in verblümter Rede. Buchstäblich sind
die Namen Lidmila, Borziwog, Drahomira und
Wenzeslaus übersetzt in Liebe des Volks, reissender
Wagen, theures Maas und Kranz des Ruhms. Sie sagt
also so viel als: gehe hin, erbaue Tettin, dort wird Lidmila und Borziwog den Glauben verbreiten, aber
Drahomira (Lidmilens heidnische Schwiegertochter)
wird gegen die neue Lehre streiten, und Lidmilen ermorden, (sie wurde zu Tettin von Drahomirens An-
hängern erwürgt), und Drahomiren wird der Abgrund
verschlingen (sie soll zu Prag mit Roß und Wagen, von
der Erde verschlungen worden seyn); dann aber wird der
Glaube siegen, und Lidmilla mit ihrem Enkel Wenzeslaus heilig verehrt werden.

32. Keuschlamm. Vitex agnus castus, hier eine Anspielung
auf das Lamm Gottes. Diese Pflanze ward bey den Alten
nach Plinius, bereits als ein Mittel gegen Bezauberung
in die Betten gestreut.

33. Fröschlein. Libussa soll bei ihren Weissagungen einen
goldnen Frosch in der Hand gehabt haben.

34. Eine zauberische Methode, Diebe durch das Drehen eines
aufgehängten Siebes zu erkennen, ist hie und da noch gebräuchlich. Sie ist die κοσκινομαντεια der Alten, deren
Theocrit. Idyl 3. v. 28 erwähnt. Manche bedienen sich dabei auch eines Erbschlüssels mit dem Evangelium Johannis
beschwert, welche Gattung auch in Böhmen noch bekannt
ist. In Praetorii Alectromantia p. 6. u. s. w. sind viele
Schriftsteller angeführt, die dessen Erwähnung thun. Ritter hat diese Erscheinungen wie auch die Wünschelruthe

wieder zuerst unter den Neuesten zum Gegenstand phisikali=
scher Untersuchung erhoben.

35. Schwalbenkraut. Chelidonium majus heißt auch May=
kraut, Spinnenkraut, Lichtkraut, Gottesga=
be, Herrgottsblatt.

36. Berufswand: Asperugo procumbens, heißt auch Schlan=
genäugel. Das Wort Beruf hat bei den Pflanzen die
Bedeutung wie Beschrei; denn mehtere Kräuter, welche den
Beinamen Beschreikraut tragen, heißen zugleich Berufkraut
und sind solche, deren sich der gemeine Mann gegen kör=
perliche Übel bedient, und wohl ehedem auch gegen das
oben erwähnte Beschreien, sieh Note 10. So heißt Stachys
recta auch Wundkraut, Gliedkraut, Berufkraut,
Beschreikraut. Stachys annua trägt alle diese Namen,
und überdem den Namen Hexenkraut. Auch Erigeron
acre trägt die Namen Beruf= und Beschreikraut, und
noch viele andere aus der älteren Heilkunde. Bei der hier
angeführten Berufswand mag der zweite Namen
Schlangenäugel sich auf die giftige Augenwirkung der
Beschreienden beziehen.

37. Frauendistel, Carduus Marianus; heißt auch Frosch=
kraut, Froschdistel.

38. Die Fahne Chechs. Als Chech in das Land zog, soll er
auf gelber Fahne, einen schwarzen Adler im weißen Schilde,
vor welchem ein Kessel oder Kelch stand, geführt haben,
letzeres deuteten die Hussiten auf sich, oder haben es viel=
leicht selbst erfunden.

Das heilige weiße Roß sieh unter Swanto=
wid n. 25.

Scheiben. Die alten Slaven warfen zur Erspähung
des göttlichen Willens, auf der einen Seite schwarze, auf
der anderen weiße Scheiben, in die Höhe, und verkündeten
nach ihrem Fall, den Willen der Götter.

39. Specht und Springwurz. Der Specht steht im Volks=
glauben in mannichfachen Ehren. Sein Begegnen bringet
Glück. Er soll mit besonderem Geiz Gold und Silber in sein
Nest zusammentragen, und sorgfältig behüten. Hier wird
er als ein Mittel angeführt, die alle Schlösser und Berge
erschließende Springwurz zu erhalten. Man schlägt ihm ei=

nen Keil in den Eingang des Nestes, daß er nicht zu seiner Brut, oder seinen verborgenen Schätzen kann, nun ist er gezwungen, seine Kunst zu gebrauchen, er fliegt, und kehrt mit der Springwurz zurück, die er aber, wenn er sie gebraucht, damit sie niemand außer ihm erhalte, in das Feuer wirft. Will man ihn nun darum betrügen, so legt man einen Scharlachmantel unter den Baum und er läßt, ihn für ein Feuer haltend, die Wurzel fallen. Die Italiener sollen diese Wurzel Sferra Cavallo nennen, weil ihre Wirkung auf die Metalle so stark seyn soll, daß ein Pferd, welches auf sie tritt, den Huf im Stich lassen muß. Bei der Nacht soll sie Funken auswerfen, wodurch die Liebhaber sie finden können. Manche behaupten, es müsse sie vorher ein Priester beschwören. Euphorbia Lathyris wird auch Springwurzel genannt, ich weiß nicht, ob diese damit gemeint ist, deren Saft zur Reinigung der Geschwüre dei Pferden gebraucht wird. Auch dei den alten Rüssen war der Specht ein Vogel der Vorbedeutung Im Heldengesang von Igors Zug gegen die Polowzer, verrathen die Spechte den Verfolgern Ohsak und Kontschak die Spur des entflohenen Igors: „auf Ästen nur rankerten hin und her Spechte und zeigen durch ihr Klopfen den Weg zum Fluß." (Müllers Übersetzung, Prag 1811 pag. 67.) Bei den Römern war der Specht picus, picumnus, einer der bedeutendsten Vögel bey den Augurien. Die Metamorphose des picus, eines Sohns des Saturnus, und Eidam des Janus, durch die seiner Liebe begehrende Circe in einen Specht. Ovid I. gehört auch hieher. Lapack erwähnt, die Springwurz wachse, wo die Schlange, die belebende Kräuter zum Haupt der Sterbenden trage, ihr Haupt ablege. Eine ähnliche Sage bey den Griechen ist, wie Polyidos den im Honigfaße erstickten Glaukus in eine Gruft legt, und als eine Schlange zu ihm kriecht, diese erschlägt, worauf eine andere Schlange die erschlagene durch ein herbei gebrachtes Kraut belebt, mit welchem Kraut Polyides den Glaukus auch wieder ins Leben bringt.

40. Das Geschlecht der Wrschen (Wrschowetzen) ist wegen seinen mehrere Generationen durchlaufenden Meute-

reien gegen die böhmischen Regenten von der Staatsrache
verfolgt worden, und mußte noch in den letzten Jahrhun=
derten als ein schimpfliches Merkzeichen, einen rothen Fa=
den, (wahrscheinlich gemilderten Strick) tragen.

D i d e l i a. Die Göttinn der Ehen, der Geburt. Polnisch
Zizilia, daher Zitze, die Brust der Weiber.

D i e P e st mit Segensprüchen in einen Pfahl zu bannen,
war eine zauberische Kunst der Vorzeit.

41. Diese Prophezeihung von den böhmischen Bergwerken folgt
ganz der bei Hageck.

42. Wrschs und Domaslavs Väter waren nach meiner Sage
jene Männer mit Säge und Beil, die Krok von der Eiche
verjagte, deren Beschützung er der Elfe Niva zugeschworen
hatte, so habe ich dem Haß und der Verrätherei der Wrscho=
wetzen gegen die böhmischen Herzoge bis in die spätesten
Generationen, zu meinem Zwecke eine Wurzel gegeben,
die keinem Historiker durch den Weg zieht.

43. Die Slaven bedienten sich des Eides sehr selten, indem sie
die göttliche Rache fürchteten. Helmold. 1. c. 83. p. 185.
Auch dieß mag sich jetzt eben so sehr geändert haben, als
was Anton p. 30. sagt, der Diebstahl war ein unbekann=
tes Laster, und ist es im Grunde noch.

44. In allen bildlichen Vorstellungen trägt die Jungfrau Eu=
ropa Böheim, als ein mit Edelsteinen umfaßtes Amulet an
ihrer Halskette, dem Rhein, an dem Frankfurt das Schloß
ist.

45. Gehört unter die sympathetischen Curen. Ein mit dem Blut
der Wunde benetztes Tüchlein wird in fließendes Wasser
gelegt u. s. w.

46. In Prag ist es mir einigemal begegnet, daß mir bey hef=
tigen Sturmwinden ganz ruhig gesagt wurde: „es erhängt
sich heute gewiß wieder einer;" ich lachte darüber, und die=
ser Aberglaube gefiel mir, denn ich stellte mir vor, als
freue sich der Wind schon im voraus, mit dem Abonnement
suspendu zu spielen, als ich es aber ungefähr dreimal rich=
tig eingetroffen fand, ward mir diese Sage wunderbarer;
doch fand ich in der Erklärung eines Psychologen, daß die
heftigen Stürme, wie der Mondwechsel, und die harmo=

nierende Ebbe und Flut des weiblichen Geschlechts, Culmi=
nations=Puncte der Melancholie seien, welche die Selbstmör=
der bewegt, vollkommene Befriedigung.

47. **Frauenkrieg**, Echium vulgare, heißt auch **Otterkopf**,
Natterkopf, **Schlangenhaupt** u. s. w.

Weiberkrieg, siehe unter der Note 16.

Mägdekrieg. Genista tinctoria, **färbender Gin=
ster** u. s. w. Sie deuten hier alle prophetisch auf die Em=
pörung der Frauen gegen die Männer in Böhmen nach
Libussens Tod.

48. **Schlangenei**. Ich erinnere mich vor Jahren in einer
Zeitung gelesen zu haben, daß ein Bauer in Ungarn un=
wissend im schnellen Trunke aus einer Pfütze ein Schlan=
genei verschluckt habe, das in ihm zur Schlange erwachsen,
und als er einst unter großen Schmerzen das Thier von sich
gespieen, habe sich die Schlange gegen ihn gestellt und ihn
angefallen. Ich wurde durch diese Erzählung besonders ent=
setzt, und wenn sie vielleicht auch nur eine allegorische Fa=
bel zur Ausfüllung der Zeitung war, die aus Furcht, die
Schlange mögte sich auch gegen sie stellen, die verschluckten
Schlangeneier der Geschichte vielleicht nicht von sich geben
durfte, so fand ich doch in ihr ein treffliches poetisches Bild
für den Fall, auf den ich sie hier anwendete.

Wechselbalg. Die Sage, daß tückische Geister, Was=
sernixen, Kobolte, Hexen u. s. w. Kinder auswechseln, und
der Teufel seine dummen, unförmlichen, oder boshaften
Früchtchen so in gute Familien einschwärzt, ist wohl hin=
reichend bekannt. Diese Menschensurrogate kommen unter
den Nahmen, Wechselbälge und Kielkröpfe, vor. Der from=
me Aberglaube unserer Vorältern war dagegen sehr auf
seiner Hut, und ein Dämonolog erzählt, daß ein Bauer,
dem es mit seinem kleinen Jungen auch nicht richtig schien,
ihn in einem Korbe nach einem Kloster trug, um ihn dort
in einer geweihten Wiege schaukeln zu lassen, wie man den
Spreu aus dem Hader siebt; als er aber mit seinem In=
fanten über eine Brücke gegangen, habe dieser, welcher
außer einer entsetzlichen Freßwuth, mit der er nicht allein
seine Mutter, sondern auch fünf derbe Ammen aufs Trockne

E e

gebracht, noch kein Lebenszeichen von sich gegeben, sich plötzlich gereget, und aus dem Waſſer eine verdächtige Stimme gerufen: Kielkropf, Kielkropf! worauf das Kind aus dem Korbe geantwortet: Ho, Ho! Deſſen ſei der Bauer ungewohnt ſehr erſchrocken; worauf der Kamerad im Waſſer geſchrieen: Kielkropf, wo willſt du hin? der Kielkropf aber geantwortet: (es war ein Halberſtädter, alſo ein Plattdeutſcher) Ick will na Hockelſtadt to unſer lieven Frauen, un mik laten wiegen, dat ick mög wat diegen! (taugen). Da habe den Bauern der Weg verdroſſen, und er ſei zornig geworden, und habe ihn mit den Worten: Biſt du der Haare, ſo wieg dich ſelber! mit ſammt dem Korbe ins Waſſer geworfen, da ſeien die zwei Subjecte zuſammengefahren, haben mit einander geſchrieen: Ho, Ho, Ha! mit einander geſpielet, ſich mit einander überworfen und ſind dann verſchwunden. (Hildebrand und andere). Dieſe Wechſelbälge ſollen nie zu erſättigen ſeyn, die Mutter aufs Blut ausſaugen, man ſoll ſie von den rechten Kindern nie unterſcheiden können, und ſollen ſie höchſtens 19 Jahr alt werden u. ſ. w.

Kindlein in den Augen. Es iſt dieſes ein ſchöner Wahn, ja eine moraliſche Mythe von der tiefſten Bedeutung, die ich aus dem Glaubensbekenntniß meiner Amme habe, das ich einſt meinen Freunden in der Chronika eines fahrenden Schülers vorlegen werde. Sie ſagte, um mich vor Zorn und Heftigkeit zu hüten: ach wie ſieht das Kindlein in deinen Augen ſo zornig aus, nimm dich in Acht, wenn es einſt groß wird, und dich verläßt, dann wird es dich eben ſo zornig anſchauen, als du es jetzt aus deinen Augen ſchauen läſſeſt. Sie hat wie immer wahr geſprochen.

49. Die Entſtehung der Galläpfel durch Inſectenſtiche.

50. Der Teufel hat in der Hexenetiquette einen Pferdefuß, das Weitere dieſer Rede erklärt die Note 10.

51. Die Krone des Froſchkönigs, welche zur Entdeckung der Schätze, zur Erkennung der Hexen, auch als Gegengift u. ſ. w. dienen ſoll, zu erlangen, liegt folgendes Recept vor mir: Werfe im Auguſt-Monath in eine froſchreiche Pfütze einen Bocksſchlauch, ſo ſammeln ſich alle Frö-

sche um den Schlauch, und der König setzt sich mit schwarz
und weisser Krone oben darauf, diesen muß man nun mit-
-telst eines subtilen Pfeiles, und einer guten Armbrust schießen, um die Krone zu gewinnen.

Rabenstein. Von dem unsichtbarmachenden Rabenstein
sagt mein Naturalist folgendes. „Ich habe in Schlesien einen gesehen, der sich durch solchen Stein unsichtbar machte,
wie er nur wollte. Ein gewisser Fürst both ihm 1000 Tha-
ler dafür, konnte ihn aber nicht erhalten. Übrigens gelangt
man also zu ihm: Man nimmt einen jungen Raben aus
dem Neste, und erhängt ihn in einem eisernen Käfich neben
dem Neste. Nun locket das Geschrei der Alten eine Menge
Raben herbei, und diese stecken dem jungen aufgehängten
Raben einen Stein durch den Käfich in den Schnabel, wodurch er unsichtbar wird. Diesen Stein muß man hernach
zu erhalten suchen. Wahrlich die Raben halten viel auf die
Ehre ihrer Familie!

Korallen. Daß man die Felder durch Eingrabung von
Korallen vor Ungewittern schützen könne, erfuhr ich von
demselben Beamten, der mich (siehe Note 10) mit dem Beschreien bekannt machte. Als er mir den schönen Stand des
Weitzens zeigte, sagte er mit selbst gefälligem Lächeln: und
erlauben Ihro Gnaden, der Hagelschlag kann uns heuer
auch keinen Schaden thun. — Wie so? — Erlauben Ihro
Gnaden, ich habe Korallen in das Feld gegeben, das hilft
gegen das Wetter, Ihro Gnaden. Erlauben Ihro Gnaden, die Matrosen tragen auch immer Korallen dagegen in
der Hosentasche!

Das abergläubische Messen der Kinder ge-
gen versteckte Krankheiten ist bekannt. In derselben Zeile
ist der zauberischen Kerzen erwähnt, deren Brennen das Leben desjenigen verzehrt, gegen den sie verfertigt sind.

52. Tschart behaart mich. Sieh unter der Note 5, daß
und warum ich ihm dieses Amt gegeben.

53. Heckpfennig, Heckethaler, eine Münze, welche die Hexen von ihrem Gotte erhielten, die sich immer verdoppelte.
(Hecken, sich im Neste vermehren).

54. Sie selbst hat sie oben an Moribud gegen dessen Freiheit
verpfändet.

55. **Mannsschild, Mannsharnisch,** Androsace.
 Mannsbart Clepatis vitalba, die **gemeine Wald=
 rebe,** heißt auch **Teufelszwirn, Hexenstrang,
 Hurenstrang.**

56. **Stribog** ist der slavische Aolus, seine Enkel sind die Winde.

57. **Stier von Cheinow,** hieß ein beherzter böhmischer
 Kriegsmann unter der Regierung Neklans. Im Jahre 869
 steckte ihn Neklan, der nicht der muthigste war, in seinen
 Harnisch, und ließ ihn statt seiner das Prager Heer gegen
 seinen Feind den Herzog Wlastislaw von Saaz führen.
 Der tapfre Stier begehrte vor der Schlacht ein Grab, von
 wo man Cheinow sehen könne, und erhielt es, nach dem
 er den Wlastislaw erschlagen, und über einem Hügel von
 gesunkenen Waffenbrüdern seinen Tod fand, bei einer Ei=
 che, welche man noch zu Hagecks Zeit, der diese herrliche
 Geschichte trefflich erzählt, die Eiche des starken Ritters
 nannte. Auch Ziska, der Anführer der Hussiten, der er=
 blindet noch ein furchtbarer Krieger war, ward von seiner
 Mutter der Sage nach unter einer Eiche geboren, von wel=
 cher im letzten Jahrhundert sich wandernde Schmiedegesel=
 len noch Hammerstiele schnitten, um besser drein schlägen
 zu können. Ich habe hier in poetischer Lizenz diese beiden
 Eichen prophetisch zu der Eiche des Slawosch gemacht, denn
 das Gedicht genießt geographischer Freiheit, und hat sein
 Terrain in sich selbst.

58. Ich deute hiemit auf die Entdeckung des Töplitzer Gesund=
 brunnens, welcher nach der Sage 46 Jahre später unter
 Nezamisls Regierung von den Schweinen Kolostuas erwühlt
 wurde, der sich dort ein Haus baute. Aber Bila, Kaschas
 und Biwogs Tochter, welche zu Bilin wohnte, forderte
 ihren Gemahl Koschal auf, den Kolostug von dort zu ver=
 treiben, denn nach meiner Fabel erkannte sie sein Recht auf
 die Quelle nicht als gültig, die ihr Vater Biwog schon
 einmahl entdeckt hatte; doch Koschal wurde von dem Pfeil
 Kolostugs getödet, und Bila starb vor Schmerz!

59. **Das Einhorn** ist nach der Sage unbesiegbar, aber einer
 reinen Jungfrau legt es freiwillig das Haupt in den Schooß.

In mystischen katholischen Gedichten des Mittelalters wird
diese Vorstellung als Symbol der unbefleckten Empfängniß
gebraucht.

60. Wir wissen aus der Scene des 2ten Acts zwischen Lapack,
Zwratka und Wlasta, daß Letztere den zerstörten Siegstein
in der Nacht wieder aufbauen sollte, um den Verlust des
Rings nicht in Anregung zu bringen, den sie auffinden,
und durch ihn das Glück an sich fesseln wollten. Wlasta
aber trägt diesen Ring bereits, seit Libussa in dem Wunsch,
sie heimlich zu belohnen, oder zu versuchen, welches nicht
entschieden werden kann, ihr denselben bei der Verbindung
ihrer Wunde im zweiten Acte an den Arm schob, und Wlastas Ring unter den Siegstein legte, welche Verwechslung
nur wir, und Libussa wissen. Die ganze Wendung von
Wlastas Charakter seit sie von Moribuds Pfeil, den Zwratka selbst in Brunst erregendes Gift gegen Libussen getaucht
zu haben erklärt, getroffen ist, seit sie Primislaus im
Walde gesehen, seit Lapack und Zwratka ihren Stolz genährt, seit sie den Ring des Glücks lange sucht, den sie
doch am Arme trägt, wird durch jenen vergifteten Pfeil,
durch ihren Ehrgeiz, durch die Zauberei des Rings erklär-
bar. Im Kampfe ihrer Liebe zu Libussen mit dem treulo-
sen Trieb, sich über sie emporzuheben, im Kampfe ihres von
Liebeszauber vergifteten Blutes mit ihrer kalten, stolzen
Jungfräulichkeit den Ring suchend, der vor ihr schwebt,
weil sie ihn unbewußt schon besitzt, ist sie von ihren Sinnen und ihrem Gewissen gepeinigt. Die Zukunft regt sich
träumerisch in ihr, der böhmische Mägdekrieg, den ich in
ihr so vorbereitet, spiegelt sie in dem Gesichte des brennen-
den Waldes um Djewin an, wo sie einst, im Streite gegen Primislaus von Stiason erschlagen, untergehen soll.
Was sie in dieser Vision von dem rothen Hahne erwähnt,
der mit ihr ringet, kläret sich im 4ten Acte durch Stiasons
Bekenntniß auf, daß er sie Nachts am Siegsstein unter
gewissen Umständen gefunden habe. Ich lasse sie ihre träu-
merische Berührung mit diesem ihrem künftigen Besieger,
unter der Gestalt des rothen Hahnes erwähnen, weil das
Feueranlegen in der Mordbrennersprache einen rothen Hahn

aufstecken heißt; weil Stiason in jener Nacht rothe Hah=
nenfedern auf der Mütze trug, indem ein rother Hahn den
Gespenstern, Zaubergeistern, und allen Sataniskeu anti=
pathetisch seyn soll. Ihre ganze Vision habe ich wieder durch
die Erklärung, daß sie in Verblutung erwacht, so viel ei=
ner Krankheitserscheinung näher gerückt, als es mir für die
Wahrscheinlichkeit nöthig schien; denn alle Wunder haben
in uns einen Leib. — Übrigens habe ich vor mehreren Jah=
ren eine ähnliche Verblutungs=Vision von einer transzen=
denten Jungfrau selbst mit angehört, die während ihrer
Erzählung mit einem Beine noch jenseits, mit dem andern,
weil ich sie daran fest hielt, schon wieder dießseits stand.
Voll Gesundheit, begehrend, zur Speculation geneigt, mit
übertriebenem Selbstbildungsdrang, züchtig, religiös und
sinnlich, in niederem Stande geboren, fiel sie in die Schu=
le eines schönen jungen Studenten, der sie, während ihm
die Natur eine Nase drehte, platonisch liebte, und in der
Transzendental=Philosophie unterrichtete. Sie brachte es
wirklich so weit, daß sie einen tapferen Candidaten, der
sie zur Frau Pfarrerinn machen wollte, als zu empirisch
durch den Korb fallen ließ, und daß ich sie einst beim Sau=
erkraut schneiden mit wunderbaren Grimassen erblickte, be=
mühet, wie sie sagte, auf Befehl ihres philosophischen An=
bethers, den reinen Willensact in sich zu construiren. Sie
hatte zur Ader gelassen, und sich Nachts mit ihrer Seele
zu experimentiren, und die Bewußtlosigkeit ihres Organis=
mus zu verlieren, im Schlaf die Binde von der Ader ge=
löst. Sie erzählte mir von der Stärke ihres objectiven
Bewußtseyns mit eigner Begeisterung, daß sie den heftigen
Wunsch gehabt, als sie beinahe schon ganz das Gefühl ih=
rer Individualität verloren, eine über ihrem Bette, auf
einer sogenannten Babelatsche liegende halbe Citrone im
Munde zu haben, und daß man sie am Morgen wirklich
mit der Citrone im Mund (wie einen wilden Schweins=
kopf) mit dem Hals in die Stubenthiere geklemmt, den lin=
ken Fuß in einen irdenen Essigtopf, den rechten in einen
andern zinnernen Topf gezwängt, an der Erde liegend,
verblutet und leblos gefunden habe. Sie erzählte mir Wun=

derdinge von ihrem Nicht Ich und ihrem Ich, die sie un=
ter diesen Conjuncturen und Constellationen, über die Ma=
ßen kurz gekriegt habe (kurz kriegen etwas, Studenten=Aus=
druck für 'verstehen', capiren). Diese arme Seele habe ich
nach Jahren mit dem empirischen Candidaten vermählt, als
Mutter mehrerer rothbackigten Jungen und tüchtige Land=
predigerinn zu meiner Freude gesund und gänzlich entherzt
wieder gefunden; und bei einem gebratenen Spanferkel,
das sie mit einer Citronenscheibe im Rachen, zum Mahle
auftrug, herzlich mit ihr gelacht. Sie war zum viertenmal
in transzendentalen Umständen, und lud mich zu Gevater,
aber ich bewegte mich vorüber. Die Hexerei lebt noch un=
ter uns, doch ist sie gänzlich in die Seele geschlagen, und
man kann die Zauberer und Hexen nicht mehr verbrennen.
Aber sie schwimmen noch wie Spreu (mit der Seele) über
dem Wasser, dienen noch dem Teufel gratis, und bleiben
an Kunst und Segen so arm, als die ehemaligen!

61. Der Basilisk ist ein fabelhaftes Ungeheuer, das aus
dem Ei eines Hahnes entsteht. Sein Anblick soll also tödlich
seyn, daß er selbst sterben muß, wenn er sich im Spiegel
sieht, und ihn der Aberglaube durch Vorhaltung eines
Spiegels tödten läßt. In Praetorii Alectromantya finden sich
eine Menge Schriftsteller für, und wider seine Existenz an=
geführt. In spanischen Liebeserklärungen, ist ein ganz ge=
wöhnlicher Gemeinplatz: tujos oyos sonos Basilisços. Der
Begriff von ihm geht bis in das tiefste Alterthum. Jesaias
cap. 59. v. 5. sagt. „Sie brüten Basiliskeneier, und wir=
„ken Spinneweb. Ißt man von ihnen, so muß man ster=
„ben, zertritt man's aber, so fährt eine Otter heraus.
„Ihr Spinneweb taugt nicht zu Kleidern, und ihr Gewirk
„taugt nicht zur Decke, denn ihr Werk ist Mühe und in
„ihren Händen ist Frevel." Eine Stelle, die man auf an=
tike und moderne Satanisten deuten kann.

62. Katzenjammer, ein Name, mit welchem die vollen Brü=
der die Nachwehen der Trunkenheit bezeichnen; von neuem
trinken, um den Katzenjammer zu überteufeln, heißt in der=
selben Sprache Hundshaare auflegen.

63. Wrtak, ein böhmischer Nationaltanz, Wirbeltanz. Tänzer

und Tänzerinn umfassen sich in der Stellung der Walzen-
den mit dem rechten Arm, und stellen den linken in die
Seite. Der Tänzer stellt den rechten Fuß an die innere
Seite des rechten Fußes der Tänzerinn fest an, und so
schwingt sich das Paar wie ein hermaphroditischer Kreisel,
ohne vom Flecke zu kommen, so schnell, daß schier sein Um-
riß dem Auge des Zuschauers verloren geht. Dieser Tanz
ist in letzten Jahren von der Regierung wegen mancher üb-
len Folgen, Abortus u. d. gl. streng verbothen worden.

Die alte Sitte, vor der Brautkammer der Neu-
vermählten, Töpfe zu zerschlagen.

64. Wlasta vergleicht hier die Liebe, die Primislaus, ohne es
zu wissen, in ihr erregt hat, mit der Mythe des Traum-
gotts Kikimora, siehe unter der Note 12.

65. Primislaus, der in seiner Unschuld Wlastas versteckte Leidenschaft zu ihm auf keine Weise ahndet, mißversteht sie,
und glaubt in ihrer mystifizirenden Rede das Geständniß
zu hören, als habe sie ein Kind ermordet, oder von sich getrieben.

66. Als Wlasta, nach den Worten: „dann naht das Ziel" Stiason erblickt, wird sie plötzlich von ihrer Zukunft bewegt,
und spricht, hier ist es schon! Primislaus aber glaubt, dieser sei es, gegen den sie ihm so eben ihre Leidenschaft geklagt.

67. Did, der slavische Anteros.

68. Kascha soll ihr Schloß Kaschin bei dem jetzigen Städtchen
Königsaal am Zusammenfluß der Moldau und Beraun erbaut haben. Ich spreche in ihrer Rede die Localität dieses
Ortes aus. Es wachsen dort viele Weiden, und Korbflech-
terei ist ein Haupterwerb der Bewohner.

69. Siehe in der Note 25. über den Korbeischen Mönch.

70. Lapack erzählt hier eine Vision seines Weibes von der künftigen Verbreitung des Christenthums, und deutet sie entweder aus Bosheit, oder aus Unwissenheit, auf eine künftige Selbstvergötterung der Libussa, worin ihn Rozhon unterstützt.

71. Es gibt eine mündliche Sage, welche Libussens Schloß als
ein künstliches Labirinth von Kammern und verborgenen Ge-

mächern, Thüren und Treppen beschreibt, worin sie ihrer Lust gefröhnt habe. Besonders wird eines Bades erwähnt, in welchem sie durch eine verborgne Fallthür ihre Buhler zum Tode stürzte.

Die Jungfrau küssen, ist ein Name für eine geheimpolizeiliche Strafe des Mittelalters, wo der Verbrecher ein künstliches Frauenbild küssen mußte, das ihn mit tausend Messern zerriß, und in einen Abgrund fallen ließ. Ich glaube in Gräters Bragur etwas darüber gelesen zu haben.

72. Böhmische Lotteriespielerinnen pflegen wohl eine Büchse inwendig mit Zahlen zu beschreiben, und eine Spinne hinein zu verschließen, die Zahlen, an welche die Spinne ihre Fäden anlegt, werden dann für die glücklichen gehalten.

73. Himmelskehr, Artemisia vulgaris, gemeiner Beifuß.

Jungfernkraut, ist an Kräften dem Wermuth ähnlich und dient zu stärkenden Bädern.

Liebstöckel, Ligusticum levisticum, Badekraut.

Herzenstrost, ein Nahme der Mentha sylvestris, wilden Münze.

Immenblatt, ein Name des Mellittis Melissophyllum.

74. Silberwurz, ein Name der Gentiana Cruciata, Kreuz-Enzian.

Himmelsstängel, Engelwurz, St. Peterskraut. An Kraft der Gentiana Centaurium, Tausendguldenkraut gleich.

Herzkraut, ein Name der Melissa officinalis.

75. Wenn der Auerhahn falzt, in der Brunst das Weibchen lockt, ist der sonst äußerst scheue Vogel so in seine Liebeserklärungen vertieft, daß der Jäger ihm mit dem Geschoß dicht auf den Leib gehen kann. Sein Geschrei hat eine gewisse Mensur, unter welcher der Jäger sich ihm stets mehr nähert, so oft er einhält, muß dieser auch, ohne sich zu rühren, stehen bleiben, wie er aber wieder zu glucken beginnt, geht er ihm von neuem auf den Leib, bis er ihn schußrecht hat.

76. Leschie, heißen die slavischen Satyren, sie werden wie die Satyren der andern Heiden auch bezeichnet, und tragen denselben Charakter. Auf den Wiesen wandelnd waren sie nicht größer, als Gräser, in den Wäldern aber so groß

wie Bäume. Sie führten die Wanderer durch allerlei Töne irre, und kitzelten sie in ihren Höhlen zu Tod.

77. Indem ich meine Arbeit durchlese, um diese Noten zu schreiben, sehe ich, daß Libussa hier den Shakspear zu imitiren
scheint, wenn man es imitiren nennen kann, daß ein Zwei-
ter so laut nach einem Schwert schreit, als ein erster nach
einem Pferd, der es eben so sehr bedarf. Übrigens ist ganz
Böheim für ein Schwert hier weit nothwendiger, als dort
ganz England für ein Pferd; denn Libussa wird von Primislaus, den sie nicht kennt, und der sie durch die Verwechslung der Helme für Wlasta hält, beim Wort gehalten, und findet sich verpflichtet. Es hat auch Libussa, wie sie
mir Kosmas und Hageck gegeben, in sich selbst eine Anlage, Dinge zu sagen, die andre Leute auch schon gesagt, so
zum Beyspiel scheint sie mit der Bibel nicht ganz unbekannt
gewesen zu seyn, da sie jene Schriftsteller in ihrer Rede an
das Volk, das eine männliche Regierung begehrt, schien
wörtlich sagen lassen, was Samuel Buch I. Kap: 8. den
Israeliten auf ihr ähnliches Begehren vorhält.

78. Die Russische Fabel sagt; Katzei (bessmertnoj, der Unsterb-
liche), sei ein lebendiges Skelet gewesen, und habe junge
Mädchen aus den Armen ihrer Ältern, und die Braut aus
dem Brautbette geraubt. Endlich soll er doch gestorben seyn,
Kaysarow. Ich lasse ihn von Kotar erschlagen.

79. Kosmas und Hageck führen diese vergleichende Rede Libussens
an, sie nennen den Milous (die Weihe) und den Accipiter,
(den Geier). Ich war immer verwundert, die Weihe, einen
Raubvogel, als einen guten Taubenkönig gepriesen zu lesen, bis ich aus Columella ersah, daß Tinunculus (der Rüttelweih, Wannenweih), ein Beschützer der Tauben gegen
den Habicht sei, und daß die Alten ihn in die Taubenhäuser
zu nägeln pflegten, um den Habicht zu verscheuchen.

80. Der Wein kam erst unter Borziwog, dem ersten christlichen Herzog, nach Böhmen. Hageck.

81. Pachta förmte ein Muttergottesbild, ein Cruzifix und einen
Pelikan, worauf sich diese und seine folgenden Erklärungen
beziehen.

82. Spes, Fides, Charitas, die drey Töchter der heiligen Sophia, die mit ihrer Mutter den Martyrtod erlitten.

83. Es gibt eine alte Sage von der Falschheit der Katzen, daß sie alle Tage sich siebenmal vornehmen, den Menschen zu ermorden, und es über ihrem Spinnen (Murren) wieder vergeſſen. Überhaupt traute der Aberglauben ehemals den Katzen nicht viel Gutes zu, und ihre nächtlichen Singaka= demien und Declamatorien haben nie im beſten Rufe ge= ſtanden. Ich glaube, die Leser werden hier gern ein Mähr= chen lesen, welches mir von einem Reisenden mit großem Ernſte erzählt worden iſt, und das mir wegen der ganz eigenen ſchauerlichen Einſamkeit, die drinnen herrſcht, recht wohl gefallen. In einer einſamen Gegend an der türkischen Gränze, lebte allein mit einigen Knechten ein ſlavoniſcher Edelmann, sein geliebter Hausgenoſſe war ein ungeheuer großer, ſchwarzer Kater, der ſich von der Jagd, wie sein Herr ernährte, aber sich doch alle Abende bei ihm einſtellte. An dem heiligen Abend vermißt der Herr einſtens seinen Kater, da er eben im Begriff war, eine Stunde weit über das Schneefeld nach einer Kirche in die Chriſtmetten zu gehen, und verwundert, daß der Kater bey der ſtrengen Kälte noch Geſchäfte außer dem Hauſe haben ſollte, mach= te er sich auf den Weg. Nachdem er unter allerlei Gedan= ken eine halbe Stunde weit durch die kalte, ſternhelle Win= ternacht gegangen, hörte er ein wunderliches Geſchnurre, dem er sich nähert, und sieh da, auf einem kahlen, einſa= men Baum tanzen vor ihm unter ſeltſamen Melodien eine Menge Katzen, und Mores, sein Kater, sitzt ernſthaft oben in der Spitze und bläst den Dudelſack dazu. Dem Slavo= nier kommen wunderliche Gedanken, und schon reiſſet ihn die Muſik hin, und er muß mit tanzen, bis die Kirchen= glocke über das Feld tönt, und die Katzen plötzlich, wie tauſend Teufel von dem Baume herunter und über den gu= ten Tänzer weg fahren, der nun zu Sinnen kömmt und eilig nach der Kirche läuft. Als er nach Hauſe gekehrt, nach schweren Träumen den andern Tag erwacht, liegt Mores, der verdächtige Serenadiſche Katzen=Baſſa, ganz ruhig auf dem Stuhl neben seinem Bette, als wenn gar nichts paſ= ſirt wäre. Der Slavonier, über diese Heuchelei noch mehr ergrimmt, redet ihn scharf mit den Worten an: Nun Herr

Mores, wie hat der Thé dansant geschmeckt, wie ist das Declamatorium ausgefallen? jetzt weiß ich, wie ich mit Ihnen daran bin, und ich werde Ihnen mit einem dejeuner à la fourchette aufwarten! Nach diesen Worten griff der Slavonier nach einer Heugabel die neben seinem Bette stand, und wollte den Künstler spießen, dieser aber kam ihm zuvor und schwang sich dem Slavonier würgend um den Hals, bis seine herzu gelaufenen Knechte den verdächtigen Nachtmusikanten auf seinem Herrn mit ihren Säbeln in Stücke hieben. Die Knechte legten ihn hierauf in Essig und wollten ihn als einen Hasen an einen curiosen alten Wildbrethändler über der türkischen Gränze verkaufen, aber als sie hinkamen, fanden sie dessen Frau weinend, daß sie ihren Mann, der seit langer Zeit abwesend gewesen, am Christtagmorgen mit Säbelhieben zersetzt im Bette todt gefunden habe, wornach sich zu achten. Dieses Mährchen hat einen eigenthümlich localen, einsamen, schauerlichen Charakter. —

84. Die Bräute mancher slavischen Stämme brachten ihrem Mann nichts, als eine Kuh zur Aussteuer.

85. Das ist eine Pracht bey der Nacht! pflegt man in Böheim scherzhaft von schlechtem Putze zu sagen.

86. Bei manchen slavischen Stämmen versammeln sich die Dirnen am Abend vor dem Hochzeitstage an der Thüre der Braut, und singen ein altes Lied um den unwiederbringlichen Verlust zu beklagen, den sie erleiden soll: Libussas Mägde singen ein solches Lied, hier gewissermaßen auf die Hingebung der Nacht an den Mond, um Libussen von einer Verbindung zurückzuhalten, die sie fürchten.

87. Polkan, ist der slavische Zentaur. In alten russischen Mährchen soll er bis zum Nabel als Mensch, und weiter abwärts als Pferd oder Hund beschrieben werden, wie Lomonossow und Trediakowskoy schreiben. In dem Worte sind die zusammengesetzten Ungeheuer Pulicano, (vielleicht aus pullus und Canis, etwa der Greif) der in dem italienischen Heldengedicht Reali di francia vorkömmt, und der bekannte Wundervogel Pelikan enthalten.

88. Fürsprech ist ein treffliches Wort für Advocat, und in der ganzen Schweiz gebräuchlich.

89. Es ist eine alte Sage, die Flecken des Tiegerfells hingen mit dem Gestirn zusammen und verwandelten sich nach demselben.

90. Riesenpilz schien mir ein bedeutender Spottname für eine einseitige empirische Größe, mit idealer Leerheit und Nichtigkeit gepaart. Einem guten wackern Christen ist der Teufel ein solcher in seiner allmächtigen Unmacht, auch der Antichrist wird für Kenner immer dergleichen seyn. Ja aller Hochfahrt, alles Streben nach weltlicher Größe, aller Übermuth, der sich einst nothwendig mit Gestank endigt, ist nichts als Riesenpilzheit, und ich will weder in seinem Schatten ruhen, noch eine Hütte bauen, sollten auch einst die Weiber der Geschichte, die Politik und Aufklärung, ihr die wenigen Haare so gänzlich ausrupfen, daß sie an einem Sonnenstich elendiglich versterben müßte.

91. Sieh Note 25, von den Honigkuchen, die man dem Swantowid opferte.

92. Bei den meisten slavischen Völkern hohlt der Bräutigam seine Braut noch bis jetzt zu Pferd, mit bewaffneten Begleitern umgeben, auf eine Art ab, welche darauf deutet, daß man entweder ehedem die Braut raubte, oder daß sie beim Heimführen von andern bedroht wurde. Wenn in der Oberlausitz in einem fremden Dorfe gefreit wird, fragt dieser Zug erst bei dem Dorfrichter an, ob er herein dürfe, und erhält die Antwort: Ja, wenn sie ehrliche Leute wären, könnten sie in Gottesnamen kommen, aber sie möchten nur der alten Weiber und kleinen Kinder verschonen. Dort singen sie beim Wegführen der Braut ein Lied, welches so viel heißt, als „wir haben sie und führen sie, und geben sie sonst keinem." Aus allem diesen erscheint ehemahlige Gewalt. Die Braut heißt daher noch bei vielen Stämmen, die Ungewisse (Nocoésta), und der Pole und Wlache nennt vielleicht aus Ursachen das ganze Geschlecht so. Dieser Name kann aber auch auf die Ungewißheit der Jungfräulichkeit deuten, welche bei altslavischen Hochzeiten eine ernsthafte Rolle spielte. Auch finden sich bei den Illyriern besonders viele Spuren, daß die Bräute von ihrem Vater förmlich verkauft wurden. Sieh über alles dieß Antons Versuch über die Slaven.

93. Diese Rede, welche Kosmas und Hageck der Libussa in den

Mund legen, ist dieselbe mit Samuels Rede an Israel, Buch I. cap. 8. Wenn diese so biblisch reden lassen, wird mir Niemand wehren können, eine unbestimmte Hinneigung zum Christenthum in die sibillischen Schwestern zu legen.

94. Man erinnert sich, wie Libussa im ersten Act am Ende ihrer Traumerzählung sagt: eine Dirne, die sie nicht nennen wolle, habe mit ihr um den Apfel gerungen.

95. Ein auf den Hinterfüßen sitzender Löwe mit offenem Rachen, und runden Ohren ist in Maschs gottesdienstlichen Alterthümern der Obotriten als das Bild Tschernobogs abgebildet. Fig. 17. Ich habe mir aber das Bild des Tscharts in dieser Scene ungefähr in der Gestalt des bei Anton abgebildeten Görlitzischen sogenannten Flynzes vorgestellt, den Herr Anton für einen schildtragenden Löwen erklärt.

96. Huslte ist ein altslavisches Instrument, das bei allen Stämmen unter ähnlichen Namen vorkömmt, bald als Geige, Harfe oder Zitter. Aus den oberlausitzischen serbischen Wörtern Kuslarnicza, Hexe, Kuslar, Zauberer, Kozlin, ich zaubere, aus dem niederlausitzisch serbischen Guslowai, Zauberer, dem polnischen Guslo, Aberglauben u. s. w. zeigt Anton, daß es das Instrument gewesen sey, dessen sie sich bei der Zauberei bedienten; er leitet es von Hus die Gans ab, weil es einen gansartigen langen Hals gehabt. In der That, eine Geige hat viel Ähnliches mit einer plattgedrückten Gans ohne Flügel und Beine, und da ich im Augenblicke keine bessere Nachricht habe, woher der Namen Geigen komme, mögte ich es wohl von dem Geschrei der Gänse, das man mit Giga bezeichnet, herleiten.

97. Alle die Kräuter, welche hier Zwratka in ihren Bräureimen ausspricht, kommen in den Rezepten zur Hexensalbe vor. Ich will sie hier für Liebhaber nach ihren weitern botanischen Namen, in sofern diese auch in die Hexenküche einschlagen, anführen. Schöne Frau oder Mädchen, Atropa Belladonna, gemeines Tollkraut, Bullwurz, Irrbeere, große tolle Nachtschatten, Schlafbeere, Schwindelsbeere, Teufelsbeere, Wuthbeere u. s. w. Von der Wurzel bis zur Frucht tödtliches Gift, erregt Würgen, Schlafsucht, Raserei,

Tod. In Italien machten ehedem die Frauen eine Schmin=
ke daraus. Daher der Name Belladonna. Pappelzwei=
ge kommen auch in der Hexensalbe vor. Wassermerk,
Sium latifolium, Wassereppich, diese Pflanze bringt bei
Menschen und Vieh Giftäußerungen hervor. Wolfswurz,
ich weiß nicht, ob dieses das Sedum telephium, fette Hen=
ne, Knabenkraut, Donnerkraut, Donnerboh=
ne, Natterkraut, Zumpenkraut ist, dessen Blät=
ter als erweichend empfohlen werden, oder die Actaea spi-
cata, Schwarzkraut, Christophswurz, die als
blasenziehend, und anstatt der schwarzen Nieswurz gebraucht
wird, deren nordamerikanische Schwester Actaea racemosa,
schwarze Schlangenwurzel, durchaus giftig, doch
dort gegen den Klapperschlangenbiß mit Vorsicht gebraucht
wird. Eppich, es ist mir unbekannt, ob hier die Hedera,
der Eppich, Epheu, oder eine Art des Apium graveolens
Salerns gemeint ist, doch wahrscheinlich letzterer, der
auch Wassereppich, Epf, Appich und Wasser=
merk heißt, und von einigen für schädlich gehalten wird.
Alrün, sieh unter der Note 26. Nachtschatten, hier
bin ich wieder ungewiß, ob dieß eine Art des Solanum ist,
wozu unsere Kartoffel, Solanum tuberosum und das Solanum lycopersicum, Liebesapfel, Tollapfel gehören, welcher letztere von einigen für giftig gehalten, aber
in Spanien, Portugall und Böhmen zu Brühen und
Saucen gebraucht wird, oder etwa unser gemeiner
schwarzer Nachtschatten, Berstbeere, Alp=
kraut, Solanum nigrum offic. herba. Schmerzstillend, ein=
schläfernd, nach einigen tödtlich, nach andern unschädlich,
oder eine Art der Orchis (Ragewurz, Knabenkraut)
die Orchis bifolia die auch falscher Nachtschatten
heißt, und weisser Guckuck, Heirathswurzel, Fuchs=
hödlein und Bockshödlein, Stendart, wohl=
riechende Stendelwurz. Offic. Satyrii herba. Auf
die Urinwege wirkend, und aus deren Namen genügsam
zu ersehen, was von ihr erwartet wurde. Den Namen
Guckuck mag sie von der Untreue ihrer männlichen und
weiblichen Blüthe gegeneinander erhalten haben, worüber

die Botaniker nachzulesen. Fünffingerkraut entweder Alchemilla Alpina, die auch Fünffingerkraut heißt, und eine Art der Alchemilla, Alchemistenkraut, Frauenmantel, unser lieben Frauen Nachtmantel, Frauenbiß, Mutterkraut u. s. w. ist, welche als stärkend, stiptisch und zusammenziehend offizinell gebraucht wird, oder eine Potentilla, Fünffingerkraut, eine haarichte Pflanze, auch offizinell zusammenziehend, offic. pentaphylli rad. herba.

98. Etwas anlustern, mit Lüsternheit nach etwas schauen.

99. Der Nachtrabe, der Name eines Gespenstvogels, Todenvogels

100 Die Toden wurden bei den meisten slavischen Stämmen von Klageweibern beklagt.

101. Der Pelikan, ein fabelhafter Vogel, ist ein Sinnbild der Selbstaufopferung, indem er seine von der Schlange vergifteten oder hungernden Jungen mit dem Blute seines Herzens, das er selbst aufreißt, nähren soll. Er wird häufig in der christlichen Poesie als ein Symbol für den Tod des Heilands gebraucht. Dieß thun auch Augustinus in Enarrat. Psalmi 102 und Gregor. super Psalm. V. poenit. v. 7. „Ich bin wie ein Rohrdommel in der Wüsten."

102. Das Frühlingsfest der Slaven, an dem sie freudig das Andenken der Verstorbenen feierten, wurde im Anfang des Frühlings gehalten. Das jetzige Todaustreiben im Frühling, ein Fest, welches schier in ganz Teutschland, Böhmen, Polen und Rußland, unter mancherlei Abweichungen von der Dorfjugend gefeiert wird, und worüber schon viele Untersuchungen Statt gefunden, ist ein reicher Überrest jenes alten slavischen Festes. Sie hingen mit so großem Eifer an diesem Feste, welches auch wirklich in seinen Überresten eine sehr tiefe und schöne Idee, den Sieg des Lebens über den Tod, die freudige Aussicht nach frommen Rückblick, die Auferstehung ausspricht, so, daß sie nach Einführung des Christenthums an diesem Fest leicht zu ihrem alten Glauben zurückkehrten. Einen solchen Rückfall erzählt der Lebensbeschreiber des heiligen Otto, von Julin oder Wineta. L. III. cap. 1. p. 490 in Ludewig Script.

103. Deutet auf das bekannte Spiel der Liebenden, und Kin-

der, Blumenblätter, als ein Orakel auszurupfen mit den Worten: ich lieb dich von Herzen, mit Schmerzen, klein wenig, gar nicht?

104. Bei den Croaten reicht der Bräutigam der Braut einen Apfel.

105. Als ich dieses schrieb, hörte ich eine böhmische Hausfrau so oft mit den Worten: Bin ich das Mensch, ist sie die Frau, bin ich die Frau, ist sie das Mensch? mit ihren Mägden, und zwar so schnell, und ewig wiederhohlend zanken, daß ich dieß Trompeterstückchen nicht eher aus meinen Ohren kriegen könnte, als bis ich es Primislaus hier sagen ließ.

106. Sieh die Note 34.

107. Diese Weissagung Libussens über die Treulosigkeit der Wrschowetzen kommt bei Hageck vor, sieh auch Note 42.

108. Die Wrschen haben eine Fischreuße im Wappen, Wrsch heißt eine Reuße.

109. Wolkenbeere, Tetinbeere. Rubus Chamaemorus, auch Multbeere, Molterbeere, Pautkenbeere, Berghimbeere.

110. In Tettin, wo die heilige Herzoginn Ludmilla, die erste böhmische Christinn, auf Veranstaltung ihrer heidnischen Schwiegertochter Drahomira erwürgt wurde, zeigte man noch im sechzehnten Jahrhundert den Kelch, dessen sie sich bei der Communion bedient haben soll, wie der Utraquist Bilajowsky versichert, und der Domherr Peristerius in seiner Predigt über die Erlaubniß des Kelches beibringt. Wunderbar genug haben die Hussiten die heilige Ludmilla unter ihre Märtyrer gesetzt. Da doch Ludmilla, wie Wenzeslaus und alle Christen jenes Zeitalters, das Abendmahl unter beiderlei Gestalten empfing, siehe Dobrowsky kritische Versuche II. Prag 1803, p. 37. 38. Der Kelch Ludmillens, von welchem hier die Rede, ist aber kein anderer, als der, welchen Tetka in ihrem ersten Traume in der Hand der Trinitas gesehen, den ihr später Trinitas statt der Spinne auf ihren Stab geheftet, und aus welchem sie hier Slawosch blutbefleckte Hände entsühnet hat. Sie hat diesen Kelch auf ihrem Schloß Tetin in hohen Ehren gehalten, und die Traumprophezeihung ihrer Mutter Niva (siehe Note 31) ist später wahrgeworden.

111. Sieh im Traume Tetkas im ersten Act die Worte Primel.

112. Sieh den Traum Tetkas im vierten Act bei dem Gusse der Bilder.

113. Prág begann auf der Kleinseite, breitete sich dann jenseits aus.

Gestirnter Gürtel deutet auf die Wundersterne, welche den hinabgestürzten Leichnam St. Johannis von Nepomuck umgaben.

Heilige Siegesbogen. In so fern sie die Bilder der Heiligen Gottes tragen.

Diese zwei Oliven, die Libussa in ihrer Weissagung von Prag bei Hageck erwähnt, werden als St. Adalbert, und Wenzeslaus ausgelegt.

Wien,
gedruckt bey Anton Strauß.

Lightning Source UK Ltd.
Milton Keynes UK
UKHW012345200119
335904UK00003B/122/P